125 Jahre Bremer SPD

© Copyright 1989 bei Wirtschaftsverlag NW, Verlag für neue Wissenschaft GmbH, und SPD Bremen

Das Werk einschließlich aller seiner Teile ist urheberrechtlich geschützt. Jede Verwertung außerhalb der engen Grenzen des Urheberrechtgesetzes ist ohne Zustimmung des Verlages unzulässig und strafbar. Das gilt insbesondere für Vervielfältigungen, Übersetzungen, Mikroverfilmungen und die Einspeicherung und Verarbeitung in elektronischen Systemen.

Die Bilder wurden entliehen bei Staatsarchiv Bremen, Landesbildstelle Bremen, Forschungs- und Bildungsstätte zur Geschichte der Arbeiterbewegung, Bremen, Steintor-Verlag, C. E. Schmidt, sowie aus Privatbesitz.

Layout: Henrik Marckhoff, Marie Plachy; Titelgestaltung: Werner Busch

Gesamtherstellung: Wirtschaftsverlag NW, Verlag für neue Wissenschaft GmbH, Am Alten Hafen 113–115, D-2850 Bremerhaven 1, Telefon (04 71) 4 60 93, Telefax (04 71) 4 27 65

1. Auflage 1989
ISBN 3-88314-957-8

125 Jahre Bremer SPD

Renate Meyer-Braun, Inge Marßolek, Henrik Marckhoff
Editoren

Herausgeber
SPD-Landesvorstand Bremen

Gustav Adolf Deckwitz   *Ferdinand Lassalle*

Ich ernenne hierdurch Herrn Gustav Deckwitz zum Bevollmächtigten des Allgemeinen Deutschen Arbeitervereins für Bremen

Berlin, 6. 4. 64

Der Präsident
F. Lassalle

Vorwort

„Rührend fast ist ein Vorgang in Bremen gewesen. Vor kurzem erhalte ich einen Brief aus dieser Stadt, dessen 43 Schreiber mir anzeigen, daß sie bereits vor zwei Monaten als eine Gemeinde auf eigene Faust bestehen ... Jetzt gäben sie von ihrer Existenz Kunde und bäten um die Einrichtung eines Bevollmächtigten."

Von Ferdinand Lassalle stammt dieses Zitat, mit dem er in einer Rede am 22. Mai 1864 den Eintritt der von dem Bremer Tischler Gustav Deckwitz gegründeten „Bremer Sektion des Allgemeinen Deutschen Arbeitervereins" in die deutsche Sozialdemokratie bekanntgibt.

125 Jahre sind seither vergangen – eine Zeitspanne, die in der deutschen Parteiengeschichte einzigartig und ohne Beispiel ist. Während alle übrigen Parteigründungen des ausgehenden letzten Jahrhunderts vergessen sind, Episode blieben oder zumindest mit Namenskorrekturen ihre Inhalte änderten, hat einzig die Sozialdemokratie über mehr als ein Jahrhundert ihre kraftvolle Lebensfähigkeit bewahrt und beweist sie als gestaltende Kraft unseres Landes täglich neu.

Doch Selbstzufriedenheit – abgeleitet nur aus einer über das Ganze gesehenen zugegeben stolzen Geschichte – ist keine sozialdemokratische Tugend. Und dieses Buch macht nicht den Versuch „schönzuschreiben", was im Rückblick auf einviertel Jahrhundert Bremer SPD-Geschichte eine Fahrt über bewegtes Wasser war, wo Höhen und Tiefen nahe beieinander lagen, wo der rauhe Wind der Enttäuschung mindestens ebenso häufig blies wie die sanfte Brise des Erfolges.

Der Erinnerung freilich ist allemal alles wert. Allen voran die Personen und Persönlichkeiten, die Bremer Parteigeschichte schrieben. So unterschiedliche Charaktere, so differenziert in ihren Lebenswegen wie Friedrich Ebert, der um die Jahrhundertwende die Bremer SPD-Bürgerschaftsfraktion konstituierte, wie Wilhelm Pieck, der vom Bremer Parteisekretär seinen Weg zum Gründungsmitglied der KPD und schließlich zum ersten Präsidenten der DDR machte, wie Karl Radek, der sich nach Parteiarbeit in Bremen Lenin anschloß, dessen Begleiter auf der legendären Zugfahrt zur Oktoberrevolution war und später ein Opfer Stalins wurde.

„Dem Morgenrot entgegen ...", dieses ewig junge Kampflied der Arbeiterschaft, es wurde in Bremen von dem Bremer Volksschullehrer Heinrich Eildermann geschrieben. Unvergessen auch er, wie natürlich – neben vielen anderen – auch unsere verdienstvollen Bürgermeister: Wilhelm Kaisen, Willy Dehnkamp, Hans Koschnick.

Auch von ihnen berichtet das hier vorliegende Buch, vor allem aber von ihrer Zeit und von dem Kampf auch der ungezählten namenlosen Bremer Sozialdemokratinnen und Sozialdemokraten, die in den Stadtgemeinden Bremen und Bremerhaven die Ziele der Sozialdemokratie „gleiches Bürgerrecht, soziale Sicherung, menschlichen Fortschritt" durchsetzen wollten und dafür eintraten. Selbstverständlich: die Irrungen und Wirrungen, die dabei nicht ausblieben, eingeschlossen.

Es dauerte lange, bis die Sozialdemokratie in Bremen stärkste politische Kraft wurde. Zwischen 1928 und 1933 saßen fünf Sozialdemokraten im Senat, aber erst nach 1945 gab es sozialdemokratische Präsidenten des Senats. Seit über 40 Jahren erteilen die Bremer und Bremerinnen in den Bürgerschaftswahlen stets der SPD das Mandat zur Regierungsbildung.

Es ist nicht wenig, was erreicht wurde. Unsere Vorfahren haben es sich nicht träumen lassen können. Aus den Unterprivilegierten von einst, den Arbeitern und ihren Familien, sind gleichberechtigte Bürger geworden, wenngleich das Sagen und Haben in unserem Lande noch immer nicht gerecht verteilt sind. Eigenverantwortliches, gemeinschaftliches und solidarisches Handeln bleibt gefordert. Neue Kraft erwächst nicht allein aus starker Tradition. Sie wächst auch aus kritisch verarbeiteter Geschichte.

Ilse Janz
Landesvorsitzende

Der Marktplatz

Ullrich Böttcher

Die Gründung des „Allgemeinen Deutschen Arbeitervereins" und die Entwicklung der Arbeiterbewegung bis zum Deutsch-Französischen Krieg

(Auszug)*

Gustav Adolf Deckwitz und der Beginn einer neuen Arbeiterbewegung

Die Arbeiterbewegung der Revolutionsjahre hatte in Bremen, genauso wie in anderen Teilen Deutschlands, keinerlei Nachwirkungen gezeigt. Praktisch gab es seit 1852 keine Arbeiterbewegung mehr.
Erst im Gefolge des industriellen Aufschwungs, der nach der Überwindung der Wirtschaftskrise der Jahre 1856/57 einsetzte, und der damit immer stärker in den Vordergrund tretenden sozialen Frage erstand die Arbeiterbewegung in Deutschland von neuem. Neue Arbeiterbildungsvereine wurden gegründet, die sich der Unterstützung fortschrittlicher Kreise erfreuten. Schultze-Delitzsch hatte seinen Plan der Selbsthilfe entwickelt. Ferdinand Lassalle hatte seinen Kampf um die Lösung der Arbeiterfrage begonnen und im „Offenen Antwortschreiben" vom 1. März 1863 sein Programm dargelegt, das dann am 23. Mai 1863 zur Gründung des „Allgemeinen Deutschen Arbeitervereins" führte.

Nach Bremen, das bis Ende 1863 von dieser Entwicklung unberührt geblieben war, brachte der Tischler G. A. Deckwitz die Ideen Lassalles und löste damit eine neue Arbeiterbewegung aus.
G. A. Deckwitz, geboren am 17. April 1837 in Zeitz, war nach der üblichen Wanderschaft als Tischlergeselle am 3. August 1863 nach Bremen gekommen. Mit dem „Allgemeinen Deutschen Arbeiterverein" war er bei seinem Aufenthalt in Hamburg 1862/63 in Berührung gekommen[1]. Hier hatten die Ideen Lassalles bereits festen Fuß gefaßt, und der „Allgemeine Deutsche Arbeiterverein" hatte schon eine beträchtliche Zahl Anhänger gefunden.
Nach seiner Ankunft in Bremen wollte Deckwitz auch hier die Lehre Lassalles verbreiten und eine Mitgliedschaft des „Allgemeinen Deutschen Arbeitervereins" gründen. Zunächst versuchte er im „Vorwärts" Anhänger zu gewinnen und hatte damit auch einigen Erfolg. Im November 1863 fand die erste sozialdemokratische Volksversammlung in Bremen statt, die von 23 Personen besucht wurde. Allmählich konnte Deckwitz eine kleine Schar von Anhängern sammeln, zu der auch der Uhrmacher J. G. Meyer, radikaler Demokrat der Revolutionszeit und ehemaliges Mitglied der Bürgerschaft, gehörte. Neujahr 1864 schritt er zur Gründung einer eigenen Mitgliedschaft des „Allgemeinen Deutschen Arbeitervereins"[2]. Im April 1864 wurde er in einem eigenhändig von Lassalle geschriebenen Brief zum Bevollmächtigten des Vereins in Bremen eingesetzt[3].

Aber noch fehlte die Genehmigung des Senats für die neue Gründung. Im Juni 1864 reichte Deckwitz deshalb ein Gesuch ein, das vom Senat am 1. Juli aufgrund des § 8 des Bundesbeschlusses vom 26. September 1854 und des § 5 des Versammlungs- und Vereinsrechtes vom 17. November 1855 abgelehnt wurde, da nach Ansicht des vortragenden Senators Gröning der Verein auf politische und sozialistische Zwecke gerichtet sei[4].

Trotz dieses ablehnenden Bescheides begann die Vereinstätigkeit. Um die Mitte des Jahres 1865 trat man sogar in verstärktem Maße mit Bekanntmachungen und Versammlungen an die Öffentlichkeit, ohne daß der Senat dagegen einschritt.

Der neu gegründete Verein ging von der Überzeugung aus, daß „nur durch das allgemeine, gleiche und direkte Wahlrecht eine genügende Vertretung der Sozialinteressen des deutschen Arbeiterstandes und eine wahrhaftige Beseitigung der Klassengegensätze in der Gesellschaft herbeigeführt werden" könnten[5]. Dieses Ziel sollte auf friedlichem und rechtmäßigem Wege, insbesondere durch das Gewinnen der öffentlichen Überzeugung erreicht werden. Mitglied des „Allgemeinen Deutschen Arbeitervereins" konnte laut Statut jeder deutsche Arbeiter werden; aber auch Nichtarbeiter, die mit den Zielen des Vereins einverstanden waren, konnten mit Genehmigung des Vorstandes aufgenommen werden[6].

Hinter diesen wenigen Worten des Statuts stand das ganze Programm, wie es Ferdinand Lassalle in seinem „Offenen Antwortschreiben", dem „Arbeiterlesebuch" und anderen Schriften aufgestellt hatte. Zweck,

Deckwitz beantragt beim Senat die Zulassung des ADAV.

Mittel und Organisation des Vereins wurden davon bestimmt . . .

Der neue Bremer Arbeiterverein hatte zunächst gewisse Erfolge, besonders bei den fremden Arbeitern. Im Vereinsjahr 1864/65 umfaßte er 239 Mitglieder, von denen 100 allerdings im Laufe des Jahres wieder austraten oder abreisten; im zweiten Vereinsjahr waren es 152 Mitglieder.

Unter den 239 Mitgliedern des Vereinsjahres 1864/65 waren 78 Schuhmacher, 72 Schneider, 60 Tischler, 9 Arbeiter (bzw. Fabrikarbeiter), je drei Drechsler, Küper, Maler, Schlosser, je zwei Sattler, Böttcher, Maurer, Zimmerer, Zuckersieder und je ein Zigarrenmacher, Zigarrensortierer, Kassierer, Nadler, Lithograph, Dienstmann, Vergolder, Wirt, Schreiber, Knopfmacher, Tapezierer; bei 31 Mitgliedern fehlt die Berufsangabe[7].

Das Überwiegen der handwerklichen Berufe ist für die geringe Entwicklung der Industrie und damit für das Fehlen eines Fabrikarbeiterstandes in Bremen bezeichnend.

Nach den Anfangserfolgen des „Allgemeinen Deutschen Arbeitervereins" machte sich bald eine rückläufige Entwicklung bemerkbar. Der Agitation fehlte es in Bremen, wo der Arbeiter im großen und ganzen wirtschaftlich besser gestellt war als in anderen Teilen Deutschlands, an der praktischen Anschauung, mit der man den Arbeiter von seiner schlechten sozialen Lage hätte überzeugen können. So erklärte Groot, einer der führenden Agitatoren, noch am 7. Mai 1869 in einer Versammlung anläßlich der Besprechung der Arbeiterfrage in Beziehung auf das Vereins- und Versammlungsrecht: „Die sociale Frage läßt sich nur dann lösen, wenn wir uns frei versammeln können." „ . . . In Bremen haben die Arbeiter leider dafür ein zu geringes Interesse bewiesen, es scheint fast, als hätten sie in Bremen keine Not"[8].

Vor allem aber waren es innere Spannungen und Kämpfe, die eine geschlossene und einheitliche Agitation des „Allgemeinen Deutschen Arbeitervereins" verhinderten.

*Aus: Ullrich Böttcher, Anfänge und Entwicklung der Arbeiterbewegung in Bremen – von der Revolution 1848 bis zur Aufhebung des Sozialistengesetzes 1890, Bremen 1953, S. 53–56
[1] Bremen und die Sozialdemokratie
[2] Ebd.
[3] Ebd.
[4] D. 20. b. 2. e.
[5] Ebenda, Anlage (Statut des „Allgemeinen Deutschen Arbeitervereins")
[6] Ebd.
[7] Ebd.
[8] Beilage zu Nr. 130 des „Courier" vom 9. Mai 1869

125 Jahre Bremer SPD

Bremer Arbeiterwohnviertel ...

... im 19. Jahrhundert

Dagmar Burgdorf

Blauer Dunst und rote Fahnen – Zigarrenarbeiter organisieren sich

Mit Stolz verkündete die Handelskammer in Bremen 1848: „Die Cigarrenindustrie ist das wesentlichste Förderungsmittel der Blüte unseres Handelsverkehrs überhaupt." Der Rohtabakimport war in der Tat bis Mitte des 19. Jahrhunderts für die Handelshäuser und Schiffahrtsunternehmen zu einer tragenden Säule ihres Reichtums geworden. Die Verarbeitung des Tabaks führte auf der anderen Seite zur Herausbildung einer neuen Arbeitergruppe, die bis in die 1840er Jahre hinein durch hohe Löhne einen gewissen Wohlstand erreichte. Als selbstbewußte und – wenn es um die Durchsetzung ihrer Belange ging – kampfesmutige Arbeitergruppe schreckten sie bereits in 1830/40er Jahren die Fabrikanten und staatlichen Instanzen aus ihrem frühkapitalistischen Schlaf. Die aktivsten unter den Zigarrenarbeitern zählen zu den Pionieren der frühen Arbeiterbewegung im Vormärz. Die Zigarrenarbeiter wehrten sich erfolgreich gegen unzumutbare Arbeitsbedingungen und schlechte Entlohnung durch kollektive Arbeitsniederlegungen, sie demonstrierten vor dem Rathaus gegen Wehrpflichtverordnungen, sie lasen – von der Zensur verbotene – sozialkritische und politische Schriften, sie organisierten sich in politischen Geheimbünden und gewerkschaftsähnlichen Vereinen, und sie bekannten sich zu den gesellschaftsverändernden Ideen des radikal-demokratischen Pastors Dulon.

Bis in die 1840er Jahre waren qualifizierte Zigarrenmacher knapp und die häufigen, unkontrollierten Arbeitsniederlegungen und -platzwechsel führten zu Produktionseinbußen. Nachdem sich bereits 1836 fünfzig bremische Zigarrenfabrikanten per selbstgegebenem Gesetz – aber offensichtlich erfolglos – gegen die Zigarrenarbeiterschaft zusammenschlossen, erließ der Senat auf Drängen der Fabrikanten und aufgrund der Vorfälle anläßlich der Bekanntmachung der Wehrpflichtverordnung 1842 das erste Bremische Fabrikgesetz: „Verordnung in betreff der Cigarrenfabriken". Den Sinn des Gesetzes umschreibt der Deputationsbericht von 1841 mit der Förderung der „sittlichen und geistigen Cultur" der Zigarrenarbeiter. Mit diesem Gesetz wurden das „freie" Zigarrengewerbe und vor allem die Arbeiterschaft in kontrollierbare Schranken gewiesen. Konzessionen und Arbeitsbücher waren nun für Fabrikanten und Arbeiter/innen vorgeschrieben. Es be-

Kinderarbeit in der Tabakindustrie (Focke-Museum)

stimmte die Anzahl von Aufsehern, verordnete eine Schulpflicht für die in den Fabriken arbeitenden Kinder und legte das Strafmaß bei Verstößen fest. Doch viele kleinere Zigarrenfabrikanten und Zigarrenmacher ließen sich durch Strafen nicht beeindrucken, sie arbeiteten – wie die sporadischen Überprüfungen der Inspektion ergaben – auch weiterhin ohne Konzession oder Arbeitsbuch. Auch Handgreiflichkeiten waren weiter auf der „Tagesordnung". So erklärte der Zigarrenmacher Heinrich Schmidt gegenüber der Inspektion, daß ihm in der Fabrik von Höcker „während der Arbeit von dem Cigarrenmacher Heinrich Beinbruch ein Auge durch einen Schlag" verletzt worden sei. Der vorgeladene Beinbruch gab zu, Schmidt gestoßen und getreten zu haben. Vorher habe ihn aber „der Schmidt ins Gesicht gekratzt und mit der Faust gedroht". Der Wickelmacher Johann Nagel wurde von seinem Zigarrenmacher geschlagen, weil er angeblich den Tabak „absichtlich ungehörig bearbeitete". Der Zigarrenmacher August Krusekopf schüttete dem Wickelmacher Heinrich Giesecke Branntwein ins Gesicht. Bändeweise sind Schlägereien und Verstöße aktenkundig gemacht worden. Die als Wickelmacher oder Abstreifer beschäftigten Kinder und Jugendlichen hatten erhebliche Probleme mit den Schulstunden, obwohl sie abends abgehalten wurden: „Hat der Wickelmacher oder Abstreifer nicht hinlänglich vorausgearbeitet, so hält ihn der Cigarrenmacher zurück, weil er dann ebenfalls nicht fortarbeiten kann. Kömmt nun ein solcher Abstreifer oder Wikkelmacher in die Schule, so schiebt er die Schuld auf den Cigarrenmacher, und der Lehrer ist verpflichtet, die Spätlinge als Schulversäumer aufzugeben, damit diese von der Behörde mit 6 und 12 Grote Strafe belegt werden", schreibt die Zeitung „Bürgerfreund" 1844.

Die Zigarren wurden in Handarbeit und arbeitsteilig hergestellt. Zwar erforderten das paßgerechte Zuschneiden von Umlage- und Deckblatt und das abschließende Formen Geschick, aber die nötigen Handgriffe waren rasch erlernbar. Die privilegierteste Rolle hatte der Zigarrenmacher. Diese Posten waren bis Ende der 1840er Jahre fast ausschließlich von Männern besetzt. 1841 gab es in der Hansestadt nur sechs Zigarrenmacherinnen im Verhältnis zu 726 Zigarrenmachern. In den größeren Produktionsstätten war es üblich, nur den Zigarrenmacher und den Sortierer anzuwerben und zu entlohnen. Wickelmacher und Blattabstreifer wurden vom Zigarrenmacher angestellt und bezahlt. Sie waren nur dem Zigarrenmacher, nicht dem Fabrikanten, verantwortlich, arbeiteten aber häufig für mehrere Zigarrenmacher und in verschiedenen Fabriken. Während die Zigarrenmacher bis in die 1850er Jahre hinein aufgrund der hohen Löhne nur vier bis fünf Tage in der Woche arbeiteten, waren die schlechtbezahlten Wickelmacher und Abstreifer sechs bis sieben Tage beschäftigt. Gearbeitet wurde entweder in der Fabrik oder in der Wohnung des Zigarrenmachers, der sich in diesem Fall auch „Fabrikant" nannte, unabhängig davon, ob er auf eigene oder fremde Rechnung Zigarren herstellte. Größere Produktionsstätten mit mehr als 25 oder 70 Arbeitern und Arbeiterinnen gab es in Bremen nur bis Ende der 1840er Jahre und dann wieder zum Ende des 19. Jahrhunderts. Im Deputationsbericht von 1847 heißt es, daß „immer mehr der Gebrauch aufgekommen ist, daß der Cigarrenmacher nicht in dem Locale des Unternehmers, sondern in seiner eigenen Wohnung . . . mit einigen Gehülfen die Cigarren verfertigt".

Die Hausarbeiter hatten eine durchschnittliche Arbeitszeit von 70 bis 72 Stunden in der Woche. Da der Sonnabend durch die Beschaffung des Rohtabaks und die Ablieferung der fertigen Zigarren als Produktionstag ausfiel, erhöhte sich die tägliche Arbeitszeit auf mindestens 14 Stunden. Eine gewinnbringende Produktion konnte nur durch den unbezahlten Arbeitseinsatz der Familienmitglieder erreicht werden. Die Kinder wurden mit den einfacheren Vorbereitungsarbeiten, Frauen mit dem Herstellen der Zigarrenwickel beschäftigt. Von der Fabrikarbeit waren Frauen vom Beginn der 1840er bis Ende der 1860er Jahre auf Bestreben der männlichen Zigarrenmacher und Wickelmacher zeitweise ausgeschlossen. Trotz weiterer negativer Begleiterscheinungen, wie z. B. die extreme Gesundheitsgefährdung, hervorgerufen durch die Lagerung und Verarbeitung des Rohtabaks, wurde die Hausproduktion für lange Zeit zur vorherrschenden Produktionsform. Die Lebenserwartung der Zigarrenarbeiter und -arbeiterinnen lag noch in den 1880er Jahren bei durchschnittlich 33 Jahren! 1841 waren ca. 2000 Arbeitskräfte, in der „Blütezeit" der Zigarrenproduktion 1852 ca. 4000 und 1900 nur noch 885 Arbeitskräfte (davon ein Drittel Heimarbeiter und -arbeiterinnen) in der Zigarrenproduktion tätig.

Die materielle Lage der Zigarrenarbeiter hatte sich in den 1890er Jahren erheblich verschlechtert. Die Löhne der Zigarrenarbeiter in Bremen, dem ehemaligen „Eldorado der Tabakarbeiter", waren in den letzten 50 Jahren um 30 % gesunken. Trotzdem lag 1897 der durchschnittliche Jahreslohn eines Bremer Zigarrenarbeiters mit 594 Mark deutlich höher als in Berlin (424 Mark) oder Leipzig (498 Mark). Frauenarbeit war zur bedrohlichen Konkurrenz geworden. Zum Teil verdienten Frauen in den Fabriken (deren Löhne hier niedriger waren als die der Männer) mehr als Männer in der Hausproduktion. In manchen Fabriken waren ³/₅ aller Arbeitsplätze von Frauen besetzt.

Den Zigarrenarbeitern des 19. Jahrhunderts haftet bis heute der Ruf einer streitlustigen und trinkfreudigen, aber auch einer solidarischen und organisationsbewußten Arbeitergruppe an. Sich-Zusammenschließen war indes für die meisten Zigarrenarbeiter des 19. Jahrhunderts gleichbedeutend mit der Absicherung ihrer Existenzgrundlage. Nur eine Minderheit unter ihnen war bereit, sich nicht nur in Krankenladen, Unterstützungsvereinen und gewerkschaftlichen Verbänden, sondern auch in politischen Parteien für ihre Interessen einzusetzen. Der sozialdemokratische Zigarrenarbeiter Julius Bruhns (aus Hamburg-Altona kommend) mokierte sich noch im nachhinein über die Bremer Zigarrenarbeiter. Aus seiner Sicht war „die politische Reife der Bremer Arbeiterschaft keineswegs in dem Maße vorhanden wie in Hamburg-Altona". In der Bremer Zigarrenfabrik, in der Bruhns in den 1880er Jahren mit 80 Männern und Frauen gemeinsam arbeitete, wurde nach seiner Aussage nur „dummes Zeug" geredet, und die Schnapsflasche spielte die „Hauptrolle".

Nach dem Vorbild der Handwerksgesellen gründeten die Bremer Zigarrenarbeiter 1824 eine Krankenlade. Bis in 1840er Jahre arbeiteten sie für erkrankte Kollegen zusätzlich, damit deren Arbeitsplätze gesichert blieben. 1844 verweigerte der Senat 20 Zigarrenmachern die Genehmigung einer „freien Krankenlade" für die Arbeiter vom Buntentor. Statt der freiwilligen Krankenlade wurde 1849 durch den Senat eine Krankenkasse mit Zwangsmitgliedschaft für alle im Zigarrenfabrikwesen Beschäftigten beschlossen. 1849 organisierten sich die Zigarrenarbeiter im Bremer Zweigverein der Zigarrenarbeiter – Assoziation Deutschlands. Der im selben Jahr gegründete Zigarrenmacherverein verfolgte, ebenso wie die Zigarrenarbeiter-Assoziation, die Sicherung der materiellen Interessen. Mindestens 60 % aller Zigarrenarbeiter Bremens waren 1852 in diesen beiden Vereinen organisiert!

Nach der staatlich verordneten „Ruhepause" (1853–1863, Koalitions- und Versammlungsverbot) waren nur zwei Zigarrenarbeiter (unter 239 Mitgliedern) bereit, in die Bremer Sektion des Allgemeinen Deutschen Arbeitervereins (ADAV) einzutreten. Statt dessen gründeten Bremer Zigarrenarbeiter im Jahr 1866 mit 130 Mitgliedern einen lokalen Verein, der an die Traditionen des Zigarrenmachervereins von 1849 anknüpfte. Größere Resonanz als der ADAV hatte unter den Bremer Zigarrenarbeitern der 1865 von Fritzsche gegründete „Allgemeine Deutsche Zigarrenarbeiterverein" (ADZV), der 1869 im Deutschen Reich 10 000 Mitglieder zählte. Hauptziel des ADZV war die Vorbereitung und Durchführung von Streiks. Fritzsche intendierte aber keineswegs eine rein gewerkschaftliche Organisierung der Zigarrenarbeiter. Er wollte, daß Zigarrenarbeiter sich sowohl politisch als auch gewerkschaftlich organisierten. Wer nur Mitglied „in einem sozialdemokratischen Verein" war, konnte nach seiner Meinung „nimmer . . . der Pflicht vollständig Genüge leisten", sondern sollte, sofern er Zigarrenarbeiter war, auch dem ADZV beitreten. Seit 1872 trug der ADZV den Namen Deutscher Tabakarbeiterverein. 1878 war er mit 160 Mitgliedern der zahlenmäßig größte gewerkschaftliche Verein in Bremen.

Der „(Reise-) Unterstützungsverein Deutscher Tabakarbeiter", 1882 in Bremen gegründet, war der einzige überregionale Verband der Tabakarbeiter, der, trotz zahlreicher Bemühungen seitens der politischen Polizei, ihn aufgrund der Verbindungen zu sozialdemokratischen Kreisen aufzulösen, die Zeit des Sozialistengesetzes unbeschadet überstand. Es durften allerdings „keine politischen Tagesfragen in Versammlungen erörtert werden", wie der Vorsitzende Wilhelm Fuhse 1883 erklärte. Die Vorsicht von Fuhse war nicht unberechtigt, denn die politische Polizei ließ alle ihr bekannten, sozialdemokratischen Zigarrenarbeiter überwachen und witterte in jeder Versammlung eine sozialdemokratische Verschwörung. Der Berliner Polizeipräsident von Madai vermutete, daß es sich bei dem Unterstützungsverein um eine Fortsetzung des am 23. 10. 1878 verbotenen „Deutschen Tabakarbeitervereins" handelte. Auf jeden Fall sei „mit Rücksicht darauf, daß ein Theil der Mitglieder der sozialdemokratischen Partei angehört, eine sorgfältige Beobachtung des Vereins dringend geboten". Das Vorgehen des Vereinsvorstandes in Bremen wurde von den verschiedenen Mitgliedschaften aus unterschiedlichen Motiven heraus kritisiert. Manchen Mitgliedern war er nicht vorsichtig genug, setze leichtfertig, durch ein mögliches Vereinsverbot, die eingezahlten Mitgliedsbeiträge aufs Spiel. Für die Zigarrenarbeiter aus Hannover und Hamburg-Altona (stellvertretend für 1200 Mitglieder in Altona und Ottensen) betrieb der Vorstand lediglich „Angstmacherei". Der politischen Polizei entging es nicht, daß der sozialdemokratische Abgeordnete Meister enge Verbindungen zu einzelnen Filialvereinen pflegte, seine Besprechungen aber im Reichstagsgebäude abhielt, wo er nicht bespitzelt werden konnte. Die Polizei war 1885 auch darüber informiert, daß unter den Zigarrenarbeitern Lassalle-Medaillon-Stempel verkauft wurden und der „bekannte Cigarrenhändler Bernstein eifrigst unter den Tabakarbeitern" agitierte.

Der Unterstützungsverein hatte sich von 1886 bis 1889 im deutschen Reichsgebiet zahlenmäßig stark entwickelt: in 225 Orten bestanden Mitgliedschaften, in denen 18 447 Zigarrenarbeiter vertreten waren.

Tabakarbeiter: In Bremen Urzelle der organisierten Arbeiterschaft

Die bremische Sozialdemokratie in den „Kinderschuhen"

In der Mitte des 19. Jahrhunderts, als die Geburtsstunde der deutschen Arbeiterbewegung schlug, war im Deutschen Reich der Übergang zur industriellen Gesellschaft noch nicht vollzogen. Arbeiter, die in der Industrie arbeiteten, stellten eine kleine Minderheit dar. So waren es vor allem Handwerksgesellen oder aber Arbeiter, wie die Zigarrenarbeiter in Bremen sich auf dem Wege zum Industrieproletarier befanden, die sich als erste Gruppen zusammenschlossen. Gewerkschaftliche und politische Organisationsformen waren von Anfang an getrennt. Der entscheidende Schritt zur Arbeiterpartei war dabei die Loslösung von den bürgerlichen Arbeiterbildungsvereinen, wie sie in der Folge der gescheiterten bürgerlichen Revolution von 1848 und angesichts der ungelösten politischen wie sozialen Probleme von fortschrittlichen Bürgerlichen ins Leben gerufen worden waren.

Die Anfangszeit der Arbeiterbewegung in Bremen war geprägt von den Auseinandersetzungen zwischen Lassalleanern und anderen Strömungen, insbesondere den Eisenachern. Zugleich fanden in den 60er Jahren die ersten Streiks statt. Der Vereinigungsparteitag von Gotha 1875 brachte auch für die Bremer Organisation eine Stabilisierung. Die Partei expandierte, nicht zuletzt, weil die Jahre der Depression auch zu einer Radikalisierung in Bremen führten. Der Führer der bremischen Sozialdemokratie, Wilhelm Frick, forderte vom Senat ein Arbeitsbeschaffungsprogramm! Nach dem Sozialistengesetz von 1878 hörte die Parteiorganisation zunächst auf zu bestehen. Dies änderte sich erst, als aus Hamburg-Altona, wo Sozialdemokraten massiv verfolgt wurden, zahlreiche von ihnen Zuflucht im „liberalen" Bremen suchten, unter ihnen Julius Bruhns.

Julius Bruhns

Es klingt im Sturm ein altes Lied

Gefährliche politische Tätigkeit.
Der Krug geht zum Brunnen.
Wieder hinter Eisengittern.
Das verräterische Kreuzband.
Ein lieber Zellengenosse.
Bremische Richter. (Auszug)*

Nach einer anderen Richtung hin war meine Tätigkeit erheblich gefährlicher. Ich hatte als Vertrauensmann nämlich auch die Verteilung des Züricher „Sozialdemokrat" in der Hand. Das wäre gar nicht so schwer gewesen, wenn es sich lediglich um die Versorgung der Bremer Abonnenten des Blattes gehandelt hätte. Aber die Sache hatte erheblich größere Bedeutung angenommen. Damals galt es bekanntlich, unter Überwindung größerer Schwierigkeiten die nach vielen Tausenden zählende Auflage des „Sozialdemokrat" allwöchentlich über die schweizerische Grenze nach Deutschland hineinzuschmuggeln. Die Zollbeamten und ein Heer bestellter Spitzel mußten immer wieder von neuem getäuscht werden. Das war mit großen Gefahren verknüpft, und deshalb war es der Expedition des „Sozialdemokrat" sehr lieb, in Hamburg und Bremen zwei deutsche Städte zu haben, die infolge ihrer Freihafenstellung außerhalb der deutschen Zollschranken lagen und es so ermöglichten, größere Partien der verbotenen Ware auf einem Umwege durch das Ausland, ohne Berührung der deutschen Zollgrenzen, dort hinsenden zu können. Viel war ja damit noch nicht gewonnen, wenn es nicht gelang, nun von hier aus die Ware über die Grenze in das Zollinland zu schaffen. Das zu bewirken, war für den Teil der Auflage des „Sozialdemokrat", der nach Bremen kam, allwöchentlich unsere Aufgabe. Und wir sind mehr als fünf Jahre dieser Aufgabe nachgekommen, ohne – mit einer Ausnahme – dabei von der Polizei erwischt zu werden.

Die Sache wurde folgendermaßen gedeichselt: Von mir wurde nach Zürich eine Anzahl Deckadressen als Empfänger der Pakete aufgegeben, je mehr, desto besser, damit nicht Post oder Polizei auf die häufig wiederholte Zusendung eines Auslandspakets an eine Adresse aufmerksam wurde. Der Empfänger, in allen Fällen ein eingeweihter Genosse, hatte mir sofort die erfolgte Ankunft eines Paketes zu melden, und ich hatte für die Wegschaffung desselben und die baldigste Verteilung des Inhalts an die Verbreiter zu sorgen. Das Paket enthielt, außer den für uns bestimmten Expemplaren, meist eine Anzahl sogenannter Doppelbriefe, kleine Pakete bis 250 Gramm Gewicht, schon adressiert und frankiert, seltener auch größere Pakete nach einzelnen Orten. Es galt nun, diese Doppelbriefe über die Grenze zu schmuggeln und im Zollgebiet einem Postamt zur Beförderung zu übermitteln. Da eine Vorstadt Bremens, und zwar ein Arbeiterviertel, im Zollgebiet lag, war das Schmuggeln nicht gar zu gefährlich. Immerhin durfte der einzelne nicht wagen, mehr als zwei, höchstens drei dieser kleinen Pakete zur Zeit mit sich zu führen, weshalb entweder mehrere oft den Schmuggelweg machen mußten oder eine größere Anzahl Personen für das Schmuggeln zur Verfügung stehen mußte. Das letztere war schon deshalb nicht empfehlenswert, weil durch die Mitwisserschaft einer größeren Anzahl Personen die Gefahr der Entdeckung gesteigert wurde. Vorsicht mußte auch beim Aufgeben der Doppelbriefe zur Post beobachtet werden, da das immer wiederholte Erscheinen zahlreicher Doppelbriefe auf ein und demselben Postamt bei irgend welchen findigen Postbeamten – und deren gab es unter dem Sozialistengesetz nicht wenige – leicht Verdacht erregen und zur Ermittlung des Inhalts dieser Doppelbriefe führen konnte. Man mußte daher abwechselnd verschiedene Postämter benutzen und zu diesem Zweck gelegentlich auch außerhalb Bremens gelegene Postämter aufsuchen. Größere Schwierigkeiten beim Schmuggeln entstanden, als die Zollbehörden sich infolge der zeitweise sehr stark geübten Schmuggelei von Tabak und Tabakstengeln zu äußerst scharfen Kontrollmaßregeln veranlaßt sahen und in die im Zollgebiet gelegene Vorstadt fast niemand ohne körperliche Visitation eintreten ließ.

„Der Sozialdemokrat". In den Jahren der Sozialistenverfolgung wurde die erste Zeitschrift der deutschen Sozialdemokratie in Zürich und London gedruckt und die Londoner Auflage über die deutschen Häfen ins Land geschleust.

Da blieb nichts übrig, als an den Sonntagen, bei gutem und schlechtem Wetter, Spaziergänge über Land zu machen und die Zollgrenzen an weniger scharf bewachten Stellen zu überschreiten. Bei solchen Schmuggelfahrten waren uns oft die uns begleitenden Genossinnen sehr nützlich, da ihre Kleidung das kostbare Paschgut viel besser zu verbergen wußte als unsere.
Als der „Züricher" zum „Londoner" geworden war, d. h. als durch die Ausweisung der Redaktion und Expedition des „Sozialdemokrat" aus der Schweiz die Übersiedlung nach London nötig geworden war, kamen die Pakete meist als Schiffsfrachtgut. Das bot jedenfalls mehr Sicherheit gegen Entdeckung, hatte aber auch wieder seine Schattenseiten. Als einmal ein Schiff, das unser so wertvolles Gut trug, im Kanal Havarie erlitten hatte, wurde ich, der ich es gewagt hatte, auch meine Adresse als Empfänger aufzugeben – man ward im Laufe der Zeit abgestumpft gegen die Gefahr – zum Kontor des Schiffsmaklers eingeladen und dort aufgefordert, mein als Kleiderstoff deklariertes Schiffsgut vor dem Empfang eingehend zu besichtigen, damit der daran etwa entstandene Schaden festgestellt werden könne. Darauf

war ich natürlich gar nicht neugierig, ich verzichtete deshalb großmütig auf die Geltendmachung etwaiger Schadensersatzansprüche und erhielt dann auch am nächsten Tag mein großes Paket „Kleiderstoffe" ungeöffnet und in der Tat fast unbeschädigt ausgehändigt.

Das Ertappenlassen bei der Verbreitung des „Sozialdemokrat" war allmählich eine kitzlige Sache geworden. Nicht nur gründete man vielfach auf die Anklage wegen verbotener Verbreitung auch zugleich eine Anklage wegen Geheimbündelei (§ 128 und 129 des RGB), nein, man hatte auch durch eine künstliche, widersinnige Auslegung des § 16 des Sozialistengesetzes, der von der Bestrafung wegen Verbreitung handelte, die Möglichkeit erheblich schwererer Bestrafung geschaffen. Während der genannte Paragraph von einer Strafe bis zu sechs Monaten Gefängnis wegen Verbreitung verbotener sozialistischer Druckschriften sprach und die Gerichte das jahrelang sinngemäß als Höchststrafe für das Vergehen betrachteten, hatte ein findiger Altonaer Staatsanwalt, Groschuff, die Entdeckung gemacht, daß diese Höchststrafe für jeden einzelnen Fall erkannt werden dürfe. Das Altonaer Landgericht hatte die geniale Entdeckung akzeptiert und daraufhin den Sozialdemokraten Zigarrenmacher August Kückelhahn wegen Verbreitung verbotener Schriften zu drei Jahren sechs Monaten Gefängnis verurteilt, und das Reichsgericht hatte in diesem furchtbaren Urteil nichts Rechtswidriges gefunden, dasselbe also bestätigt.

Herr Groschuff – die Sozialdemokraten hatten einen anderen, ähnlich klingenden Namen für den Mann gefunden – konnte seiner Belohnung für diese staatsrettende Tat natürlich nicht entgehen, er starb als Senatspräsident des preußischen Kammergerichts, für uns aber, die wir uns selbstverständlich auch durch solche „Rechtsprechung" nicht von der Erfüllung unserer Pflicht abhalten ließen, war, wie gesagt, das Verbreiten des „Sozialdemokrat" nun zu einer besonders gefährlichen Sache geworden.

Trotzdem ging die Geschichte lange Zeit gut. Eines Tages aber nahm die Polizei bei einem Gastwirt eine Haussuchung vor und fand in seinem Wohnzimmer unter dem Sofa versteckt ein tags vorher eingegangenes Postpaket, enthaltend unsere kostbare Ware. Ob die Haussuchung durch eine Denunziation, vielleicht auch einen Postbeamten, der den Inhalt des Paketes durchschnüffelt hatte, verursacht wurde, haben wir nie erfahren. Der Gastwirt wurde verhaftet, doch schien uns die Sache weitere Folgen nicht nach sich zu ziehen, da der Mann als guter Genosse, als sicher, d. h. der Polizei gegenüber verschlossen galt. Das war nun auch wohl der Fall, doch suchte man durch Vernehmung der Frau und der Dienstboten Anhaltspunkte für das Vorgehen gegen Gäste des Wirts, die mit demselben näher verkehrten, zu gewinnen.

Als ich am nächsten Morgen zur Arbeit ging – der graue Wintertag dämmerte erst herauf –, folgte mir ein Schutzmann, der gegenüber meiner Wohnung schon geraume Zeit gewartet hatte, auf der Straße ein kurzes Stück Weges, um mich dann anzureden und aufzufordern, mit ihm zu kommen. Ich bekam einen nicht geringen Schreck, denn in der Tasche hatte ich die an eine schweizerische Deckadresse gerichtete Mitteilung an die Expedition des „Sozialdemokrat" von der Beschlagnahme des Paketes und der Verhaftung des Empfängers. Wohl war dieselbe mit einer aus Blutlaugensalz bestehenden unsichtbaren Tinte auf der inneren Seite des Kreuzbandstreifens, der selbst eine ganz harmlose Zeitung enthielt, geschrieben, doch mußte die Polizei unter den gegebenen Umständen diese nach der Schweiz gerichtete Zeitungssendung verdächtig finden, und wahrscheinlich war sie auch darüber informiert, daß die Schrift auf der inneren Seite des Streifens durch Bestreichen mit einer Lösung von Eisenchlorid sichtbar gemacht werden konnte.

Indem ich neben dem Beamten herschritt, zergrübelte ich mir das Gehirn, wie ich die ominöse Kreuzbandsendung loswerden konnte, ehe es zu der sicher nicht ausbleibenden Leibesvisitation kam. Halt, da war ein Postbriefkasten! Ich zog mein Kreuzband aus der Tasche und wollte es mit harmloser Miene in den Spalt schieben. Aber damit war nun leider mein Begleiter, den ich doch unterschätzt hatte, nicht einverstanden. Er müsse mich mit allem, was ich bei mir trage, in seinem Bureau abliefern, erklärte er mir und beobachtete mich nun, mißtrauisch gemacht, erheblich schärfer als vorher, so daß es mir auch nicht möglich war, in der noch herrschenden Dämmerung die brenzlige Sendung irgendwo fallen zu lassen.

Auf dem Polizeibureau wurde ich körperlich nicht visitiert, sondern ohne weiteres in Begleitung zweier Beamter in das Stadthaus gebracht und dort dem gestrengen Kriminalkommissarius, dessen Bekanntschaft ich schon ein paar Jahre vorher bei meiner ersten Verhaftung gemacht hatte, vorgestellt. Die Vernehmung, die sich diesmal in weniger urbanen Formen abspielte, wenigstens von seiten des Herrn Vernehmenden, der sehr aufgeregt schien, führte natürlich weder zu dem von ihm noch von mir gewünschten Resultat. Was der Herr Kommissarius von mir über die Verbreitung des „Sozialdemokrat" wissen wollte, konnte ich zum Teil und wollte ich zum Teil nicht sagen, und so endete unsere etwas gereizte Unterhaltung damit, daß er mir meine Verhaftung ankündigte. Ohne weitere Umstände wurde ich dann auch in das Untersuchungsgefängnis, das ich ja schon kannte, gebracht. Hier erst kam meine böse Kreuzbandsendung wieder an das Tageslicht. Ich mußte den Inhalt meiner Taschen entleeren, Uhr, Schlüssel, Portemonnaie, Messer und alles andere wurde hübsch zusammengelegt und mitsamt der Kreuzbandsendung im dunklen Fach eines großen Schrankes, bestimmt, die Sachen der eingelieferten Gefangenen aufzunehmen, fein säuberlich verwahrt. Das nennt man Glück im Unglück! Man hatte eben bei dem mehrfachen Transport vom Polizeibureau zum Stadthause und von dort zum Untersuchungsgefängnis vergessen, mich zu visitieren, oder auf der einen Stelle immer gedacht, das würde auf der anderen Stelle geschehen.

Ich wünschte innig, der verhängnisvolle Streifen möge in diesem Schranke ungestörte Ruhe finden, und folgte einem Aufseher, der mir eine Zelle anwies. Die innere Einrichtung der Löcher dort habe ich schon beschrieben, diesmal aber soll-

Bremerhaven, Umschlagplatz unerlaubter Druckschriften

te ich doch überrascht werden, denn ich fand in meiner Zelle schon einen Bewohner vor. Ein großer Kerl mit wildem dunklen Vollbart tauchte aus dem Halbdunkel auf, als ich die Zelle betrat. Die Bekanntschaft war bald gemacht. Mein Zellengenosse war ein ehemaliger Seemann und jetziger Schankwirt und war beschuldigt, einen Mordversuch auf seine Frau unternommen zu haben. Eine ganz angenehme Gesellschaft. Er hatte die Tat in der Trunkenheit begangen, war in den ersten Tagen nach seiner Verhaftung komplett säuferwahnsinnig geworden, wie er mir selbst erzählte, und stand offenbar jetzt noch stark unter der Einwirkung dieser Krankheit. Davon sollte ich bald einige angenehme Beweise erhalten. Nachts stöhnte und heulte er oft wie ein wildes Tier, und als ich am Tage einmal etwas sagte, was seinen religiösen Anschauungen widersprach – er war sehr fromm –, wollte er mich allen Ernstes prügeln, und selbst meine bestimmtesten Versicherungen, daß ich nicht daran dächte, ihm seinen Glauben zu nehmen, konnten ihn kaum beruhigen. Sonst fand ich im Gefängnis alles noch so „herrlich", wie drei Jahre vorher. Natürlich war auch das Essen nicht besser geworden. Nach zwei Tagen wurde ich ins Bureau gerufen und mir mitgeteilt, daß für mich Geld eingezahlt sei, um mir besseres Essen zu verschaffen. Ich bat den Gefängnisvorsteher, dem Einzahler des Geldes mitteilen zu wollen, daß ich auf bessere Kost verzichten wolle unter der Bedingung, daß das Geld zur Unterstützung meiner Familie – ich hatte Frau und zwei Kinder, und auch meine Mutter war bei mir – mit verwendet würde. Die Unterstützung meiner Angehörigen war, wie ich wußte, bei den geringen Mitteln der Partei am Orte nur eine sehr bescheidene, und es war daher ganz selbstverständlich, daß ich durch meine Verzichtleistung diesen Unterstützungssatz etwas verbesserte. Mein „Opfermut" nahm den Gefängnisinspektor, einen auch im übrigen sehr freundlichen Mann, besonders für mich ein, und er behandelte mich in der Folge so rücksichtsvoll, wie das die Umstände nur eben gestatteten. Eine Woche wohl saß ich schon im Loche bei meinem halbverrückten

Leidensgenossen, ohne richterlich vernommen zu werden. Das widersprach zwar dem Gesetze, welches eine richterliche Vernehmung des Verhafteten schon spätestens vierundzwanzig Stunden nach der Verhaftung verlangte, aber so genau nahm man es damals gegenüber den Sozialdemokraten nicht. Endlich, eines Morgens um acht Uhr wurde ich wieder zum Stadthause transportiert, ich sollte vor dem Untersuchungsrichter erscheinen. Im Stadthause wurde ich in eine große, kahle, ungeheizte Zelle gesperrt, deren Fensterscheiben zum Teil zerschlagen waren. Da es recht kalt war und ich außer einem Stückchen Schwarzbrot noch nichts genossen hatte, fror ich bald jämmerlich und wünschte nichts sehnlicher, als bald vor dem Richter erscheinen und dann wieder in meine häßliche, dunstige, aber doch warme Zelle draußen im Untersuchungsgefängnis zu kommen. Aber Viertelstunde um Viertelstunde verrann, ohne daß man mich zum Verhör rief. Es verging eine, eine zweite und dritte Stunde, und niemand kam. So vergingen fünf Stunden, es wurde ein Uhr nachmittags, und draußen auf den Korridoren wurde es stiller – es war Mittagszeit für die Bureaubeamten geworden. Ich lief zitternd vor Frost und Hunger wie ein wildes Tier in meinem Käfig umher. Endlich hielt ich es nicht mehr aus, ich schlug mit Händen und Füßen gegen die Zellentür, bis auf den Lärm ein Beamter erschien. Von ihm erfuhr ich, daß der Richter schon fort sei, und er sorgte dann dafür, daß ich von einem anderen Beamten in das Gefängnis zurückgebracht wurde, wo ich mit Heißhunger über meine kaltgewordenen Linsen mit Käfer herfiel. Ob man mich vergessen hatte? Oder ob ich mürbe gemacht werden sollte? Gegen Abend wurde ich wieder zum Richter geführt. Ich mußte aus einem dunklen Nebenraum in das Zimmer des Richters treten, mich hier von einem jungen Mädchen – dem Dienstboten des verhafteten Gastwirtes – anschauen lassen und wurde dann wieder abgeführt. Das war meine einzige „richterliche Vernehmung" in diesem Prozeß.

Immerhin mußte ich zunächst noch mehrere Wochen im Untersuchungsgefängnis zubringen, ehe es zu einer Entscheidung kam. Das war eine tödlich langweilige Zeit, denn mit meinem Zellengenossen konnte ich mich kaum unterhalten, zu lesen bekam ich aber wöchentlich nur ein Buch, mit dessen Lektüre ich immer am Tage nach dem Empfang desselben fertig war. Und dann die unendlich langen Nächte. Von 4 Uhr an war es in der Zelle finster, und Licht gab es nur eine halbe Stunde lang, von 5½ bis 6 Uhr abends, damit nicht auch das warme Wasser, die berühmte „Abendsuppe", im Dunkeln verzehrt werden mußte. So lag man denn bis zum andern Morgen gegen 8 Uhr, wo es in der Zelle anfing zu „tagen", auf dem harten Häckselsack Tag für Tag etwa 15 bis 16 Stunden lang und erhob sich mit einem Gefühl, als seien einem alle Glieder zerschlagen. Endlich, eines Abends, ich hatte schon wieder stundenlang auf meinem Marterpfühl „geruht", wurde die Zelle geöffnet, und ein Aufseher rief in das Dunkel hinein: „Bruhns, herunterkommen, alles mitnehmen!" Ich traute meinen Ohren nicht! Sollte ich freikommen? Aber jetzt noch? Das war ja nicht möglich, es mußte ja bald 9 Uhr abends sein.

Ich raffte schleunigst meine Siebensachen zusammen und folgte dem Aufseher, der mich ins Bureau führte. Dort saß der freundliche Inspektor und kündigte mir lächelnd meine Entlassung an. Die Order sei erst vor kurzem eingetroffen, er habe aber nicht bis zum andern Morgen mit der Entlassung warten, sondern mich noch heute der Familie zurückgeben wollen. Das war Musik in meinen Ohren. Ich bekam nun alle meine im Schranke verwahrten Sachen zurück, auch meine schweizerische Kreuzbandsendung. O weh! Die Eigenschaft der zunächst unsichtbaren Tinte aus Blutlaugensalz, nach ein paar Wochen von selbst sichtbar zu werden, war auch hier schon in Erscheinung getreten. Man sah deutlich, daß die innere Seite des Kreuzbandstreifens beschrieben war. Wenn das Stück der Polizei oder dem Richter in die Hände gefallen wäre, hätten diese auch ohne Kenntnis von der Lösung der unsichtbaren Schrift ganz von selbst dahinterkommen müssen, welch hübsches Beweisstück sie hier in Besitz hatten, und ich hätte sicher auf viele Monate die Freiheit verloren. Ich steckte das gefährliche Ding schleunigst in die Tasche, empfahl mich den Beamten und sog bald mit innigem Behagen die frische, freie Luft des Winterabends ein, raschen Schrittes nach Hause eilend, wo alles ebenso erstaunt wie erfreut war über die Wiederkehr des wenigstens um diese Zeit nicht mehr Erwarteten.

Der Prozeß endete auch für die übrigen in denselben verwickelten Genossen verhältnismäßig günstig. Bis auf einen einzigen wurden die übri-

18

gen – es war eine ganze Anzahl von der Polizei verhaftet worden – entweder unter Einstellung des Verfahrens aus der Haft entlassen oder in der Hauptverhandlung freigesprochen. Nur einer wurde zu einem Monat Gefängnis verurteilt, weil bewiesen schien, daß er wiederholt den „Sozialdemokrat" verbreitet hatte. Dabei stellte das Gericht sogar als notorisch hin, daß von Bremen aus regelmäßig größere Portionen des verbotenen Blattes in das Inland verbreitet seien, wenn auch nicht bestimmt festgestellt worden sei, durch welche Personen diese Verbreitung erfolgte. Unter solchen Umständen mußte das Urteil, in Vergleich gesetzt zu den sonst in Deutschland gegen Sozialdemokraten üblichen Urteilen, als ein außerordentlich mildes angesehen werden, und die Bemerkung des „Sozialdemokrat": „Es gibt noch Richter in Bremen", erschien durchaus gerechtfertigt. Daß im übrigen wir uns durch diesen Zwischenfall nicht stören ließen, ist selbstverständlich.

*Aus: Julius Bruhns, Es klingt im Sturm ein altes Lied. Aus der Jugendzeit der Sozialdemokratie. Berlin 1921, S. 66–73

Selbst ihre Wahlerfolge mußte die deutsche Sozialdemokratie im Ausland publizieren. Diese Ausgabe des „Sozialdemokrat" – auf rotem Papier gedruckt – wurde über London an die Genossen gebracht.

Inge Marßolek
Die SPD um die Jahrhundertwende

Noch vor dem endgültigen Fall des Sozialistengesetzes 1890 fielen für die Hansestadt bedeutsame Entscheidungen, nämlich der Anschluß Bremens an den Deutschen Zollverein und die Korrektion der Unterweser. Damit waren die entscheidenden Hemmnisse für die Industrialisierung Bremens beseitigt. Um so rasanter verlief nun dieser Prozeß. In diesen Jahren formierte sich die bremische Werftarbeiterschaft, die mit ihrer Verschmelzung von einer hochqualifizierten handwerklich strukturierten Facharbeiterschaft mit neu in den Arbeitsprozeß eingegliederten unqualifizierten Arbeitern fürderhin der Geschichte der Arbeiterbewegung in Bremen ihren Stempel aufprägen sollte. Auf der einen Seite waren es die Werftarbeiter, die mit einer spezifischen Radikalität die eigentliche Basis der Bremer Linken wurden, auf der anderen Seite waren diese Werftarbeiter aufgrund der besonderen Krisenanfälligkeit ihres Arbeitsplatzes – die Werften beschäftigten die Arbeiter je nach Auftragslage – in besonderem Maße auf die Gewerkschaften angewiesen, wobei diese Organisationen eher Schutz- denn Kampforganisationen waren.

Zugleich ist auffällig, daß es in hohem Maße Intellektuelle waren, die zur Herausbildung der Bremer Linken beigetragen hatten. Zweifellos war die Zeit um die Jahrhundertwende bis zum Ausbruch des Ersten Weltkrieges die, in der von Bremen aus die meisten Impulse in die Gesamtorganisation hineingingen, und in der in Bremen selber bestimmte Entwicklungen und Differenzierungen, wie sie dann im Krieg und nach dem Krieg sich reichsweit durchsetzten, vorweggenommen wurden.

Arbeiterwirklichkeit: Hierarchie selbst beim Fototermin

Arne Andersen

Das Jahr 1888 und die Folgen für die Formierung der bremischen Arbeiterklasse

Am 21. Oktober 1888 stand Bremen kopf, der neue Freihafen wurde eingeweiht. Über 40 000 Menschen nahmen an diesen Feierlichkeiten teil – eine gewaltige Zahl, betrug doch die Einwohnerzahl Bremens nur knapp über 120 000. Jeder dritte Bremer wollte sich den neuen Hafen ansehen. Man spürte, daß sich hier für Bremen etwas Besonderes tat, daß die zukünftigen Lebensbedingungen sich grundlegend verändern würden. Der Hafen, die Weser und die damit verbundene Schiffahrt waren seit jeher das Lebenselixier der Hansestadt. Und doch drohte Bremen im 19. Jahrhundert seinen jahrhundertealten Ruf als Hafenstadt gänzlich zu verlieren. Der ehemalige Bürgermeister Duckwitz beschrieb die Situation für die 1830er Jahre wie folgt: „Zwischen Bremen und Bremerhaven gab es keine andere Verbindung als vermittels der Weser. Mit dieser sah es aber dürftig aus. Bei östlichen Winden sank der Wasserstand oft in solchem Maße, daß mitunter 5–6 Wochen kein beladenes Leichterfahrzeug auf der Unterweser nach und von Bremen fahren konnte; Dampfschiffe leichter Bauart blieben oft tagelang auf dem Sande sitzen und für die Korrespondenz gab es keine andere Beförderung als im Privatwege vermittels der Dampfschiffe und Leichterfahrzeuge. Im Winter hörte dann auch das auf und man mußte Privatfußboten zwischen Bremen und Bremerhaven absenden, wenn man Nachrichten von dem einen Ort zum anderen erteilen wollte."

Zwar hatte sich die Verbindung nach Bremerhaven durch den Bau der Eisenbahnlinie Geestemünde–Bremen 1856 gebessert. Vom Seehandel selber war Bremen nach wie vor abgeschnitten. Wollte die Hansestadt an der Industrialisierung partizipieren, bedurfte es gewaltiger Anstrengung. Drei Projekte mußten gleichzeitig in Angriff genommen werden:
1. die Unterweserkorrektion, um mit den damals üblichen Seeschiffen von 1000 BRT und 5 m Tiefgang Bremen wieder anlaufen zu können;
2. der Zollanschluß an das Deutsche Reich mit einem Zollausschlußhafen, einem Freihafen, in dem Waren für den Weitertransport nach Skandinavien oder Rußland umgeschlagen werden konnten, ohne Einfuhrzoll zu zahlen;
3. der Bau eines entsprechenden Hafenbeckens, um den großen Seeschiffen einen Liegeplatz zu gewährleisten. Der Zollanschluß und die Einweihung des Freihafenbeckens fanden 1888 statt. Damit hatte Bremen die Schwelle zu einer industriellen Zukunft überschritten.

Mit der Ansiedlung neuer Industrien nahm auch die Arbeiterbewegung einen Aufschwung. 1888 war – das Sozialistengesetz galt immer noch – für die Sozialdemokratie in Bremen kein besonders positives Jahr. Zwar hatte man am 1. April 1888 ein täglich erscheinendes Blatt, die „Bremer Volkszeitung" gegründet. Noch vor Ablauf des ersten Vierteljahres stand die „blamable, aber unvermeidliche Notwendigkeit", wie Julius Bruhns es formulierte, die Zeitung mangels Käufer und Finanzschwierigkeiten eingehen zu lassen. Ausgerechnet die Polizei bewahrte die Bremer Sozialdemokratie vor dieser Peinlichkeit: sie verbot das Blatt aufgrund des Sozialistengesetzes. Bruhns weiter: „Also doch den schönen Soldatentod, im Kampf mitten durch die Brust getroffen, statt des Krepierens aus elender Schwäche unter der schadenfrohen Heiterkeit aller Feinde! Der Beamte, der gleich eine Anzahl Untergebener mitgebracht hatte, um die noch vorhandenen Nummern fortschleppen zu lassen, konnte sich freilich die vergnügten Gesichter der vermeintlich wie vom Blitz getroffenen mitverbotenen Redakteure gar nicht erklären."

Immerhin schon 1890 konnte die Partei noch unter dem Sozialistengesetz einen ersten Wahlsieg bei Reichstagswahlen in Bremen erzielen: der Sozialdemokrat Julius Bruhns zog für die Hansestadt in den Reichstag ein. Am 1. Oktober 1890 trat das Sozialistengesetz endgültig außer Kraft, der Weg für den Neuaufbau der Partei war frei.

Doch zurück zur wirtschaftlichen Entwicklung Bremens, die die Basis auch für die Entfaltung der Arbeiterbewegung darstellte. Bis zum Zollanschluß 1888 siedelten Bremer Kapitalgeber Industriebetriebe im oldenburgischen Delmenhorst (Norddeutsche Wollkämmerei und Kammgarnspinnerei 1882), im preußischen Blumenthal und Hemelingen (Bremer Jutespinnerei und Weberei 1873 in Hemelingen, Bremer Wollkämmerei 1883 in Blumenthal) an. In Bremen blieb die handwerkliche Produktion vorherrschend. Dies änderte sich im

Jahr des Zollanschlusses. Im Laufe der nächsten Jahre wurden wichtige Betriebe in der Textil- und Konsumgüterindustrie gegründet. Heinrich Wiegand, der Direktor des Norddeutschen Lloyd, förderte die Industrialisierung entscheidend. Auch die schon länger in Bremen ansässige Werftindustrie nahm einen gewaltigen Aufschwung. 1893 wurde in Vegesack die AG „Bremer Vulkan" gegründet. 1905 zog die AG „Weser" von dem zu eng gewordenen Standort an der Stefani-Kirchweide nach Gröpelingen. Der Bremer Hafen und der Handel verzeichneten bis 1914 ebenfalls ein gewaltiges Wachstum. Die Bremer Handelsflotte erhöhte von 1890 bis 1913 ihre Tonnage um knapp 130 %. Bremens Bedeutung für das Reich vergrößerte sich wieder. Der bremische Anteil an der Handelsflotte des Deutschen Reiches erhöhte sich von 23 % 1881 auf knapp 30 % im Jahr 1913. Den entscheidenden Anteil hatte in Bremen der Norddeutsche Lloyd, der über knapp 70 % der bremischen Flotte verfügte. Mit dem wirtschaftlichen Aufschwung ging eine entsprechende Bevölkerungsentwicklung einher. Die Einwohnerzahl Bremens hatte in diesen Jahren ihre höchsten Steigerungsraten (Stichtag jeweils 1. Januar):

Jahr	Stadt Bremen	durchschn. jährl. Vermehrung in %
1880	108.561	1,49
1890	124 734	1,49
1900	156 718	2,56
1910	239 636	5,29
1914	266 845	2,84

Der Bevölkerungszuwachs lag bis 1900 unter dem durchschnittlichen Wachstum deutscher Großstädte. Die überdurchschnittliche Zunahme der Bevölkerung seit 1900 resultierte in erster Linie aus der hohen Zahl zugewanderter bzw. geworbener Personen.
Die Zahl der Industriearbeiter und -arbeiterinnen stieg von 17 700 1880 auf 39 119 im Jahr 1910. Innerhalb von dreißig Jahren hatte sich das Industrieproletariat mehr als verdoppelt. Die verstärkte Ansiedlung/ Gründung von Industriebetrieben und die Steigerung des Welthandels führten zu einer Konzentration und Zentralisation des Kapitals:

Betriebsgröße Beschäftigte	1895 in %	1907
1–10	45,9	35,1
11–50	18,4	18,3
51–200	14,0	15,0
über 200	21,8	31,7

Von 1895 bis 1907 erhöhte sich die Zahl der Beschäftigten in den Großbetrieben mit über 200 Personen um 154 %. Diese Entwicklung zeigte sich in Bremen am deutlichsten im Schiffbau. Bei Reichsgründung gab es im ganzen Deutschen Reich keine Eisenschiffswerft, die sich mit den größeren englischen hätte messen können. 1875 beschäftigten die neun Bremer Werften zusammen 1370 Mann; zwanzig Jahre später, 1895, arbeiteten auf elf Werften 1621 Personen. Sie produzierten meistens nur Segelschiffe und kleinere Dampfschiffe. Durch die verstärkte Aufrüstung der neuen Reichsmarine und durch die Postdampfersubventionsvorlage, die den Bau neuer Schiffe auf deutschen Werften verlangten, nahm der Schiffbau einen gewaltigen Aufschwung. 1907 beschäftigten 31 Bremer Werften 6653 Arbeiter. Diese Ausdehnung der großen Industrie wirkte sich auf die Entwicklung der Bremer Arbeiterbewegung entscheidend aus. Verzeichneten 1893 28 Einzelgewerkschaften 4554 Mitglieder, so stieg ihre Zahl auf 10 431 im Jahr 1900, um sich bis Kriegsausbruch noch einmal fast zu vervierfachen. 38 055 Mitglieder zählte das Bremer Gewerkschaftskartell 1914. Bremen galt als eine der am besten gewerkschaftlich organisierten Städte. Auch der Sozialdemokratische Verein Bremen, die offizielle damalige Bezeichnung der Landesorganisation, konnte sich über mangelnden Zuwachs nicht beklagen. Gab es 1902 2172 organisierte Genossen, so fanden sich 1914 in den 16 Bremer Parteidistrikten 15 621 Mitglieder, davon waren 2737 (=17,5 %) Frauen. Der Krieg setzte diesem hoffnungsvollen, kontinuierlichen Wachstum ein Ende.

Arbeitsmilieu im ausgehenden 19. Jahrhundert in Bremen.
Links: Umschlags- und Hafenarbeiten
Rechts: Die Belegschaft der Fa. Brinkmann

Hartmut Roder

Gelb oder rot?

„Blutapfelsinen" auf dem Bremer Vulkan vor dem Ersten Weltkrieg

Bereits zu Zeiten des niedergehenden Holzschiffbaus erzielte der lassalleanische „Allgemeine Deutsche Arbeiterverein" bei der Wahl zum Norddeutschen Reichstag 1868 im von vielen Schiffszimmerern bewohnten preußischen Kreis Blumenthal beachtliche 23,9 % der Stimmen. Die selbst unter dem Sozialistengesetz zwischen 1878 und 1890 sich fortsetzende gewaltige Zunahme sozialdemokratischer Parteigänger in den sich beschleunigt zu industriellen Vororten Bremens wandelnden vormaligen Seefahrer- und Landgemeinden Vegesack, Burglesum und Blumenthal schien daher im Trend zu liegen. Als mit der Ausdehnung der Bremer Wollkämmerei, der Norddeutschen Steingutfabrik und des Bremer Vulkan um die Jahrhundertwende immer mehr auswärtige Arbeitskräfte angeworben wurden, entwickelte sich dieser acht Quadratkilometer enge, zumeist außerhalb des bremischen Staatsgebiets gelegene Streifen zum größten industriellen Ballungsraum im Unterweserraum seewärts Bremens. Paul Berthold, preußischer Landrat von Blumenthal, erkannte die soziale Sprengkraft, die in dieser rasanten Industrialisierung lag und versuchte, durch administrative Maßnahmen den gesellschaftlichen Wandel zu beeinflussen. Um ein Gegenbild zum roten und radikalen Bremen entstehen zu lassen, beabsichtigte Berthold, Teile der zugewanderten Arbeiterschaft seßhaft zu machen und durch besondere Betriebsvereine an ihre Arbeitgeber zu binden. Mit Hilfe von Bremer Wollkämmerei und Bremer Vulkan gründete er 1892 den genossenschaftlichen „Spar- und Bauverein Blumenthal". Dieser errichtete besonders im Werftarbeitergebiet Fähr und Lobbendorf bis zur Jahrhundertwende so viele zweigeschossige Siedlungshäuser mit Gartenland, daß ca. ein Drittel der dort ansässigen Familien in vereinseigenen Kolonien wohnte. Durch Wahrung des halbländlichen, unproletarischen Charakters dieser neuindustrialisierten Gegend erhoffte man sich dreierlei:
– die soziale Entwurzelung der Arbeiter zu verhindern
– die Herausbildung einer Stammbelegschaft zu fördern
– und last not least sollten systemverändernden Forderungen der Sozialdemokratie ein bürgerlich-gesellschaftliches Alternativmodell gegenübergestellt werden.
Es galt die Überzeugung zu fördern, daß auch Arbeiter durch Sparsamkeit und Fleiß Eigentum und Wohlstand erreichen könnten. Damit stellte der Blumenthaler Landrat nach dem Modell fürsorglich-patriarchalischer Arbeiterpolitik die Wohnraumbeschaffung in den Dienst des Kampfes gegen die gewerkschaftliche Selbstorganisation der Arbeiter und die weitere Ausbreitung ihrer „umstürzlerischen" Partei. Die Frage, ob dieses Modell Erfolg hatte, ist nicht eindeutig zu beantworten. Gemessen an dem Wahlverhalten scheiterte es – 1903 konnte die SPD erstmals im Kreis Blumenthal die absolute Mehrheit erringen. Die sozialpolitischen Integrations- und Domestizierungsstrategien schlugen aber im Betrieb voll durch – der gewerkschaftliche Organisationsgrad der Werftarbeiter war, verglichen etwa zu Bremen, extrem niedrig.
Auf dem bis 1901 zur Großwerft mit 2400 Beschäftigten aufgestiegenen Bremer Vulkan verlief die gewerkschaftliche Erfassung der Belegschaft recht schleppend. Trotz geringer Löhne, mit über Monate andauernden Akkorden, langen Arbeitszeiten (1900: ca. 60,4 Stunden pro Woche) und gesundheitsschädlichen wie unfallträchtigen Arbeitsbedingungen gelang es dem 1889 gegründeten Werftarbeiterverband nicht, die Beschäftigten in einer schlagkräftigen Organisation zu sammeln. Dabei behinderte nicht allein die Konkurrenz im Betrieb mit anderen, gleichfalls freigewerkschaftlichen Berufsverbänden oder der unnachsichtige, mit schwarzen Listen und einem breiten Maßregelungssystem vorgehende Kampf der Unternehmerverbände die Selbstorganisierung der Vegesack-Blumenthaler Werftarbeiter. Als besonderes Hemmnis erwiesen sich die aus den polnischen Gebieten Preußens stammenden Zuwanderer, die dem Druck ländlich-patriarchalischer Disziplin soeben entwichen waren, über keinerlei industrielle Erfahrungen verfügten und somit nur geringfügige soziale Ansprüche zu artikulieren vermochten, und die infolge überaus harter Arbeitsbedingungen extrem hohe Quote von Arbeitsplatzwechslern auf der Werft.
Jedoch trat nach der Jahrhundertwende auch in der Vegesack-Blumenthaler Schiffbauindustrie eine deutliche Zunahme von Streiks und Aussperrungen ein. Sowohl die kom-

promißlose Haltung der Werftunternehmer, die die Gewerkschaften weiterhin nicht als Verhandlungspartner anerkannten, als auch die gezielte soziale Befriedungspolitik als Wohnungseigentum ließen an integrativer Wirkung nach.

Nachdem die Geschäftsleitung des Bremer Vulkan 1902 und 1903 anläßlich der verbotenen Arbeitsniederlegungen der Belegschaft zum 1. Mai nicht hart durchzugreifen beabsichtigte, initiierte der häufig spöttisch als „König von Blumenthal" titulierte Landrat Berthold im Juni 1903 selbst die Gründung des „Arbeiterbundes Blumenthal". Dieser sollte unter Vorsitz Bertholds „die ruhigen und verständigen Arbeiter, welche von der Sozialdemokratie nichts wissen wollten", zusammenfassen, um sie unter der Parole der Betriebsverbundenheit und des Wirtschaftsfriedens „widerstandsfähig zu machen gegen die Vergewaltigung durch die Fachvereine". Gestützt auf Gelder des Bremer Vulkan und eine

Schichtwechsel auf dem Bremer Vulkan

regelmäßige „Dosis Staatsgold", brachte der gelbe Arbeiterbund 1904/05 tatsächlich die mittlerweile im Deutschen Metallarbeiterverband zusammengeschlossenen Werftarbeiter und die lokale Sozialdemokratie in Verlegenheit. Knapp ein Viertel aller Vulkanesen hatte zeitweilig den Weg in diesen antisozialdemokratischen Verband gefunden, genoß die geringen Beiträge der Krankenzuschußkasse und gelegentlich seine alkoholfreie Wirtschaft nebst Lesesaal. Das Eintreten für Patriotismus, Königstreue und Geselligkeit sicherte bei Streikbruch Weiterbeschäftigung und bei Massenentlassung vorzugsweise Behandlung. Jedoch verlor der Arbeiterbund spätestens seit 1906/07 seine anfängliche Dynamik. Sein Mitgliederbestand schmolz zusammen. Ein Anschluß an die überregional operierenden christlichen Gewerkschaften bzw. die evangelischen Arbeitervereine scheiterte. Statt dessen führten die Beschäftigungsschwankungen im Schiffbau, der permanente Kleinkrieg von Arbeitgebern und Behörden gegen die Belegschaft und ihre Gewerkschaften sowie auch deren verstärkte organisatorischen Bemühungen zu einem Aufschwung der freigewerkschaftlichen Verbände auf dem Bremer Vulkan. Mit einem Organisationsgrad von 73 % (1906) waren sie eine starke Stütze und ein Rekrutierungsfeld für die Sozialdemokratie im Vegesack-Blumenthaler Industriegebiet. Die hohe Streikbereitschaft während der mehrwöchigen harten Auseinandersetzungen auf dem Bremer Vulkan 1910 und 1913 zeigte eine ge- und entschlossene Belegschaft. Selbst ehemalige Gelbe schlossen sich nun in größerer Zahl den Streikenden an. Sozialdemokratische Stimmzettel hatten diese anscheinend schon vorher in die Wahlurnen geworfen. Von der immer kleiner werdenden Schar aufrechter Arbeiterbündler, ihren vormaligen Mitstreitern, wurden sie daher häufig verächtlich als „Blutapfelsinen" bezeichnet – innen rot und außen gelb.

Karl Lüneburg

„Ausländer"-Wahlrecht oder die „Fremdländischen"

Eines der Probleme, welches heute die ganze Republik beschäftigt, gab es um die Jahrhundertwende in ähnlicher Form – im heutigen Bremen-Nord (Altkreis Blumenthal) – auch schon.
Im Kreis Blumenthal lebten 1906 zwischen 3500 und 4000 Polen; etwa 10 % der Gesamtbevölkerung des Kreises waren polnischer Nationalität. In den Orten Blumenthal und Grohn lag der polnische Bevölkerungsanteil noch bedeutend höher.
Die Immigration von Polen aus den preußischen Ostprovinzen, die als preußische Staatsangehörige die deutsche Staatsbürgerschaft besaßen und somit auch wahlberechtigt waren, begann 1886 mit Anwerbeaktionen der Bremer Wollkämmerei (BWK). Die Beschäftigung polnischer Arbeiter weitete sich allmählich auch auf andere Branchen und Betriebe aus, darunter vor allem auf den Schiffbau (Bremer Vulkan). Unternehmenspolitische Ursache war die expandierende Nachfrage der Großindustrie im Unterweserraum nach **niedrig entlohnten** un- und angelernten Arbeitskräften, die sich zu den gebotenen Bedingungen unter der einheimischen Bevölkerung nicht finden ließ.
Die ostelbischen Immigranten stammten aus den mehrheitlich polnisch besiedelten Teilen Oberschlesiens und Polens, fast ausschließlich aus ländlichen Gebieten. Ihre politische Orientierung hatte anfänglich kaum Konturen, das polnische Dorf war seinem Selbstverständnis nach eher konservativ, die Sozialdemokratie als industriell-städtische Partei so gut wie unbekannt.
Im Oktober 1906 fand im 18. hannoverschen Wahlkreis (Stade-Blumenthal) vor den Toren der Freien Hansestadt eine Reichstagsersatzwahl statt; für die Sozialdemokratie kandidierte der spätere Reichspräsident Friedrich Ebert. Aus diesem Anlaß hielt der in Bremen lebende Gastwirt und Sozialdemokrat Stanislaus Karwik vor gut 200 polnischen Landsleuten im damals noch preußischen Blumenthal eine Wahlkampfrede, die von einem polizeilichen Observanten stenographisch aufgezeichnet wurde. Das detaillierte Protokoll der Rede befindet sich im Niedersächsischen Staatsarchiv Stade – zusammen mit einem Flugblatt, in dem die SPD die Polen zur Wahl Eberts auffordert (in polnischer Sprache) – beides kann wortgetreu nachgelesen werden im „Deutsch-Polnischen Jahrbuch 1985".
Die Rede verdient besondere Aufmerksamkeit, weil sie das Weltbild der polnischen Immigranten, ihre Stellung und Probleme als nationale Minderheit im Unterweserraum, Rivalitäten im polnischen Lager, die von Germanisierungsdruck geprägten deutsch-polnischen Beziehungen um die Jahrhundertwende und **die prekäre Rolle der Sozialdemokratie in der Nationalitätenfrage** berührt.
Die Rede ist darüber hinaus ein aufschlußreiches historisches Dokument der Lebensbedingungen fremder Erwerbsimmigranten oder „Gastarbeiter". Sie beeindruckt schließlich auch durch ihre Sprache, deren Deftigkeit und Bilderreichtum sich geschickt auf Erfahrungen und Denkhorizonte der zumeist vom Land stammenden polnischen Zuwanderer einstellt.
Die Rede verdankt ihre akribische Aufzeichnung der „Polen-Überwachung" im Kaiserreich als Ausdruck übersteigerten Mißtrauens der preußischen Behörden gegenüber den Polen. Die preußische Administration witterte zusätzliche Gefahren, wenn sich gleich zwei „Reichsfeinde", nämlich Polen und Sozialdemokraten, zusammenfanden.
Dieses kleine, aber historisch wertvolle Beispiel soll mit den Schlußsätzen der „Wahlrede" enden:
„Die Sozialdemokratie hat gezeigt, daß sie im Reichstage die einzige Partei ist, welche das Unrecht in die Öffentlichkeit bringt. Darum ist die Pflicht jedes Arbeiters, die Sozialdemokratie zu stärken und zu unterstützen. Brüder, Arbeiter, Polen! Zeigt, daß ihr versteht, wer unser Feind und Unterdrücker und wer der Beschützer und Freund ist.
Am Dienstag, dem 23. des Monats, geht wie ein Mann an die Wahlurne und gebt eure Stimme dem Kandidaten der Sozialdemokratie, und dieser ist – Fritz Erler, Arbeitersekretär in Berlin.
Auf zur Wahl! Möge keiner, der eine Stimme besitzt, zu Hause bleiben. Jede einzelne Stimme ist wichtig! Weg mit den Ausbeutern des arbeitenden Volkes!
Es lebe die Sozialdemokratie!"

Zu den Bildern rechts:
Für Bremens Industrie importiert: Arbeitskräfte für die Wollkämmerei

125 Jahre Bremer SPD

J.No 5104

Geschehen
Blumenthal, den 25. März 1911.
Hann.

Erscheint
der Verwalter des Konsumvereins
Martin Dettmann aus
Blumenthal-Lüssum,
Mühlenstrasse 33, und trägt vor:

Neuerdings nimmt noch die Unsicherheit auf den Strassen von Blumenthal immer mehr zu. Es sind meist Haufen von jungen polnischen Arbeitern, welche in der Dunkelheit umherziehen und Skandal machen. Vor 14 Tagen ist mir am Laden des Konsum-Vereins eine Spiegelscheibe eingeschlagen und diese Nacht hat man mit der Fahnenstange eine Lichtscheibe im Hinterraum eingeschlagen.

Die Ruhestörungen werden meistens in der Zeit zwischen 12 und 1 Uhr nachts ausgeführt.

Ich bitte um Abhülfe.

Laut diktiert,   genehmigt

Beglaubigt

Berthold

Jens Joost-Krüger

Der 1. Mai 1890 in Bremen

Die Delegierten des Gründungskongresses der II. Internationale in Paris beschlossen 1889, die Arbeiter und Arbeiterinnen überall auf der Welt zu einer gemeinsamen Demonstration aufzurufen. Arbeitsschutz, Verbot der Kinderarbeit, Verbot der Nachtarbeit für Frauen und vor allem der Achtstundentag galten als die verbindenden Forderungen, deren Einlösung mit Nachdruck von den jeweiligen Regierungen verlangt werden sollte. Als Termin der Demonstration legten die Arbeitervertreter den 1. Mai 1890 fest. Die Frage, welche Form die Demonstration an diesem Tage annehmen sollte, ließen die Kongreßdelegierten allerdings offen. In dem Beschluß hieß es: „Die Arbeiter der verschiedenen Nationen haben die Kundgebung in der Art und Weise, wie sie ihnen durch die Verhältnisse ihres Landes vorgeschrieben wird, in's Werk zu setzen."[1]

Am 7. Januar 1890 befaßte sich die Bremer Arbeiterbewegung erstmals in einer öffentlichen Versammlung mit dem Beschluß des Arbeiterkongresses. Auf Einladung der Tischler erschienen zu einer polizeilich angemeldeten und genehmigten Veranstaltung immerhin 600 Personen, die sich dafür interessierten, was denn nun am 1. Mai in Bremen passieren sollte.

Gleich zu Beginn der Versammlung klärte ein Referent aus Hannover die Zuhörer auf, worum es am 1. Mai gehen sollte. Er hob hervor, daß an

diesem Tag keinesfalls der Achtstundentag durchgesetzt werden sollte. „Damit müsse", wie er meinte, „zu gelegener Zeit im Einzelnen begonnen werden."² Auf der Tagesordnung des 1. Mai sollte nicht der Kampf um konkrete Verbesserungen der Lebens- und Arbeitsbedingungen, sondern die symbolische Demonstration stehen. „Durch den Arbeiterfeiertag, der nicht im Kalender stehe, solle mal den Kapitalisten gezeigt werden, welche Macht die Arbeiter haben, sie sollen dadurch gezwungen werden, den Letzteren Konzessionen zu machen."³ Diese Einschätzung fand den Beifall der Tischler, die am Ende ihrer Versammlung einen Beschluß faßten, der für den 1. Mai einiges erwarten ließ:
„Die im großen Saal des Casino anwesende Versammlung erkennt die Beschlüsse des internationalen Congresses in Paris an und beschließt, den 1. Mai d. J. als internationalen Arbeiterruhetag zu feiern und gibt sich der Hoffnung hin, daß die übrigen Gewerkschaften diesem Beschluß folgen werden."⁴
Die Hoffnung der Tischler, daß außer den Werkstätten ihrer Meister auch die anderer Betriebe am 1. Mai leer bleiben würden, erfüllte sich nicht.
Wie in den meisten Teilen des Deutschen Reiches war der 1. Mai zu Kaisers Zeiten auch in Bremen kein Feiertag, sondern ein ganz gewöhnlicher Arbeitstag. Nachdem der Beschluß des Pariser Arbeiterkongresses publik geworden war, dauerte es nicht lange, bis klar war, daß die Unternehmer, der Staat und das Bürgertum keinesfalls tatenlos zuschauen würden, wenn die Arbeiter und Arbeiterinnen tatsächlich den 1. Mai zu ei-

Julius Bruhns: Als erster Sozialdemokrat für Bremen im Reichstag.

nem Feiertag für die Forderungen der Arbeiterbewegung machen würden. In vielen Städten des Deutschen Reiches bahnten sich Auseinandersetzungen zwischen der Arbeiterbewegung auf der einen und Staat und Unternehmern auf der anderen Seite an.
In Bremen überschattete der Reichstagswahlkampf zunächst die Diskussion über die Arbeitsruhe am 1. Mai. Erst als der sozialdemokratische Kandidat Julius Bruhns überraschend das bremische Reichstagsmandat gegen seinen bürgerlichen Konkurrenten gewonnen hatte, wurde nunmehr heftig über den 1. Mai 1890 debattiert. Julius Bruhns, der bereits 1889 als Delegierter an dem Pariser Arbeiterkongreß teilgenommen hatte, machte jetzt seinen gewichtigen Einfluß in der Bremer Arbeiterbewegung gegen die Arbeitsruhe am 1. Mai geltend.
Energisch trat er allen Absichten entgegen, die das Risiko einer nicht zu kalkulierenden Auseinandersetzung mit den Untenehmern und den staatlichen Ordnungskräften in sich bargen. Provokative Aktionen am 1. Mai in den Betrieben und auf den Straßen schienen Julius Bruhns gerade das zu gefährden, was sich seit Januar als Hoffnungsschimmer am Horizont abzeichnete: das Ende des Sozialistengesetzes und damit der Wiederbeginn legaler sozialdemokratischer Parteiarbeit. Seinem öffentlichen Votum gegen Arbeitsniederlegungen und für abendliche Kundgebungen folgten bis auf die Tischler alle Gewerke, die überhaupt Interesse am 1. Mai bekundeten. Einige, die bereits beschlossen hatten, sich den Tischlern am 1. Mai anzuschließen und nicht zu arbeiten, revidierten ihre Entscheidung. Auf dieser Grundlage gelang es Bruhns in einem Gespräch mit dem bremischen Polizeisenator Schulz, die Sorgen des Senats um Ruhe und Ordnung am 1. Mai einigermaßen zu zerstreuen. Den Gesprächspartnern lag offenkundig daran, Konfrontationen zwischen Arbeitern und Polizei zu verhindern. Jedenfalls konnte sich der über die Diskussionen in der Arbeiterschaft gut informierte Polizeichef im Senat gegen diejenigen Senatoren durchsetzen, die für eine eindeutig drohende Haltung des bremischen Staates gegen Anhänger der Arbeitsruhe am 1. Mai plädierten. Unterstützung für seine moderate Haltung fand der Polizeisenator beim Bürgermeister und Präsidenten des Senats. Dieser meinte, daß der „Verkehr im Freibezirk (Freihafen, d. V.) und am

Weserbahnhof es gar nicht zulasse, die Arbeit auch nur einige Tage als Strafe für die am 1. Mai Feiernden ruhen zu lassen."[5] Es schien also auch aus wirtschaftlichen Gründen angeraten, die Arbeiterschaft durch etwaige Aussperrungen nicht unnötig zu provozieren. Schließlich wurden die bremischen Behörden angewiesen, „sich vor dem 1. Mai jeder öffentlichen und privaten Kundgebung an die Arbeiter zu enthalten".[6]

Ganz auf den vollen Erfolg seiner „Deeskalationsgespräche" mochte sich allerdings auch der Polizeisenator nicht verlassen. Eine Kompagnie und drei berittene Landjäger hielt er für den Fall in Bereitschaft, daß „Arbeiterexzesse ein polizeiliches Einschreiten erforderlich machen sollten".[7]

Obgleich die Stimmung in der Bremer Arbeiterschaft deutlich gegen die Arbeitsruhe am 1. Mai umgeschlagen war und mittlerweile auch die sozialdemokratische Reichstagsfraktion in einem Aufruf zur Vorsicht mahnte, hielten die Bremer Tischler an ihrem einmal gefaßten Entschluß fest, am 1. Mai die Werkstatt mit dem Versammlungslokal zu vertauschen. Allerdings blieben die unzweideutigen Stellungnahmen bremischer Industrieller und Gewerbetreibender nicht ohne Wirkung. Diese hatten in Zeitungen verbreiten lassen, daß sie „die Erklärung des 1. Mai zu einem Arbeiterfesttag für eine durch nichts zu rechtfertigende und die wirtschaftlichen Interessen aller Kreise schädigende frivole Kundgebung"[8] hielten. Sie hatten sich verpflichtet, „denjenigen ihrer Arbeiter, welche am 1. Mai feiern, die daraus nach dem Gesetz oder den Arbeitsverträgen sich ergebenden Folgen voll und ganz tragen zu lassen".[9]

Offensichtlich in der Absicht, solche Maßregelungen durch ihre Arbeitgeber zu verhindern, erläuterten die Tischlergesellen in einem Zirkular, daß sie „An die Herren Tischlermeister Bremens"[10] sandten, aus welchen Gründen sie beabsichtigten, den 1. Mai zu feiern. Sie gaben darin ihrer Hoffnung Ausdruck, daß die Arbeitsruhe am 1. Mai „keine Veranlassung sein wird, welche die Bremer Tischlermeister zu Feindseligkeiten herausfordert, denn der Grund, weshalb wir feiern, ist durchaus kein einseitiger, denn wenn es gelingt, den achtstündigen Arbeitstag auf internationalem Wege bald zu verwirklichen, dann sind Meister sowohl als Gesellen dabei interessiert, denn beide Gruppen drückt der übermächtige Gegner, das Kapital, und die Vertreter desselben, die Kapitalisten, welche durch die Konkurrenz, die sie gerade den kleinen Betrieben machen und wobei Meister und Gesellen Schaden erleiden, sich als unsere gemeinsamen Feinde entpuppen".

Am 1. Mai wollten sie deshalb gemeinsam mit den Massen in der ganzen Welt „den Kampf gegen das Kapital" aufnehmen, das ihnen als der „einzige Zerstörer aller gesunden Verhältnisse" galt. Ihren Meistern riefen sie zu, sich im eigenen Interesse anzuschließen: „Seien Sie unser Bundesgenosse!" Die solchermaßen umworbenen potentiellen Verbündeten mochten sich dieser Argumentation nicht anschließen. Sie beantworteten das Schreiben mit der knappen Erklärung, daß jeder feiernde Geselle „für die Zeit bis zum nächsten Montag für seine Rechnung weiter zu feiern hat". Und tatsächlich blieben den ungefähr 200 feiernden Tischlern am 2. und 3. Mai ihre Arbeitsstätten verschlossen. Dem ersten Maifeiertag folgte prompt die erste Maifeieraussperrung.

Der Brief der Tischler dürfte in starkem Maße von der Absicht diktiert worden sein, die Meister zu beschwichtigen. Darüber hinaus aber läßt er Rückschlüsse auf das politische Bewußtsein der Gesellen im ausgehenden 19. Jahrhundert zu. So reflektierte die Vorstellung, daß das Kapital ein von außen eindringender Zerstörer „aller gesunden Verhältnisse" sei, durchaus konkrete Erfahrungen der Tischler. Denn Bremen stand damals, zwei Jahre nach dem zollrechtlichen Anschluß an das Deutsche Reich, erst am Beginn der Industrialisierung, die die Lebens- und Arbeitsverhältnisse nachhaltig verändern sollte.

Als dann der ausgiebig diskutierte 1. Mai endlich hereinbrach, warben in der sozialdemokratischen „Bremer Bürger-Zeitung", die an diesem geschichtsträchtigen Tag erstmals erschien, zwei Festkomitees für ihre Maifeierprogramme. Die Sozialdemokraten um Julius Bruhns luden zu einer abendlichen „öffentlichen Kundgebung für den Achtstundentag" in die „Centralhalle" ein. Neben einer Festrede, die Bruhns selbst hielt, gab es hier Gesangsvorträge und Konzertmusik zu hören.

Die Tischler dagegen trafen sich demonstrativ bereits morgens während der Arbeitszeit zu einer „öffentlichen Versammlung im Casino". Die etwa 200 Teilnehmer, die der Polizeispitzel zählte, beschlossen am Ende der Versammlung, ihre Maifeier um einen Programmpunkt zu erweitern und verabredeten, „heute nachmittag um 2½ Uhr vom Schwachhauser Tunnel ab einen Spaziergang nach Schwachhausen zu machen". Ihren Abschluß fand die Maifeier der Tischler abends bei Konzertmusik, einer Festrede, der Aufführung des Theaterstückes „Der 8stündige Arbeitstag" und Tanz.

Die erste Maifeier in Bremen nahm einen eher unauffälligen, verhaltenen Verlauf. Erst einige Jahre später sollte sich zeigen, wie zukunftsträchtig das Maifeierprogramm der Tischler gewesen war. Denn als 1897 die Bremer Sozialdemokratie es aufgab, die Maifeier auf den unproblematischen Abend des 1. Mai und den ersten Sonntag im Mai zu verteilen und sich anschickte, die Arbeitsruhe am 1. Mai in den Betrieben durchzusetzen, griff sie auf die Festtagsgestaltung zurück, die die Tischler bereits 1890 ausprobiert hatten. Ab jetzt hatte der 1. Mai als der internationale Arbeiterfeiertag seinen festen Platz im Festkalender auch der Bremer Arbeiterbewegung.

---

[1] Zitiert nach U. Achten, Illustrierte Geschichte des 1. Mai, Oberhausen 1979, S. 28
[2] Polizeibericht vom 8. 1. 1890, StaB 4, 14/1-XII.C.2.c.
[3] Ebd.
[4] Ebd.
[5] Auszug aus dem Senatsprotokoll vom 25. 4. 1890, StaB S-30.Nr.13.
[6] Auszug aus dem Senatsprotokoll vom 29. 4. 1890, a. a. o.
[7] Schreiben der Polizeidirektion an den Landherrn Senator Stadtländer vom 28. 4. 1890, StaB 4, 14/1-XII.C.2.c.
[8] Bremer Nachrichten, 27. 4. 1890
[9] Ebd.
[10] Das und das folgende: ebd.

Der „Spaziergang" der Tischlergesellen im Bürgerpark am 1. Mai 1890, Beginn der Bremer Mai-Tradition

Michael Scherer

Auf den Spuren Friedrich Eberts in Bremen

Das Deutsche Kaiserreich war gerade etwas mehr als 14 Tage alt, als Friedrich Ebert am 4. Februar 1871 in Heidelberg geboren wurde. Sein Vater Karl Ebert war Schneidermeister, Maß- und Flickschneider, katholisch, demokratisch eingestellt, aber politisch nicht engagiert. Eberts Mutter Katharina war Hausfrau und versorgte die Kinder, acht an der Zahl. Sie war evangelisch, aber Fritz wurde nach der väterlichen Konfession katholisch getauft.

Aus der Kindheit und Jugend ist nicht allzu viel bekannt. Fritz Ebert ist wohl in wirtschaftlich gesicherten Verhältnissen aufgewachsen, so daß er selber von Kinderarbeit nicht betroffen war.

Von 1877 bis Herbst 1885 war Ebert ein – gemessen an den Zeugnissen – eher mittelmäßiger Schüler der achtjährigen Volksschulzeit. Anschließend, gerade 14 Jahre alt, begann Fritz seine Lehre als Sattler, die wohl nicht sehr befriedigend verlaufen sein kann. Da er mehr als Laufbursche eingesetzt wurde, als daß er in der Werkstatt selber etwas lernte, war er nicht sehr zufrieden. Vier Wochen vor dem Ende der Ausbildungszeit kam es zum Streit mit dem Meister, der ihm eine Ohrfeige verpaßt hatte. Ebert brach seine Sattler-Lehre ab.

17 Jahre alt, 1888, also im Drei-Kaiser-Jahr, ging Ebert auf Wanderschaft. Sein Weg führte ihn zunächst nach Kassel und München, im Jahre 1889 dann erst einmal nach Mannheim, wo ihn sein Onkel Wilhelm Strötz zu Versammlungen mitnahm, ihm Werke von Ferdinand Lassalle und Karl Marx und die illegale Parteizeitung „Sozialdemokrat" zu lesen gab. Ebert lernte Parteimitglieder kennen, erlebte die sozialen und politischen Ungerechtigkeiten sowie die Unterdrückungs- und Verfolgungsmaßnahmen gegen die Arbeiterschaft zur Zeit des zwischen 1878 und 1890 geltenden „Sozialistengesetzes".

Im Frühjahr 1889, 18 Jahre alt, wurde Fritz Ebert Mitglied der Sozialdemokratischen Partei und der Gewerkschaft der Sattler.

Von Mannheim zog er nach Frankfurt am Main, weiter nach Hersfeld und Kassel, bis er dann in Hannover wieder Arbeit fand. Da er, inzwischen durch Lektüre und Erfahrungen mit manchen Fragen vertraut, an allen Orten agitierte und organisierte – also schon in jungen Jahren –, verlor er überall nach kurzer Zeit seinen Arbeitsplatz und mußte weiterziehen.

In Hannover lernte er Fabrikarbeit kennen, eine neue wichtige Erfahrung. Auch hier gründete er eine Zahlstelle des Sattlerverbandes, hielt seine erste Rede und wurde entlassen, Anfang 1890. Der nächste Ort hieß Kassel, hieß Gründung eines Stützpunktes der Sattlergewerkschaft, hieß Agitation, Organisation eines Streiks – und wieder Entlassung.

Und Ebert hatte inzwischen erkannt, wie seine politische und gewerkschaftliche Arbeit zeigte, daß nur Schutz und Hilfe durch große, starke Organisationen den Arbeitern eine Verbesserung der Lebensbedingungen bringen konnten. Dieses Wissen prägte ihn von nun an, bestimmte sein Handeln und ließ ihn überall in diesem Sinne aktiv werden. Dies wiederum führte dazu, daß der Name Fritz Ebert nicht nur in Partei- und Gewerkschaftskreisen allmählich bekannt wurde, sondern auch bei den Unternehmern. Diese unterrichteten sich über die „Arbeitgeberzeitung" öffentlich über eine Liste mit den Namen von sozialdemokratischen Agitatoren. Auch die Polizei war im Besitz von Listen, die an die Meister weitergegeben wurden.

Von Kassel führte Eberts Weg nach Braunschweig, Bochum, nach Elberfeld, Remscheid, Quakenbrück und schließlich Anfang Mai 1891 nach Bremen.

Gerade 20 Jahre alt, bekam Ebert schon am 5. Mai 1891 Arbeit als Sattler. Von da an – und das ist genau dargestellt – war der junge Mann in kaum vorstellbarem Maße Aktivist im Partei- und Gewerkschaftsleben Bremens. Alle paar Tage wurde „Herr Ebert", „Fritz Ebert" oder „Genosse Ebert" in einer Gewerkschafts-, Partei- oder Volksversammlung als Referent erwähnt. Schon im Juni 1891 wurde er zum Vorsitzenden des Allgemeinen Deutschen Sattlervereins, Filiale Bremen, gewählt. Er hielt Vorträge über „Die Neuorganisation der Gewerkschaften Deutschlands", „Die Zwecke und Ziele der Gewerkschaften", „Die Entwicklung des Kapitalismus und unsere heutigen wirthschaftlichen Zustände" und „Was ist der vierte Stand?".

In einem Polizeibericht vom November 1891 über „Führer oder hervorragende Mitglieder der hiesigen socialdemokratischen Bewegung" wird ver-

125 Jahre Bremer SPD

Die Kneipe von Friedrich Ebert in der Bremer Neustadt

merkt:
„Sattlergesell Friedrich gen. Fritz Ebert, Spitzenkiel 18... seit Mai d. J. hier (zuvor 6 Monate in Barmen), ist Führer der Sattlergesellen, Vorsitzender der socialdemokratischen Kontroll-Kommission, Mitglied des socialdemokratischen Diskutir-Clubs, veranstaltet und leitet socialdemokratische Veranstaltungen und spricht in solchen, ist zur Zeit der eifrigste socialdemokratische Agitator hieselbst."

Nachdem Ebert arbeitslos geworden war, ließ er im Februar 1892 folgende Anzeige über die „Bremer Bürgerzeitung" verbreiten:
„Fritz Ebert, Jakobikirchhof Nr. 6, empfiehlt sich zu Polsterarbeiten in und außer dem Hause, sowie zum Anfertigen von Schultaschen, Tornistern, Koffern usw. zu billigen Preisen."

Aber der Rat, sich selbständig zu machen, hat Ebert wohl nicht sehr geholfen; es fehlte an Aufträgen, so daß er praktisch arbeitslos war. In seinen Vorträgen tauchten immer neue Themenschwerpunkte auf, so „Die Gewerbeordnung", „Der Militarismus" oder „Was wollen die Sozialdemokraten?".

Im April 1892 erschien seine Untersuchung „Die Lage der Arbeiter im Bremer Bäckergewerbe und die notwendigsten Aufgaben der Bäckerbewegung", die großes Aufsehen erregte. Die Bemühungen, als Konsequenz dieser Untersuchung eine Genossenschaftsbäckerei zu gründen und durchzusetzen, scheiterten allerdings schon nach kurzer Zeit. Die Gewerkschaften waren nämlich der Ansicht, die sozialdemokratischen Arbeiter müßten aus prinzipiellen Gründen jede Genossenschaft ablehnen.
Den Lebensunterhalt mußte er sich anschließend als Bäckerei-Ausfahrer verdienen, bis er, der nebenbei zu immer neuen Themen referierte und agitierte, endlich im März 1893 als Redakteur und Lokalberichterstatter bei der „Bremer Bürgerzeitung" fest eingestellt wurde. Damit verbesserte

Friedrich Ebert: Als Abgeordneter in Bremen...

... als Reichspräsident in Berlin

sich auch seine ökonomische Lage entscheidend.
Aber schon ein Jahr später gab er diesen Posten wieder auf und nahm das Angebot des Brauereidirektors Schurig von Haake-Beck an, als Pächter eine Gastwirtschaft zu führen.
Für Eberts Wirken in Bremen bedeutete dieser April 1894 einen wichtigen Einschnitt. Politisch hatte sich Fritz Ebert im Laufe der Jahre immer stärker für die gewerkschaftliche Tätigkeit eingesetzt. Er wollte konkrete, praktische Verbesserungen der Lebensverhältnisse der arbeitenden Menschen, der Arbeiterklasse, erreichen. Dies erschien ihm nur möglich durch einige kampfstarke Organisationen, die sich nicht durch interne Auseinandersetzungen selber schwächen durften. Ebert vertrat die einmal beschlossene Linie und verteidigte sie gegen alle Angriffe, von welcher Seite auch immer. Die Geschlossenheit der Organisationen in der Arbeiterbewegung ging ihm über alles. Diese Einstellung, in Bremen schon deutlich erkennbar, wurde in den späteren Jahren im Parteivorstand in Berlin noch sichtbarer. Ideologische Streitereien waren ihm ein Greuel.
1894 brachte für Ebert auch insofern eine wichtige Veränderung, als er mit Beginn seiner Arbeit als Gastwirt – die ihm überhaupt nicht „schmeckte" und die er auch, obwohl bis 1899 ausgeübt, oft verschwieg – auch seine Tätigkeit als sozial- und rechtspolitischer Berater der Arbeiterinnen und Arbeiter aufnahm, neben seiner Vortragstätigkeit.
Und persönlich änderten sich Eberts Lebensverhältnisse durch die Eheschließung mit Louise Dorothee Amalie Rump am 9. Mai 1894. Der Sohn Carl Friedrich wurde am 12. September 1894 geboren – als erstes von fünf Kindern.
1896 war Ebert Delegierter zum Gothaer, 1899 zum Hannoveraner SPD-Parteitag. 1894 bis 1895 war er Parteivorsitzender in Bremen, 1896 führend am Bürgerschaftswahlkampf beteiligt, 1897 zuständig für die Landagitation rund um Bremen herum, 1898 bei den Reichstagswahlen SPD-Kandidat im hoffnungslosen erzkatholischen oldenburgischen Wahlkreis Vechta. Die „Pflicht" verlangte es, auch solche aussichtslosen Kandidaturen diszipliniert wahrzunehmen. Die Beratungstätigkeit für Bremens Arbeiterschaft ließ Ebert zu einem sozialpolitischen Experten werden. Als solcher mußte er sich mit staatlichen Institutionen auseinandersetzen. Früher als andere Sozialdemokraten forderte er, daß die SPD um den Einfluß in den parlamentarischen Gremien kämpfen müsse. Nur so könne sie die politischen Verhältnisse gestalten und verändern.
Angesichts des Bremer Acht-Klassen-Wahlrechts gab es in der Hansestadt-SPD durchaus unterschiedliche Auffassungen, die Ebert aber nicht weiter interessierten. Er nahm in Kauf, daß seine Anschauung eine gewisse Anerkennung des bestehenden Staates und auch Kompromisse mit einschloß. Die revolutionäre Analyse des Erfurter SPD-Programms stand für ihn nicht im Gegensatz zum pragmatischen Teil der Bernstein'schen Tagesforderungen des Erfurter Programms. Das war für ihn kein Thema.
Als nach jahrelangen Debatten das Bremer Gewerkschaftskartell endlich im Frühjahr 1899 die Einrichtung eines Arbeitersekretariats beschloß, bewarb sich Friedrich Ebert um die Funktion des Arbeitersekretärs. Sozialversicherung, Wahrnehmung der Ansprüche der Arbeiter, allgemeine juristische Fragen mit Schwerpunkten wie Rechtsverhältnisse des Arbeitsvertrages oder Mietrechts sowie statistische Erhebungen zur sozialen und ökonomischen Lage der Arbeiterschaft – diese festgelegten Aufgabenbereiche des Arbeitersekretariats lagen Ebert, kamen seiner bislang ehrenamtlich ausgeübten Tätigkeit in der „Parteikneipe" nahe.
Zum 1. Januar 1900 trat Ebert sein neues Amt an, in das er nicht gerade mit überzeugender Zahl von Stimmen gewählt worden war. Seine Beliebtheit hielt sich in Grenzen, so sehr man auch seine Arbeit schätzte, seinen Sachverstand gern nutzte. Eberts schroffe persönliche Art, seine Arroganz und Intoleranz hatten ihm in Bremen kaum Freunde gemacht. Auch seine „Vorstandsfrömmigkeit" gegenüber Andersdenkenden war nicht gern gesehen. Seine Betonung der Organisation ging manchen zu weit.
Ebenfalls zum 1. Januar 1900 trat Ebert als Abgeordneter in die Bremische Bürgerschaft ein, wo er – erstmalig in der Geschichte dieses Parlaments – Vorsitzender der SPD-Fraktion wurde. Fortan verging kaum eine Sitzung, in der er nicht das Wort zu einem zumeist sozialpolitischen Thema ergriff.
Sein Fundus an Kenntnissen war schier unerschöpflich, erhielt er doch durch seine Arbeit als Arbeitersekretär ständig neue Nahrung. Bereits im Jahre 1900 wurden mehr als 4400 Anfragen bearbeitet, so daß noch in

diesem Jahre mit Hermann Müller (Bochum) ein zweiter gleichberechtigter Sekretär eingestellt werden mußte.

Besondere Bedeutung für die bremischen Verhältnisse hatte die von Ebert verfaßte Untersuchung „Ergebnis einer statistischen Erhebung über die Lebensverhältnisse der bremischen Arbeiter" aus dem Jahre 1902. Damit lagen erstmalig konkrete Daten über die Arbeits-, Lohn- und Wohnungsverhältnisse der Bremer Arbeiterschaft vor.

Im Oktober 1902 wurde Heinrich Schulz Nachfolger des bisherigen „BBZ"-Chefredakteurs Franz Diederich. Mit Schulz, unterstützt von Mit-Redakteur Alfred Henke, kam ein radikalerer Ton nach Bremen, wurde die reformistische Praxis, für die die Gewerkschaften und Ebert standen, angegriffen und in Frage gestellt. Kompromisse mit dem Kleinbürgertum wurden abgelehnt, die Bildung von Klassenbewußtsein bei den Arbeitern durch Aufklärung und Agitation vorrangig betont.

Nach dem Bremer Parteitag 1904 setzten die Kontroversen in Partei und Gewerkschaften voll ein. Dabei ging es um den „Goethebund", eine bürgerlich-kulturell ausgerichtete Bildungsinstitution, an der auch mehrere Gewerkschaften und Sozialdemokraten beteiligt waren. Heinrich Schulz und seine Linie vertraten die Auffassung, es müsse eine klare Unterscheidung von Bürgertum und Arbeiterklasse geben. Sie traten für eine eigenständige Bildungseinrichtung der Arbeiterbewegung ein und konnten sich auch durchsetzen. Der reformistische Flügel unterlag.

Eine der Folgen dieser wie anderer Auseinandersetzungen in Bremen war, daß es Ebert hier nicht mehr gefiel. Auf dem Parteitag in Jena im September 1905 wurde Ebert als weiterer hauptamtlicher Sekretär des Parteivorstandes mit 174 von 287 Stimmen gewählt. Am 1. Dezember 1905 trat er sein neues Amt in Berlin an.

Die Bremer Arbeiterbewegung hat Friedrich Ebert viel zu verdanken. Neue Orientierungen kamen von ihm, mit seiner Hilfe waren die hiesigen Organisationen zu Massenorganisationen geworden, die große Bedeutung hatten im politischen Geschehen der Hansestadt – und noch haben.

Die Bremer Genossen und Kollegen nahmen denn auch mit durchaus zwiespältigen Gefühlen von Ebert Abschied, „mit einem nassen und einem heiteren Auge". Unübersehbar ist dabei jedoch auch, daß der 34 Jahre alte Friedrich Ebert in seinen letzten Bremer Jahren nicht nur an Einfluß verloren hatte, sondern auch – vorsichtig formuliert – in merkwürdiger Weise hemmend oder gar „überflüssig" schien. Die von ihm repräsentierte Parteilinie war für die weitere Entwicklung in Bremen nicht mehr förderlich gewesen. Bürokratie und Organisation hatten bei Ebert eine zu hohe Priorität, zu sehr Selbstzweck. „Er war nicht besonders beliebt in der Partei, aber er genoß gewaltigen Respekt... Unter Ebert herrschte Ordnung... Er war der Mann, auf den Verlaß war; der Mann, der immer wußte, was er wollte."

(Sebastian Haffner: 1918/19. Eine deutsche Revolution)

Ebert meldet den Parteitag von 1904 bei den Bremer Behörden an

Heinz-Gerd Hofschen

Der Bremer Parteitag von 1904

Vom 18. bis 24. September 1904 tagte im „Casino", dem großen Versammlungslokal an der Straße „Auf den Höfen", der jährliche Parteitag der von August Bebel und Paul Singer geführten Sozialdemokratie. Es war der fünfzehnte nach dem Ende des Sozialistengesetzes. Unmittelbar vorhergehend fand am 17. und 18. September die dritte sozialdemokratische Frauenkonferenz in Bremen statt.

Die Wahl des Ortes unterstrich die wachsende Bedeutung der bremischen SPD, die kurz zuvor bei den Reichstagswahlen von 1903 ihren Kandidaten Heinrich Schmalfeldt mit 25000 zu 24000 Stimmen gegen den Liberalen Frese hatte durchsetzen können. Zwar war schon 1890 der Sozialdemokrat Julius Bruhns Reichstagsabgeordneter geworden, doch war das „mehr eine Zufallswahl" gewesen, weil die Liberalen damals zersplittert waren, aber „diesmal haben wir" – so versicherte Schmalfeldt den Delegierten des Bremer Parteitages in seiner Begrüßungsrede – „den Wahlkreis für immer an uns gerissen."

Aber nicht nur die Erfolge der Bremer Genossinnen und Genossen sprachen für die Wahl des Ortes, sondern auch die relativ liberalen politischen Verhältnisse in der Hansestadt. Zwar wurden auch hier selbstverständlich die Verhandlungen des Parteitags polizeilich überwacht und behördlich mitstenographiert (was den Senat 5000 Mark kostete), aber der Senat wies die Polizei an, unter allen Umständen freundlich und höflich zu sein.

Auch konnte die Bremer SPD dem Parteitag mit dem „Casino" eine Tagungsstätte bereitstellen, die etwas voraus hatte „vor allen, in denen in den letzten Jahren Kongresse abgehalten sind", wie ein Delegierter am Schluß des Parteitags bemerkte, und über deren Ausschmückung das Protokoll geradezu schwärmte: „Die Bremer Genossen haben es prächtig verstanden, dem Kongreß eine würdige Stätte zu bereiten."

Rund tausend Bremer Genossinnen und Genossen füllten die Galerie, als sich am Sonntagabend die 230 Delegierten, die die Mitglieder der größten deutschen Partei vertraten, zur Eröffnung des Parteitags versammelten. Nach einer Begrüßungsrede Schmalfeldts für das Bremer Lokalkomitee eröffnete August Bebel, von „stürmischem Beifall begrüßt", den Kongreß mit einer kurzen, aber sehr kämpferischen Rede. Die Geschichte der Bremer Sozialdemokratie, wie sie in der Festschrift der Bremer Genossen dargestellt werde, sei „im kleinen die Geschichte der gesamten Partei. Allüberall Kämpfe schärfster Art, zeitweilig Niederlagen, aber dann ging es vorwärts ... und es wird weiter vorwärts gehen, bis wir das geworden sind, was wir alle werden wollen: die Sieger über die bürgerliche Gesellschaft, die Sieger über den bürgerlichen Klassenstaat."

Der Beifall für diese Äußerung überdeckte den Umstand, daß längst nicht mehr alle Delegierten so radikal dachten. Auf dem vorhergehenden Parteitag in Dresden war es zu einer scharfen Auseinandersetzung mit den – immer schon existierenden – reformistischen Bestrebungen in der Partei gekommen, die sich seit Bernsteins Vorstößen für eine Revision der marxistischen Programmatik ab 1898 deutlicher und auf neuer theoretischer und sozialer Grundlage formiert hatten. Zwar hatte der Dresdener Parteitag mit großer Mehrheit diese Bestrebungen zurückgewiesen. Aber die Verurteilung der „revisionistischen Bestrebungen, unsere bisherige bewährte und sieggekrönte, auf dem Klassenkampf beruhende Taktik" zu ändern, blieb folgenlos, da sie nicht zu einer Trennung von der reformistischen Strömung führte, die sich insbesondere in den Gewerkschaften und im Apparat der Partei immer mehr auszubreiten begann. Daher erwarteten die Gegner der Partei für den Bremer Parteitag eine Fortsetzung des innerparteilichen Streites.

Die Delegierten – unter ihnen 15 Frauen und acht Bremer (die aber zum Teil andere Wahlkreisorganisationen vertraten) – wählten nach Bebels Eröffnungsrede anstelle des erkrankten Paul Singer, der allen Parteitagen seit dem Sozialistengesetz vorgesessen hatte, den Parteiverleger J. H. W. Dietz und den Bremer Friedrich Ebert zu Vorsitzenden des Kongresses.

Der Bericht des Parteivorstands, den Wilhelm Pfannkuch mündlich ergänzte, zeigt anschaulich die Bedingungen, unter denen die Partei kämpfen mußte. So waren 1903/04 Gefängnisstrafen gegen Sozialdemokraten in Höhe von 43 Jahren und zwei Monaten verkündet worden, in fast einem Dutzend Städten waren die Mai-Demonstrationen von der Polizei verboten worden, bei den Landtagswahlen in Preußen und

Sachsen konnte die Partei trotz erheblicher Stimmenzahlen wegen des Dreiklassenwahlrechts keine Mandate erringen. Andererseits zeigte der Vorstandsbericht auch die Erfolge der Sozialdemokratie, die bei den Wahlen von 1903 über drei Millionen Stimmen erhalten hatte. So konnte auf Wahlerfolge bei Landtags- und Kommunalwahlen und auf eine erhebliche Steigerung der Presse- und Agitationstätigkeit verwiesen werden. Mit Wehmut liest man heute, daß die Partei mehr als 70 politische Zeitungen mit über 600 000 Abonnenten besaß.

In der Diskussion um den Vorstandsbericht, in der auch die Anträge zur Presse- und Agitationsarbeit der Partei behandelt wurden, kam es zu ersten bedeutsamen Kontroversen. Karl Liebknecht begründete einen Antrag aus dem Wahlkreis Potsdam-Spandau-Osthavelland, der forderte, daß die Partei „unter den Proletariern, die zur Armee einberufen werden, vor Eintritt in dieselbe in geeigneter Weise Propaganda für die Ideen des Sozialismus machen" solle. Dieser erste Vorstoß für eine aktive antimilitaristische Propaganda unter den Jugendlichen – sie sollte zukünftig einen wesentlichen Teil der Politik Liebknechts ausmachen – wurde vom Parteivorstand (auch von Bebel) abgelehnt, weil er Repressalien gegen die sozialdemokratischen Rekruten und auch gegen die Partei befürchtete. Am heftigsten wurde er allerdings von den Reformisten Südekum, v. Vollmar, Frohme und Molkenbuhr bekämpft, die sich teils sogar gegen jede spezielle Jugendarbeit und -organisation aussprachen. Mit großer Mehrheit ging der Parteitag, der offenkundig die wachsende Gefahr durch den in der imperialistischen Epoche erstarkenden Militarismus unterschätzte, über den Antrag zur Tagesordnung über.

Eine unerwartet lange Debatte entzündete sich am Bericht der Reichstagsfraktion, den Georg Ledebour erstattete. Sie kostete den Parteitag mehr als einen Tag und stellte im Grunde eine Fortsetzung der Auseinandersetzung mit den Reformisten

Der Bremer Parteitag von 1904 im Casino. Vorn (Bildmitte) August Bebel

dar. Es ging um den „Fall Schippel". Der Nationalökonom und Reichstagsabgeordnete Max Schippel, der 1890 zur ultralinken Parteiopposition der „Jungen" gehört hatte, stand seit Ende der 90er Jahre auf dem äußerst rechten Flügel der SPD. 1897 hatte er auf dem Hamburger Parteitag eine Revision der antimilitaristischen Haltung der Partei gefordert, und nun – mitten im Kampf der Arbeiterbewegung gegen neue, die Lebensmittelpreise verteuernde Agrarzölle, hatte er in einem Buch die Notwendigkeit einer Schutzzollpolitik gerechtfertigt.

Bei der namentlichen Abstimmung über die Resolution Bebel wurde Schippels Verhalten gegen 44 Stimmen aus dem reformistischen Lager verurteilt. Auch der Ergänzungsantrag, der Schippel aufforderte, Konsequenzen zu ziehen (was allgemein als Aufforderung zur Mandatsniederlegung verstanden wurde), erhielt eine Mehrheit. Allerdings stimmten gegen ihn 126 Delegierte (darunter auch die Bremer Ebert, Rhein und Schmalfeldt), was zeigte, daß selbst ein relativ mildes Vorgehen gegen einen Vertreter der äußersten Rechten schon auf erheblichen Widerstand stieß.

So konnte der Parteitag erst am vierten Verhandlungstag – vorher hatten die Delegierten auf Einladung der Bremer Genossen noch einen Ausflug nach Helgoland gemacht – die geplanten Hauptthemen, die Organisationsfrage und die Kommunalpolitik, behandeln.

Das Parteistatut von 1900 hatte nicht nur das Vertrauensleutesystem und eine weitgehende dezentrale Organisationsform beibehalten, sondern auch die relativ formalen Zugehörigkeitsmerkmale zur Partei: Es reichte, Beiträge zu zahlen, zur aktiven Mitarbeit wurde niemand verpflichtet. Besonders die dezentrale Organisation wurde bald als wenig geeignet für die schnell wachsende Partei und die gestiegenen Aufgaben begriffen. Daher hatte der Dresdener Parteitag schon eine Organisationsreform verlangt, und der Parteivorstand legte dem Bremer Parteitag einen neuen Statutenentwurf vor. Wie auch heute noch in der SPD, fanden Satzungsfragen großes Interesse bei den Delegierten. 34 weitere Anträge – darunter vollständige Satzungsentwürfe – lagen dem Kongreß vor, mehrheitlich solche, die sich für eine zentralistischere Parteistruktur aussprachen. Die weitestgehenden forderten die Errichtung eines Zentralvereins mit Sitz in Berlin anstelle der bisherigen Wahlkreisorganisationen. Der Parteivorstand wandte sich dagegen, da dann der ganze „Zentralverein dem preußischen Vereinsgesetz" unterstellt würde. Bei aller Notwendigkeit der Zentralisierung kann „eine Partei wie die unsrige ... für ihre Organisation keine Grundlage brauchen, die durch den Federstrich eines preußischen Polizeiministers erschüttert werden kann".

Angesichts der unterschiedlichen Auffassungen und der durch die verschiedenen Vereinsgesetze in den einzelnen Bundesstaaten komplizierten Thematik wurde eine Kommission eingesetzt, die dem folgenden Parteitag einen neuen Statutenentwurf vorlegen sollte. Dies geschah dann auch in Jena 1905.

Da die Partei seit einigen Jahren in zahlreichen Kommunalparlamenten, besonders in Süddeutschland, vertreten war, stellte sich die Notwendigkeit, ein kommunalpolitisches Programm zu erarbeiten. Die erste kommunalpolitische Entschließung eines SPD-Parteitags forderte die Bildung der Gemeindevertretungen in allgemeinen, freien, gleichen und direkten Wahlen, die Aufhebung aller Besitzprivilegien (das städtische Bürgerrecht war häufig noch an Besitz oder den Erwerb von Bürgerbriefen gebunden), die Beschränkung der staatlichen Kommunalaufsicht und die staatliche Regelung der Gemeindesteuern. Die Kommunen sollten durch staatliche Zuschüsse und durch Einkommens-, Vermögens- und Erbschaftssteuern finanziert werden sowie durch eine Besteuerung des unverdienten Wertzuwachses an Grund und Boden – eine Forderung, die bekanntlich bis auf den heutigen Tag aktuell und unerfüllt ist.

Ferner wurde verlangt, daß die Kommunen die für die Regelung ihrer Aufgaben nötigen Betriebe und Institutionen (Verkehr, Energie, Gesundheitswesen, Bildung) in eigener Regie führen sollten, wobei die Einrichtungen der Volksgesundheit und der Volkserziehung unentgeltlich sein sollten. Forderungen nach kommunalen Arbeitsämtern, nach Schutzvorschriften und Interessenvertretungsorganen für Gemeindearbeiter schlossen den Antrag ab, der „kein Aktionsprogramm ..., sondern nur eine Art Richtschnur" sein sollte und als solche auch angenommen wurde.

Auf der Tagesordnung standen noch ein Bericht Bebels über den Amsterdamer Kongreß der Internationale und eine Debatte über die Maifeier. Der Amsterdamer Kongreß von 1904, an dem 476 Delegierte aus 24 Ländern teilgenommen hatten (darunter 68 Delegierte der SPD und der deutschen Gewerkschaften), hatte zur Taktik der sozialistischen Parteien die marxistische Resolution des Dresdener SPD-Parteitages gegen die Reformisten um den französischen Sozialisten Jean Jaures beschlossen sowie die Kolonialpolitik verurteilt und die Frage des Generalstreiks diskutiert. Ferner hatte er den schon 1889 gefaßten Beschluß zur Maifeier wiederholt und ihn insofern verschärft, als er es zu einer „Pflicht" aller proletarischen Organisationen erklärte, den Maifeiertag überall dort durch Arbeitsniederlegung zu begehen, wo keine Schädigung der Klasseninteressen der Arbeiter zu befürchten sei.

Diese Arbeitsruhe am 1. Mai war vielen Gewerkschaftsführungen allerdings äußerst unlieb, da diese Streiks häufig von den Unternehmern mit Aussperrungen beantwortet wurden, was die Gewerkschaftskassen belastete. So gab es auch zum Bremer Parteitag Anträge, die die Maifeier auf den Abend oder auf den ersten Sonntag im Monat verlegen wollten. Richard Fischer erklärte für den Parteivorstand und für die überwiegende Mehrheit der Partei, daß die SPD dem Beschluß der Internationale folgen werde: „Aber der Maßstab... der Geldkosten darf an eine solche Frage nicht angelegt werden, die geradezu eine Frage der internationalen Solidarität, eine Frage der internationalen Arbeiterbewegung geworden ist. Die Maifeier ist historisch und gerade durch das Verhalten unserer Gegner, der Regierung und der Bourgeoisie, eine Klassenfrage des Proletariats geworden, gleichsam ein Stück Klassenkampf gegen Regierung und Bourgeoisie. Wann hat jemals in der deutschen Arbeiterbewegung die Frage der Geldkosten bei einem Klassenkampf die entscheidende Rolle gespielt?"

Der Parteitag endete mit der Behandlung weiterer Anträge – wobei die einstimmige Verabschiedung einer von Bebel und Bernstein verfaßten Resolution gegen das reaktionäre Fremdenrecht im Deutschen Reich zeigt, welch lange Tradition die SPD im Kampf gegen Ausländerfeindlichkeit hat – und der Wahl der Parteiinstanzen.

Dem Parteitag war die dritte sozialdemokratische Frauenkonferenz vorhergegangen. Seit 1899 gab es eine „Vertrauensperson der Genossinnen Deutschlands", nachdem auf den Parteitagen immer wieder besonders von Clara Zetkin eine Intensivierung der Agitation unter den Frauen gefordert worden war, deren Erwerbstätigkeit schnell zunahm.

Die erste Frauenkonferenz fand auf Einladung der „Zentralvertrauensperson" Ottilie Baader 1900 in Mainz mit 20 Delegierten statt. Auf der dritten in Bremen waren 32 Delegierte (darunter sechs männliche[!] und Adelheid Popp für die österreichische Frauenbewegung) versammelt, die neben Fragen der allgemeinen Frauenagitation über Kinderschutz, den Zehnstundentag, die Schulfrage und das Versammlungsrecht diskutierten. Ottilie Baader, die nun erstmalig hauptamtlich die sozialdemokratische Frauenbewegung leitete, konnte von einer Zunahme der weiblichen Vertrauenspersonen und der Abonnementszahlen der Frauenzeitschrift „Die Gleichheit" (von 4000 in 1902 auf 12 000 in 1904) berichten. Es wurden aber auch die ungeheuren Schwierigkeiten bei der Organisierung der Frauen debattiert, der nicht nur die doppelte Knechtung durch Lohnarbeit und Hausarbeit, die reaktionären Vereins- und Versammlungsgesetze und der niedrige Bildungsgrad der meisten Frauen, sondern auch der Umstand entgegenstanden, daß es „auch heute noch... Genossen (gibt), die der Frauenbewegung feindlich gegenüberstehen".

Angesichts der damaligen Feststellung „Ein Teil der Genossen ist leider auch noch nicht aufgeklärt genug, um die Frauenbewegung zu unterstützen" scheint der Fortschritt der letzten 85 Jahre durchaus ein mäßiger zu sein. Die Bremer Frauenkonferenz schloß jedoch mit einer optimistischen Erwartung Clara Zetkins: „Aus der Nacht und Not der Fabriken, aus der Enge und Beschränkung des proletarischen Haushalts sehen wir die proletarischen Frauenmassen sich als Kämpferinnen zusammenscharen, als Kämpferinnen nicht nur um Brot, sondern für die höchsten Ziele. Das ist die feste Bürgschaft dafür, daß der Sache des Proletariats, die die Sache der Menschheit ist, die Zukunft gehört."

Der Bremer Parteitag von 1904 war sicherlich kein besonders bedeutsamer in der Parteigeschichte – Kautsky bemerkte in der Nachbetrachtung in der „Neuen Zeit", daß es „schon interessantere Parteitage gegeben" habe – er war eine Verschnaufpause zwischen den großen Auseinandersetzungen über den Kurs der Arbeiterbewegung unter den neuen Bedingungen des Imperialismus, wie sie 1903 in Dresden mit der Diskussion über den Revisionismus und 1905 in Jena mit der Massenstreikdebatte stattfanden.

Adolf Brock
Frank Neumann

Von Bremen nach Berlin – von Berlin nach Bremen

Zentrale und dezentrale Anstöße zur Bildungsfrage

Vor allem zwei Namen stehen für den engen Zusammenhang zwischen der Entstehung jener großen Bildungsinstitutionen der deutschen Vorkriegssozialdemokratie – zentraler Bildungsausschuß und Parteischule – und den dezentralen Bestrebungen in Bremen:
– der Bremer Heinrich Schulz, 1902–1906 Chefredakteur der Bremer Bürger-Zeitung, der 1906 als Geschäftsführer des zentralen Bildungsausschusses von Bremen nach Berlin ging, und
– der Holländer Anton Pannekoek, 1906/07 Mitglied des ersten Lehrerkollegiums der Parteischule, der 1910 als wissenschaftlicher Lehrer von Berlin nach Bremen kam und hier großen Einfluß auf die Theoriebildung der Bremer „Linksradikalen" hatte.
Aber auch zwei spätere Staatspräsidenten waren unmittelbar an der Gründung des ersten deutschen Bildungsausschusses des Gewerkschaftskartells in Bremen beteiligt: Friedrich Ebert und Wilhelm Pieck.
Überhaupt verdienen die Anstöße zur Bildungsfrage, die die Bremer Sozialdemokraten der Gesamtpartei gaben, mehr als lokalgeschichtliches Interesse.
In den letzten zehn Jahren vor dem Ersten Weltkrieg gewann die bildungspolitische Diskussion in der SPD erheblich an Bedeutung. Dabei ging es vor allem um Fragen der Schulpolitik und der innerparteilichen Bildungsarbeit. 1904 führte der Kampf gegen die Verabschiedung des preußischen Volksschulgesetzes dazu, daß die Genossinnen die Schulfrage auf die Tagesordnung der damals in Bremen tagenden dritten sozialdemokratischen Frauenkonferenz setzten (Referentin: Clara Zetkin). Den ursprünglichen Plan, die Schulfrage bereits auf dem unmittelbar anschließend abgehaltenen Bremer Parteitag zu verhandeln, hatte man wegen der damit zusammenhängenden grundsätzlichen Fragen verworfen. Dafür stand die Schulfrage Ende 1904 auf der Tagesordnung des erstmalig einberufenen preußischen Parteitags (Referent: Leo Arons). 1906 beschäftigte sich dann der Mannheimer Parteitag mit dem Thema „Volkserziehung und Sozialdemokratie" (Referenten: Heinrich Schulz und Clara Zetkin). Bildung wurde Parteitagsthema.
Die Sozialdemokraten hofften natürlich auch, auf diese Weise Einfluß in der Lehrerschaft zu gewinnen. Und am erfolgreichsten war dieser Versuch zweifellos in Bremen. Im hiesigen Lehrerverein hatte sich um Wilhelm Holzmeier und Emil Sonnemann bald nach der Jahrhundertwende eine sozialdemokratische Lehrergruppe zusammengefunden, die den damals weit über Bremens Grenzen ausstrahlenden Bremer Schulkampf entscheidend prägte. Dabei machte sich fast die gesamte Bremer Volksschullehrerschaft schließlich die sozialdemokratische Forderung nach Weltlichkeit der Schule, also Abschaffung des schulischen Religionsunterrichts, zu eigen. Holzmeier und Sonnemann traten dann zunehmend auch öffentlich für die Sozialdemokratie auf: Holzmeier schrieb in der Bremer Bürger-Zeitung; Sonnemann, der Dichter des Liedes „Wir sind jung, die Welt ist offen", hielt außerhalb Bremens Vorträge vor sozialdemokratischen Vereinen und Arbeiterjugendgruppen und veröffentlichte unter dem Pseudonym Jürgen Brand Romane insbesondere für die proletarische Jugend. Die Polizei spionierte ihm nach, und schließlich wurde er, wie vor ihm schon Holzmeier, als Lehrer mit Berufsverbot belegt, fand aber Anstellung an der Bremer Bürger-Zeitung. Ein anderer sozialdemokratischer Lehrer, Hermann Böse, hatte 1904 den Chor zum sozialdemokratischen Parteitag geleitet; er blieb in dieser Zeit unbehelligt, wurde aber später von den Nazis ins KZ geworfen[1].
Zu dieser ersten Gruppe sozialdemokratischer Lehrer stieß bald eine Reihe jüngerer Kollegen: Heinrich Eildermann, der Verfasser des Liedes „Wir sind die junge Garde" (ebenfalls 1907 in Bremen entstanden), und Johann Knief, der nachmalige Führer der Bremer „Linksradikalen". Dieser insgesamt mehr als zwanzig Lehrer umfassende Kreis sorgte 1910 für eine politische Sensation ersten Ranges, als die „sozialdemokratischen Lehrer Bremens" August Bebel zu seinem 70. Geburtstag „noch ein recht langes Wirken im Dienste des Klassenkampfes"[2] wünschten – ein Vorgehen, das überhaupt nur verständlich ist, wenn man das gleichzeitige Erstarken der Bremer Arbeiterbewegung mit in Betracht zieht. Schon 1905 hatten die Bremer Ar-

beiter begonnen, sich intensiv mit schulpolitischen Fragen zu beschäftigen. In diesem Zusammenhang kam Pannekoek das erste Mal nach Bremen, um vor über tausend Zuhörern über „Religion und Sozialismus" zu sprechen. 1906 führten die Sozialdemokraten dann drei große Protestversammlungen zur Schulpolitik durch, auf denen neben Schulz auch sein Nachfolger in der Leitung der Bremer Bürger-Zeitung Alfred Henke und der zukünftige Parteisekretär Pieck sprachen. 1910 brachten die Bremer Sozialdemokraten sogar 10 000 Personen auf die Straße, als das Berufsverbot für Holzmeier ausgesprochen wurde, auf das die sozialdemokratischen Lehrer mit dem erwähnten Telegramm an Bebel antworteten.

Neben den schulpolitischen Auseinandersetzungen bekam aber auch die Frage der Verbesserung der Bildungsarbeit in der innerparteilichen Diskussion einen immer größeren Stellenwert. Besonders nach dem erbittert geführten Reichstagswahlkampf von 1903 waren an vielen Orten neue Arbeiterbildungsvereine entstanden. Otto Rühle schlug damals die Gründung einer „Arbeiterschule" vor, die aus Beiträgen von Gewerkschaften und Parteien zu finanzieren sei. Auf dem Stuttgarter Gewerkschaftskongreß wurde 1904 diskutiert, vierwöchige Kurse für Gewerkschaftsfunktionäre einzurichten. Der folgende Gewerkschaftstag 1905 in Köln sprach sich jedoch gegen das „Projekt Rühle" und für die Gründung einer Gewerkschaftsschule aus. Im selben Jahr beklagte August Bebel auf dem Jenaer Parteitag die „vollständige Verwirrung über die Grundanschauungen" und verlangte unter Beifall, „viel energischer als bisher an der Schulung und der politischen Aufklärung der Genossen zu arbeiten".[3] Dazu paßte dann der von Schulz in „Die Neue Zeit" unterbreitete Vorschlag, eine „parteigenössische Kriegsschule"[4] zu gründen. Schulz berief sich bei seinem Vorschlag auf die Erfahrungen der Bremer Arbeiterbewegung. Unter dem Eindruck des ersten großen, erbitterten Arbeitskampfes auf den Bremer Werften und beeinflußt von den revolutionären Ereignissen in Rußland, hatten die Bremer Sozialdemokraten Anfang 1905 die Mitarbeit im Goethebund, einem vermeintlich überparteilichen Trägerverein von Bildungsveranstaltungen, aufgekündigt und einen „Bildungsausschuß des Ge-

Von Bremer Sozialdemokraten maßgeblich beeinflußt: Die Parteischule in Berlin

werkschaftskartells" gegründet, an dessen Leitung und Kosten das Gewerkschaftskartell zu ²/₃ und der Sozialdemokratische Verein zu ¹/₃ beteiligt sein sollten. Dieser Bildungsausschuß hatte noch 1905 – zunächst unter Vorsitz von Schulz, dann von Pieck – seine Arbeit aufgenommen und als eine der ersten Veranstaltungen den Vortrag von Pannekoek zur Unterstützung der aufmüpfigen Bremer Lehrer organisiert.

Bereits auf dem Bremer Parteitag, für den Schulz die organisatorische Verantwortung hatte, brachte er zusammen mit Clara Zetkin einen Antrag zur Schulpolitik ein. Durch die Gründung des Bremer Bildungsausschusses und seine Pläne für eine „parteigenössische Kriegsschule" war er schließlich in der Gesamtpartei so anerkannt, daß er zusammen mit Zetkin als Referent für den Mannheimer Parteitag bestimmt wurde. In seinem Referat, das nach dem Parteitag auch quasi als sozialdemokratisches Bildungsprogramm im Druck erschien, verlangte und begründete er die Schaffung eines zentralen Bildungsausschusses, der örtliche Bildungsarbeit initiieren bzw. Anregungen hierfür geben und entsprechende Aktivitäten koordinieren sollte. Als der Parteivorstand Schulz zum Vorsitzenden und Geschäftsführer des zentralen (später: Zentral-)Bildungsausschusses berief, ging er 1907 nach Berlin. Er richtete Bezirksbildungsausschüsse ein und erarbeitete jeweils ein Winterprogramm für die Bildungsarbeit vor Ort. Außerdem wurde Schulz an die Parteischule berufen, wo neben ihm u. a. Rudolf Hilferding, Rosa Luxemburg, Franz Mehring und Anton Pannekoek wirkten. Zu den Schülern, die von ihren Parteiorganisationen für ein halbes Jahr entsandt und während dieser Zeit auch bezahlt wurden, gehörte u. a. Bremens erster Bürgermeister nach dem Zweiten Weltkrieg, Wilhelm Kaisen, den die Hamburger Sozialdemokraten delegiert hatten. Die Bremer schickten neben ihrem Parteisekretär Wilhelm Pieck auch Helene Deisen, die spätere Ehefrau Kaisens, zum Kursus nach Berlin. Zum Leiter der Schule wählte das Kollegium Heinrich Schulz, der Pieck dann 1910 nach Berlin nachholte. Nach Ebert und Schulz war Pieck damit der dritte Bremer Funktionär, der in Berlin Karriere machen sollte.

Den umgekehrten Weg, von Berlin nach Bremen, nahm Anton Pannekoek. 1906 mit Unterstützung Karl Kautskys als Lehrer an die Parteischule berufen,[5] mußte er als Ausländer diese Aufgabe bereits im folgenden Jahr wieder aufgeben, da die preußische Regierung ihm ebenso wie dem österreichischen Staatsbürger Rudolf Hilferding mit der Ausweisung drohte. Pannekoek verfaßte zunächst sogenannte Korrespondenzen, in der sozialdemokratischen Presse abgedruckte Beiträge, und hielt in Berlin außerhalb der Parteischule Kurse ab, ehe er 1909 vom Bremer Bildungsausschuß als wissenschaftlicher Lehrer und Bibliothekar berufen wurde. Allerdings zogen sich die Gewerkschaften bereits 1911 aus der Finanzierung der Stelle zurück. Dahinter standen politische Gegensätze. Mehrere Gewerkschaftsführer lehnten die mit der Gründung des Bildungsausschusses zugleich durchgesetzte und jetzt von Pannekoek personifizierte politische Richtung ab. Die Bildungsarbeit, die Pannekoek machte, wurde dadurch allerdings nicht gefährdet. Bildungsaktivitäten entwickeln sich eben in einer Konfrontationssituation eher als in einem harmonischen Milieu.[6] Fast Abend für Abend hielt Pannekoek in den verschiedenen Distrikten Vorträge über Geschichts- und Weltanschauungsfragen. Ähnlich wie Rosa Luxemburg, deren ökonomisches Hauptwerk „Die Akkumulation des Kapitals" in Zusammenhang mit ihrer Tätigkeit an der Parteischule entstand, entwickelt Pannekoek damals seine theoretischen Beiträge zur Massenstreikfrage und zur Imperialismustheorie. Seine entsprechenden Artikel erschienen zuerst in der Bremer Bürger-Zeitung, die in diesen Jahren reichsweit zu einem der wichtigsten sozialdemokratischen Organe wurde. Nach Kriegsausbruch ging Pannekoek nach Holland zurück, wo er weiterhin die Entwicklung der deutschen und besonders der Bremer Sozialdemokratie aufmerksam verfolgte. Schließlich hatte er an der Herausbildung der Bremer Linken, die im Ersten Weltkrieg konsequent gegen die Burgfriedenspolitik opponierten, mehr als theoretischen Anteil gehabt.

---

[1] Die Bremer haben die Straße, an der seine Schule liegt – und damit (Bremer Understatement folgend) auch die Schule –, nach ihm benannt.
[2] BBZ vom 22. 2. 1910
[3] Parteitagsprotokoll 1905, S. 313
[4] Die Neue Zeit, 24. Jg., 2. Bd., S. 268
[5] Vgl. hierzu und zum folgenden: Hansgeorg Conert, Reformismus und Radikalismus in der bremischen Sozialdemokratie vor 1914. Die Herausbildung der „Bremer Linken" zwischen 1904 und 1914, Bremen 1985, S. 229ff
[6] Dafür spricht auch, daß Schulz, bevor er 1902 nach Bremen kam, zuvor in Berlin, Erfurt und Magdeburg ganz ähnliche Anstrengungen wie später in Bremen – freilich wesentlich konfliktärmer – unternommen hatte, die praktisch alle folgenlos blieben.
Vgl. Frank Neumann, Sozialdemokratische Bildungspolitik im wilhelminischen Deutschland. Heinrich Schulz und die Entstehung der „Mannheimer Leitsätze", Bremen 1982, S. 137ff

Clara Zetkin

Die Schulfrage*

Rede
auf der 3. Frauenkonferenz
in Bremen
am 18. September 1904

Die Frage der Volksschule ist also ein wichtiger Punkt, an dem unsere Agitation unter dem weiblichen Proletariat einsetzen kann. Hier können wir, gestützt auf Tatsachen, dem weiblichen Proletariat die Verbrechen der kapitalistischen Ordnung vor Augen führen. Es handelt sich dabei nicht nur um Sünden, die im kapitalistischen System liegen, nein, auch um besondere Tat- und Unterlassungssünden, durch welche die bürgerliche Gesellschaft die Grundübel noch verschärft und verschlimmert. Gerade die Schulfrage eignet sich ausgezeichnet dazu, die ganze kulturelle Überlegenheit der sozialistischen Weltanschauung, der sozialistischen Aktion nachzuweisen, jedem klarzumachen, daß das Weltproletariat die Bühne der Geschichte betreten hat, nicht nur um die Magenfrage, vielmehr um die Kulturfrage in ihrem tiefsten Kern zugunsten der Allgemeinheit zu lösen. (Lebhafter Beifall.)

In unseren Tagen ist die Volksschule Armeleuteschule. Auch auf dem Gebiete des Volksbildungswesens klafft der tiefe Gegensatz der Auffassung, der uns von der bürgerlichen Welt trennt. Wir sind der Auffassung, daß die Bildung, von der niedrigsten bis zur höchsten, Allgemeingut, Kulturgut ist, daß jedes Glied der Gemeinschaft unbeschränkten Anteil an diesem Gut haben muß, daß daher der Gesellschaft die Pflicht obliegt, alle

Clara Zetkin

Bildungsmöglichkeiten, die in ihr vorhanden sind und deren Grundlage die Arbeit der ausgebeuteten Millionen ist, unbeschränkt allen Mitgliedern der Gesellschaft zugute kommen zu lassen. Aber die bürgerliche Gesellschaft würdigt die Bildungsmöglichkeit zu Waren herab, die verkauft werden und gekauft werden müssen wie alle anderen Waren auch. Sie hat die Männer der Wissenschaft aus reinen Erforschern und Verkäufern der Wahrheit, der Wirklichkeit und ihrer Gesetze in betriebsame Händler mit wissenschaftlichen Werten oder Talmiwerten, die Künstler aus frei Schaffenden zu Sklaven der Mode und der Launen der Reichen herabgewürdigt. Genauso hat sie die Kultur erniedrigt zur Ware, die nur kaufen kann, wer Geld hat. („Sehr gut!")

An die Spitze unserer Reformforderungen zugunsten der Volksschule stellen wir die Forderung nach Einheitlichkeit und Unentgeltlichkeit des Schulwesens vom Kindergarten bis zur Hochschule. Grundlage muß die obligatorische einheitliche Elementarschule sein, die alle Kinder ohne Unterschied der Klasse und des Geldbeutels der Eltern besuchen müssen. Dort sollen die Kinder eine so tüchtige geistige Entwicklung nehmen, so reich mit Wissen, mit allgemeiner Bildung ausgestattet werden, daß sie zur Zeit der Berufswahl wohlausgerüstet ins Leben treten und zu ihrer Weiterbildung nur noch die allgemeine Fortbildungsschule zu besuchen brauchen, die obligatorisch für alle ist – ohne Unterschied des Geschlechts –, welche nicht zu ihrer Ausbildung in die Mittelschulen übertreten.

Wenn jedes Kind sich nur in der Volksschule elementare Bildung holen kann, gewinnen auch die herrschenden Klassen Interesse an der allseitigen Hebung der Volksschule; sie gewinnen ein Interesse daran, einzutreten für höhere Aufwendungen zu ihrer Ausgestaltung, für Einführung besserer Unterrichtsmethoden, gegen die Verfälschung des Wissensstoffes usw. Erst wenn das Kind des arbeitenden Mannes neben dem des reichen Fabrikanten in der Einheitsschule sitzt, wenn die Bourgeoisie ihr Fleisch und Blut in diese schicken muß, wird sie für Reform der mangelhaften, zum Teil grob verfälschten Volksbildung zu haben sein. Allzuviel verspreche ich mir übrigens auch von der Einheitsschule nicht. Solange die jetzige Wirtschaftsordnung bestehen bleibt, können die Reichen für ihre Kinder den Elementarunterricht durch Privatunterricht ergänzen lassen. Damit will

ich nur vor der Überschätzung der Einheitsschule warnen, wie sie bei bürgerlichen Sozialreformen und Pädagogen vielfach gang und gäbe ist.
Eine Hauptforderung auch im Interesse einer gründlichen Schulreform ist, daß die Stellung der Lehrer in jeder Hinsicht eine durchgreifende Verbesserung erfährt. Die Schulfrage ist zum großen Teil eine Lehrerfrage. Für die Volksschullehrer muß an Stelle der vielfach unzulänglichen, wissenschaftlich und sozial verfälschten Bildung in den Seminaren, auf denen die harte Hand der Orthodoxie lastet, die Möglichkeit geschaffen werden, sich zu harmonisch gereiften, starken Persönlichkeiten zu entwickeln, mild nach unten, steifnackig nach oben! (Lebhafter Beifall.) Wir Frauen sind vor allem berufen, im Kampfe für eine grundlegende Reform des Schul- und Erziehungswesens voranzugehen, weil wir Mütter sind und Mütter werden sollen. Wenn das Ziel der Erziehung sein soll, jeden Menschen zum Lebenskünstler im edelsten Sinne des Wortes zu bilden, zu einer Persönlichkeit, welche das Leben in seinem reichen Inhalt, seinem gewaltigen Umfange zu erfassen vermag ... dann müssen wir unsere Kraft für diese hohe Aufgabe einsetzen. Wir, die wir das heranwachsende Geschlecht in unserem Schoße tragen und es mit unseren Säften nähren; wir, die wir auf das heranwachsende Geschlecht die Entwicklung unseres Hirns, den stolzen, freien Schlag unseres Herzens übertragen – wir müssen in der ersten Reihe stehen, wenn es sich darum handelt, den Kindern die Möglichkeit zu erringen, zu Lebenskünstlern zu werden.

---
* Die Schulfrage, Referat;
  gehalten auf der 3. Frauenkonferenz in Bremen; Berlin 1904
Aus: Clara Zetkin: Ausgewählte Reden und Schriften, Bd. 1, Berlin 1957
Original m. W. im Anhang zum Parteitagsprotokoll 1904

Bremer Schulklasse um die Jahrhundertwende (Foto: Forschungs- und Bildungsstätte zur Geschichte der Bremer Arbeiterbewegung)

Hartwig Gebhardt

„Eine Zeitung ist mehr wert als zehn Agitatoren"

Zur Geschichte der sozialdemokratischen Presse in Bremen

Bremer Freie Zeitung.

Nr. 1.   Sonnabend, 1. Juli 1876.   1. Jahrgang.

Das Bemühen um eine freie Presse . . .

Als im Jahre 1876 in Bremen die erste sozialdemokratische Zeitung gegründet wurde, lagen die Anfänge der Arbeiterbewegung und der Arbeiterpresse in Deutschland bereits einige Zeit zurück. Schon vor und dann vor allem während der Revolution von 1848/49 waren Blätter mit „social-demokratischer" Tendenz entstanden. Die politische Reaktion der 1850er Jahre hatte diese Anfänge zerstört, konnte das Wiederaufleben der organisierten Arbeiterbewegung und ihrer Presse aber doch nicht auf Dauer verhindern. Ein erstes „Zentralorgan" entstand 1864 mit dem Leipziger „Social-Demokrat" des von Lassalle im Jahr zuvor ins Leben gerufenen Allgemeinen Deutschen Arbeitervereins. Einige Zeit später folgte die Gruppe um Bebel und Liebknecht, die sogenannten Eisenacher, mit eigenen Blättern und ihrem Zentralorgan „Der Volksstaat". Im Jahre 1875 fanden sich die beiden Richtungen der deutschen Arbeiterbewegung zusammen und brachten ihre Zeitungen – es waren bereits an die zwei Dutzend – in die neue gemeinsame Partei ein. Die beiden Zentralorgane wurden zusammengelegt: 1876 erschien erstmals der „Vorwärts".

Dieses Jahr war, wie gesagt, auch das Gründungsjahr der ersten sozialdemokratischen Zeitung Bremens. „Bremer Freie Zeitung" lautete der programmatische Titel. „Frei" sein wollte man von den drei bürgerlichen Tageszeitungen der Hansestadt, die den lokalen Zeitungsmarkt beherrschten: „Nicht ungeahndet soll die Lüge mehr passiren, nicht ungeahndet die geistige Corruption der Masse fortgesetzt werden. Die Socialdemokratie ist auf dem Kampfplatz erschienen und mit einfacher, aber schneidiger Waffe rückt sie ihren Gegnern zu Leibe und diese Waffe ist die Wahrheit. Ihre Handhabung findet sie in der socialistischen Presse . . ."[1] Ob die „Bremer Freie Zeitung" eine schneidige Waffe war, wissen wir nicht. Die Höhe der Auflage ist nicht überliefert, schwerlich wird die Zeitung aber zunächst in mehr als ein paar hundert Exemplaren erschienen sein (gegenüber rund 20 000 Exemplaren von „Bremer Courier", „Bremer Nachrichten" und „Weser-Zeitung" zusammen). Doch ist zu berücksichtigen, daß die für eine größere Verbreitung sorgende gemeinsame Lektüre damals in Arbeiterkreisen und überhaupt unter ärmeren Leuten durchaus üblich war. So gab es das Abonnement eines Zeitungsexemplars durch mehrere Personen oder Familien und das Vorlesen der Zeitung am Arbeitsplatz (der spätere Bremer sozialdemokrati-

Zur Nachricht!

Die „Bremer Morgenzeitung" ist heute früh 5 Uhr **vor der Verausgabung** confiscirt und der Satz von Nachtwächtern nach dem Stadthause geschafft worden.

. . . scheitert immer wieder am Zugriff der Staatsorgane

sche Abgeordnete Julius Bruhns berichtet darüber in seinen Lebenserinnerungen); auch gab es die Möglichkeit zur Zeitungslektüre im schon 1871 eingerichteten Lesezimmer der Bremer Partei. So trug sicherlich auch die „Bremer Freie Zeitung" dazu bei, daß der sozialdemokratische Kandidat für Bremen in den Reichstagswahlen von 1877 etwa doppelt soviel Stimmen als in den Wahlen von 1873 auf sich vereinigen konnte.

Der Aufstieg der sozialdemokratischen Bewegung und ihrer Presse in ben soll).² Als auch dieses Blatt im Februar 1879 unterdrückt wurde, sollte eine „Bremer Morgenzeitung" die Lücke schließen. Die Behörden wußten das zu verhindern: die noch druckfrischen Exemplare der ersten Nummer und die Druckplatten wurden am frühen Morgen des 1. März beschlagnahmt. „Bremer Tageblatt", „Norddeutsches Wochenblatt" und „Bremer Volks-Zeitung" hießen in der Folgezeit die Blätter, die – politisch meist bis zur Unkenntlichkeit getarnt – der hiesigen Arbeiterbewegung ein publizistisches Forum zu und die Bremer Partei als ihr neues Organ die „Bremer Bürger-Zeitung" gründete. Nach langer Unterbrechung besaß die Arbeiterschaft der Hansestadt damit wieder eine eigene publizistische Plattform zur Vertretung ihrer Belange. Daß dafür ein Bedürfnis vorhanden war, dokumentieren die Abonnementszahlen in den folgenden Jahren: 7000 (1902), 12 000 (1906), 18 000 (1909), 22 500 (1913)⁴. Kurz vor dem Weltkrieg entfiel etwa ein Viertel der Gesamtauflage der vier Bremer Tageszeitungen auf das Organ der SPD.

Die „Bremer Bürger-Zeitung" fast ein Jahrhundert Traditionsblatt der Bremer SPD

ganz Deutschland wurde mit dem sogenannten Sozialistengesetz („Reichsgesetz gegen die gemeingefährlichen Bestrebungen der Sozialdemokratie") im Oktober 1878 abrupt unterbrochen. Die Bremer Sozialdemokraten suchten sich mit Ersatzblättern gegen die Unterdrückung ihrer Lokalzeitung zu wehren. An die Stelle der im Oktober 1878 verbotenen „Bremer Freien Zeitung" trat die „Bremische Volkszeitung" (die es auf täglich 1500 Exemplare gebracht ha- sein versuchten. Interessant ist in diesem Zusammenhang die Tatsache, daß das im Deutschen Reich damals verbotene Zentralorgan der Partei, der „Sozialdemokrat", in Bremen zeitweise in über einhundert Exemplaren illegal verbreitet wurde³ und wegen der üblichen Weitergabe eines Exemplars an mehrere Interessenten eine vielfach höhere Zahl an Lesern fand.

Einen Neubeginn gab es im Jahre 1890, als das Sozialistengesetz fiel Das war ein bemerkenswert hoher Anteil und das angesichts der Tatsache, daß die „Bremer Bürger-Zeitung" ungeachtet ihres biederen, so unproletarischen Titels zu den führenden Blättern der deutschen Parteilinken gehörte. Letzteres bekamen die bürgerlichen Blätter am Ort zu spüren. Mit ihnen lag die sozialdemokratische Zeitung in einer mit allen journalistischen Mitteln geführten Dauerfehde. Von den nicht enden wollenden politischen Attacken

> Der Streik der Plätterinnen bei der Firma Lommatzsch, Woltmershausen ist noch nicht beendet; die von den Streikenden angebahnte Verständigung scheiterte an der Hartnäckigkeit des Herrn Lommatzsch. Die Versuche der Streikenden, in anderen Wäschereien Arbeit zu bekommen, war bislang vergeblich; es besteht der Verdacht, daß die Arbeiterinnen auch von den anderen Wäschereien ausgesperrt sein sollen. Darum werden die Plätterinnen und Wäscherinnen ersucht, in Woltmershausen überhaupt keine Stellung anzunehmen. Die Sperre ist über die sämtlichen Wäschereien in Woltmershausen verhängt.

> * Der Streik der Plätterinnen in Woltmershausen ist zu Ungunsten der Plätterinnen beendigt. Sämtliche Plätterinnen sind von dem Verein der bremischen Wäschereibesitzer ausgesperrt. Die Wäschereibesitzer verlangen Austritt aus dem Verband. Dies Attentat auf das Koalitionsrecht glauben die Arbeiterinnen auf andere Weise zurückschlagen zu können. Sie haben den Beschluß gefaßt, unter der Firma „A. Bornemann u. Ko." eine eigene Wäscherei und Plätterei zu errichten. Sie hoffen auf die Unterstützung der bremischen Bevölkerung und ersuchen, durch Ueberweisung von Aufträgen ihr Unternehmen zu unterstützen. Sämtliche Aufträge oder Bestellungen sind an Anna Bornemann, Woltmershauserstr. 327, zu richten.

sichtlich genervt, stellten die „Bremer Nachrichten" die wirtschaftliche Konkurrenz unter den bürgerlichen Zeitungen hinter die Konfrontation mit dem Arbeiterblatt zurück und ließen das Publikum damals folgendes wissen: wer die „Bremer Nachrichten" nicht mag, dem empfehlen wir, ein anderes hiesiges Lokalblatt zu halten, aber ein bürgerliches, denn jeder Redakteur unserer bürgerlichen Konkurrenz ist an allgemeinem Wissen und Taktgefühl reicher als die jetzige Redaktionsgarde der „Bürgerzeitung"[5].

Die sozialdemokratische Zeitung verstand sich als Organ zur Vertretung der politischen und sozialen Interessen der (organisierten) Arbeiterschaft. Sie unterrichtete ihre Leser/innen möglichst lückenlos über Arbeiterbewegung und Klassenkämpfe in Bremen, Deutschland und der Welt, machte Aktionen proletarischer Solidarität und Selbsthilfe publik und übernahm dabei auch immer wieder organisierende Aufgaben, z. B. durch die Veröffentlichung der sogenannten Zuzugssperre für bestreikte Betriebe und Gewerbe, um die Anwerbung von Arbeitswilligen und Streikbrechern zu unterbinden. Dürfen wir uns das damalige Publikum des Bremer SPD-Organs als fast ausschließlich proletarisch vorstellen, so ist allerdings auch zu beachten, daß die Zeitung doch nur in einem Teil der Bremer Arbeiterschaft verbreitet war. Zahlreich waren die Klagen aus Partei- und Gewerkschaftskreisen, daß viele Arbeiter, selbst klassenbewußte, die bürgerlichen Zeitungen der sozialdemokratischen vorzögen. Das lag wohl weniger daran, daß – wie in einem Werbetext der „Bremer Bürger-Zeitung" im Jahre 1905 zu lesen war – die Arbeiterfrauen auf ihre Ehemänner einwirkten, „damit sie irgendein bürgerliches Klatschblatt bestellen"[6]. Ein wesentlicher Grund dürfte gewesen sein, daß die „Bremer Bürger-Zeitung" wichtige Bedürfnisse des Arbeiterpublikums nicht oder nur mangelhaft befriedigen konnte. So besaßen die bürgerlichen Tageszeitungen, voran die „Bremer Nachrichten", auf dem für Arbeiterbelange so wichtigen Gebiet der Kleinanzeigen fast ein Monopol. Wer eine Wohnung oder einen Arbeitsplatz suchte, brauchte das SPD-Organ gar nicht erst durchzusehen: welcher Unternehmer z. B. suchte Arbeitskräfte ausgerechnet unter politisch oder gewerkschaftlich Organisierten? Nicht nur in Bremen haben die Arbeiterblätter zu keiner Zeit dieses Problem lösen und den Vorsprung der bürgerlichen Presse in diesem, für die lebenspraktischen Interessen des proletarischen Publikums so bedeutsamen Bereich aufholen können. Die „Bremer Nachrichten" konnten daher mit Recht immer wieder darauf hinweisen, daß ein Großteil ihrer Abonnenten der bremischen Arbeiterschaft angehörte.

Als die deutsche Sozialdemokratie sich während des Weltkrieges spaltete, hatte das auch für die Parteipresse weitreichende Folgen. Statt des wie bisher einen Parteiorgans gab es in der ersten Nachkriegszeit in Bremen drei Arbeiterzeitungen, eine mehrheitssozialdemokratische, eine unabhängigsozialdemokratische und eine kommunistische. Als Mehrheits- und Unabhängige Sozialdemokraten im Reich und in Bremen im Jahre 1922 sich wieder vereinigten, wurden auch deren Zeitungen zusammengelegt: aus „Bremer Volksblatt"

(MSPD) und „Bremer Arbeiter-Zeitung" (USPD) wurde die „Bremer Volkszeitung" (der frühere Titel "Bremer Bürger-Zeitung" war Anfang Februar 1919 mit der Bremer Räterepublik untergegangen). Chefredakteure der „Bremer Volkszeitung" waren bis 1933 u. a. Wilhelm Kaisen, Hans Hackmack und Alfred Faust. Zu den journalistischen Spezialitäten Fausts gehörte die regelmäßige Montagsglosse „Rund um den Fangturm", in der sich der Autor unter dem Pseudonym „Mephisto" kritisch, witzig und brillant mit Bremer Verhältnissen und Vorgängen befaßte.
Der Aufschwung der Partei in den zwanziger Jahren – Anstieg von Mitgliederzahl und Wählerstimmen, sozialdemokratische Senatsbeteiligung – scheint die Parteizeitung nicht erfaßt zu haben. Den zeitgenössischen Presseverzeichnissen zufolge, die sich auf Angaben der Zeitungsverlage stützten, stagnierte die tägliche Auflage der „Bremer Volkszeitung" während der Zeit der Weimarer Republik bei 18 000 Exemplaren. Das waren weniger, als das frühere Parteiorgan, die „Bremer Bürger-Zeitung", kurz vor Weltkriegsbeginn verbreitet hatte (s. o.). Zum Vergleich: Die auf dem hiesigen Zeitungsmarkt führenden „Bremer Nachrichten" hatten ihre Auflage von 1914 mit 42 000 auf rund 70 000 Exemplare in den zwanziger Jahren steigern können. Ein Teil der angestammten Leserschaft der sozialdemokratischen Zeitung war nach 1918 zur KPD gewechselt und las deren Parteiblatt, die „Arbeiter-Zeitung", ein anderer dürfte zur bürgerlichen Presse zurückgekehrt und an der Auflagensteigerung der „Bremer Nachrichten" beteiligt gewesen sein. Das war der

Frühe Warnungen in der Bremer Parteipresse

Grund dafür, daß Faust-Mephisto sich gleich in seiner ersten Fangturm-Glosse mit der bürgerlichen Zeitungskonkurrenz am Ort und ihrem Einfluß auf die bremische Arbeiterschaft auseinandersetzte. Richtete das Bremer SPD-Organ seine politischen Angriffe zunächst gegen das liberale bis konservative Bürgertum und dessen Parteien sowie gegen die KPD, erweiterte sich der Kreis der Gegner am Ende der zwanziger Jahre mit dem steilen Aufstieg des Nationalsozialismus. Frühzeitig und weitsichtig nahm die „Bremer Volkszeitung" den Kampf auf und bezog kompromißlos und mit großer Schärfe antifaschistische Position, ein Grund mehr für die Nationalsozialisten, die Zeitung gemeinsam mit der gesamten deutschen organisierten Arbeiterbewegung und ihrer Presse 1933 zu unterdrücken.
Anders als die Kommunisten haben die Bremer Sozialdemokraten keine illegale Zeitung als Ersatz für das verbotene Parteiorgan herausgegeben. In der ersten Zeit der Illegalität gelang es hin und wieder, im Ausland hergestellte sozialdemokratische Blätter nach Bremen einzuschmuggeln[7], doch konnte so die Lücke, die durch das Verbot der „Bremer Volkszeitung" entstanden war, naturgemäß nicht gefüllt werden. Ein großer Teil der bisherigen Leserschaft der bremischen Arbeiterpresse reagierte auf das politisch weitgehend konforme Zeitungsangebot nach 1933 mit Verweigerung. Erst im Krieg scheint bei diesem Teil des Publikums die Abneigung gegen die gleichgeschaltete und NS-Presse in den Hintergrund getreten zu sein angesichts der Notwendigkeit, durch die Zeitung kriegsbedingt wichtige, z. T. überlebenswichtige Informationen zu erhalten[8]. Mit dem Zusammenbruch des „Großdeutschen Reiches" 1945 kam auch das Ende der bis dahin übriggebliebenen (NS-)Zeitungen. Wer von den ehemaligen sozialdemokratischen Presseleuten und Lesern der früheren SPD-Presse geglaubt oder gehofft hatte, die Parteizeitungen würden nun überall wiedererstehen, wurde allerdings enttäuscht. In der amerikanischen Zone, zu der auch Bremen gehörte, wurden Parteizeitungen generell nicht zugelassen, u. a. mit der

> **Bremer Volkszeitung**
> Bremer Arbeiterzeitung • Bremer Volksblatt • Bremer ...
> Organ der Sozialdemokratischen Partei und der Freien Gewerkschaften
>
> Nr. 53   Freitag, 3. März 1933   45. Jahrgang
>
> # Verboten!
>
> Auf das Ersuchen des Reichsministers des Innern, die Bremer Volkszeitung wegen ständiger Verhetzung aufgrund der Verordnung des Reichspräsidenten vom 28. Februar 1933 zum Schutze von Volk und Staat auf die Dauer einer Woche zu verbieten,
>
> ordnet die Polizeikommission des Senats an:
>
> Die in Bremen erscheinende „Bremer Volkszeitung" wird aufgrund der Verordnung des Reichspräsidenten vom 28. Februar 1933 zum Schutze von Volk und Staat auf die Dauer einer Woche vom 3. März bis einschl. 9. März 1933 verboten.
>
> Die Polizeidirektion wird mit der Durchführung dieses Beschlusses beauftragt.
>
> Bremen, den 2. März 1933.
>
> Die Polizeikommission des Senats.

Begründung, man wolle politische Polarisierungen, wie sie vor 1933 in Deutschland geherrscht hätten, vermeiden. Statt dessen erteilte die Besatzungsmacht Gründungsgenehmigungen („Lizenzen") für sogenannte Gruppenzeitungen, d. h. für Blätter, deren Herausgeber und Redakteure unterschiedlichen Parteien und Gruppierungen angehörten. In Bremen hieß die so entstandene Zeitung „Weser-Kurier" und erschien am 19. September 1945 zum ersten Male. Bedeutete die amerikanische Zulassungspraxis de facto eine Verlängerung des Erscheinungsverbotes für die sozialdemokratische Tagespresse über das Jahr 1945 hinaus, stellten die Bremer Sozialdemokraten mit dem ehemaligen Redakteur und Widerstandskämpfer Hans Hackmack den ersten Lizenzinhaber beim „Weser-Kurier". Das mag zu der in der bremischen Öffentlichkeit verbreiteten und lange nachwirkenden Einschätzung beigetragen haben, der „Weser-Kurier" sei eine sozialdemokratische Zeitung, stünde der Partei zumindest nahe. Die anfängliche Monopolstellung des „Weser-Kurier", die auch nach Rückkehr der „Bremer Nachrichten" auf den bremischen Zeitungsmarkt 1949 nicht mehr ernsthaft bedroht wurde, dürfte wesentlich daran beteiligt gewesen sein, daß es auch nach Wegfall des Lizenzzwanges keine Tageszeitung der Bremer SPD mehr gegeben hat. Die im August 1950 wiedererstandene „Bremer Volkszeitung" erschien im Unterschied zu ihrer 1933 verbotenen Vorgängerin nur noch wöchentlich. Anfänglich in Auflagen von über 100 000 Exemplaren teilweise kostenlos verbreitet, sank die verkaufte Auflage schnell ab. Die

Bremer Ausgabe (es gab auch eine für Bremerhaven) lag 1954 bei 24 000 Exemplaren und geriet um 1960 unter die 20 000-Grenze. Im November 1955 hatte das Blatt den noch älteren Titel „Bremer Bürger-Zeitung" angenommen und erschien so bei weiter sinkender Auflage bis zum August 1974, als der Landesparteitag den Beschluß faßte, sich von dem Blatt zu trennen (das sich in mehrere „unabhängige und überparteiliche" Stadtteilausgaben verwandelte). Damit zog die Bremer Partei einen Schlußstrich unter einen unaufhaltsamen Abstieg und die Konsequenz aus einer Entwicklung, die die sozialdemokratische Parteipresse nicht nur in Bremen politisch und publizistisch zunehmend funktionsschwächer und in der Einschätzung durch die (Partei-)Öffentlichkeit schließlich offenbar überflüssig werden ließ.

[1] „Bremer Freie Zeitung" Nr. 11/13.
[2] Rolf Engelsing: Massenpublikum und Journalistentum im 19. Jahrhundert in Nordwestdeutschland, Berlin 1966, S. 99
[3] Dieter Fricke: Die deutsche Arbeiterbewegung 1869–1914, Berlin 1976, S. 396
[4] Karl-Ernst Moring: Die Sozialdemokratische Partei in Bremen 1890–1914, Hannover 1968, S. 222
[5] Hartwig Gebhardt: Zeitung und Journalismus in Bremen in der ersten Hälfte des 20. Jahrhunderts, in: Bremisches Jahrbuch, Bd. 57/1979, S. 187
[6] Ebenda, S. 186
[7] Christian Paulmann: Die Sozialdemokratie in Bremen 1864–1964, Bremen 1964, S. 150; Inge Marßolek, René Ott: Bremen im Dritten Reich, Bremen 1986, S. 210f
[8] H. Gebhardt (wie Anm. 5), S. 224f

Bremer Volkszeitung

Unverkäuflich
Auflage 100 000

Bremer Arbeiterzeitung • Bremer Volksblatt • Bremer Bürgerzeitung

62. Jahrgang — Freitag, 4. August 1950 — Nummer 1

Seit 1933 zum ersten Male

wieder „Bremer Volkszeitung"

Die Bremer Räterepublik – Vom Scheitern einer Utopie

**Texte von Peter Weiss*,
montiert von Peter Kuckuk**

Die kriegsmüden Soldaten, die durch Hunger, Preissteigerung, Ausplünderung zerschlissenen Arbeiter waren aufgestanden, politisch ungeschult, ohne revolutionäre Führung, eine Bewegung der Unzufriedenheit, der Ungeduld hatte um sich gegriffen, für viele stellte das noch kaum erfaßte russische Beispiel eine Hoffnung dar, in den aufbrechenden Streikaktionen, in der improvisierten Bildung von Räten war es, als begänne auch hier die Herrschaft des Proletariats. (. . .) [S. 106]
Doch nicht die Revoltierenden, sondern der Generalstab, das Junkertum, die Hochfinanz hatten, im militärischen Zusammenbruch, die Monarchie aufgegeben, um ihre eigenen Positionen zu retten. Schneller als die aufständischen Arbeiter, Matrosen und Soldaten handelten die Vertreter der Armee und Diplomatie, der Schwerindustrie und des Bankwesens, die Lage erkennend, ließen sie, dank ihrer Partnerschaft mit der Leitung der größten Arbeiterpartei, eine Scheinumwälzung zu. (. . .) [S. 106]
Als Utopien, diffuse Wunschbilder noch das Entstehen einer sozialistischen Demokratie vorspiegelten, hatte die Regierung schon mit allen Institutionen der herrschenden Klassen Abkommen zur Niederwerfung des Aufruhrs getroffen. (. . .) [S. 107]
Diese Stadt, sagte mein Vater, in der die Patrizier in den Parkanlagen promenierten, in der die Warenlieferungen zu den geheizten Villen an der Contrescarpe, der Schwachhauser Heerstraße kamen und in den Arbeitervierteln gehungert und gefroren wurde, diese Stadt, in der die verzweifelte Entschlossenheit, die Revolution weiterzuführen, mit dem Starrsinn des Althergebrachten konfrontiert wurde, lag nun als Angriffsobjekt auf den Planungstischen der Minister und Generäle. (. . .) [S. 103]
Mitte Januar, als die sozialdemokratischen Volksbeauftragten die revolutionären Kräfte in der Reichshauptstadt zerschlagen und deren Führer ermordet hatten und es an die Wahl der Nationalversammlung ging, in der die neue Regierung sich als Bewahrer der bürgerlichen Republik bestätigt sehen wollte, mußte auch Bremen genommen werden, die letzte Stadt, in der sich die Räteordnung noch behauptete. (. . .) [S. 104]

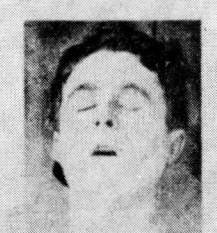

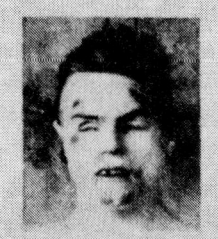

Sie, die bewußt eine revolutionäre Linie verfolgten, machten eine Minderheit in den Arbeiterparteien aus, auch diejenigen, die tätig waren in den Räten, waren aufgewachsen unter der These der Mehrheitspartei, daß die Voraussetzung für eine sozialistische Entwicklung in der Eroberung der parlamentarischen Republik läge. [S. 109]
(...) Sie kämpften um die Errichtung der Räteherrschaft, um die unmittelbare Vergesellschaftung aller kapitalistischen Unternehmen, um die Enteignung des Großgrundbesitzes, um den Anschluß an das bolschewistische Rußland, mit dem das Auswärtige Amt die diplomatischen Beziehungen abgebrochen hatte. Doch sie konnten sich nicht vorstellen, daß jene, die sich Volksbeauftragte nannten, lieber zum Massenmord, zur Verwüstung des Landes griffen, als ihre Stellung, die sie durch den Aufstand der Arbeiterklasse gewonnen hatten, durch revolutionäre Parolen zu gefährden. Diese Gutgläubigkeit, diese Ehrfurcht vorm Wort, wie es noch im Erfurter Programm zum Ausdruck gekommen (...) war, diese Zuversicht, daß eine hohe Führung zu ihrem Besten wirken würde, machte es ihnen unmöglich, den Gegner im eigenen Lager zu erkennen. (...) [S. 111]
Um die Berliner Gefährten zu entlasten, hatten die Bremer am 10. Januar die Räterepublik ausgerufen. Bis zum letzten Tag, sagte mein Vater, setzten wir die Verhandlungen mit den Sozialdemokraten fort. (...) [S. 111]
Geheult hatten wir, als Liebknecht, Luxemburg abgeschlachtet worden waren, als alles Erdenken unserer Zukunft zertrümmert worden war von ein paar Kolbenhieben. Doch wir sahen unsere Sache noch nicht als verloren an, wir glaubten, daß es weiterginge, überall, bei uns wie in Rußland, wir meinten, mit unserm Kampf der russischen Revolution den Beistand zu bringen, den sie benötigte, wir teilten Lenins Überzeugung, daß der Oktober nur der Beginn gewesen war, daß der nächste entscheidende Schritt in Deutschland stattfinden würde, wir waren uns der Wechselwirkung bewußt, die zwischen der russischen und unserer Revolution verlief, wir waren so sehr mit den unmittelbar vor uns liegenden Aufgaben beschäftigt und so sehr schon in die Isolierung gedrängt, daß wir die Mutlosigkeit und Erschöpfung ringsum nicht wahrnehmen. [S. 112]
(...) es war diese Vision, sagte mein Vater, die sie, wie uns andere, am Leben hielt, und ein paar Wochen später kämpften wir nur noch, alles andere abweisend aus unseren Gedanken, um ihren Tod zu rächen, in der zweifelhaften Genugtuung, daß der Mut zur revolutionären Handlung der Unterwerfung vorzuziehen war. Wir waren im Wunschdenken befangen, anderen ein Beispiel zu sein. Dann mußten wir einsehen, daß dies falsch war. Nicht falsch von der Sache her, sondern von der Wahl des Zeitpunkts. Denn erst in der Bestimmung des richtigen Zeitpunkts, sagte er, äußert sich das Verständnis des historischen Materialismus. (...) [S. 114]
Uns aber fehlten, sagte mein Vater, die Schüsse der Aurora, die ihnen den Boden unter den Füßen wegrissen. Neben unserer Roten Stadt, am 10. Januar zur selbständigen sozialistischen Republik proklamiert, bestand die Stadt der Bürger, des Kaufmanntums, des Welthandels fort. (...) [S. 103]
Dies war nicht die Revolution, wie Luxemburg sie sich vorgestellt hatte, der Kampf der Mehrheit für die Mehrheit, der für das Erreichen seiner Ziele keinen Terror benötigen, der sich durchsetzen würde, weil die Zeit für ihn reif war. Die Bildung von Räten war verfrüht gewesen, nur ein geringer Teil der Arbeiterklasse stand hinter den Spartakusforderungen, die Mehrzahl ließ sich täuschen von Losungen, daß beim Wiederanlaufen der Produktion auch ihre Entwicklung gesichert sein würde. (...) Die alte Mahnung breitete sich über ihnen aus, zu Ruhe und Besonnenheit, zu Fleiß und Tüchtigkeit zurückzukehren. (...) [S. 113]

✳✳✳

Was hatten wir denn erreicht, fragte er. Nicht mal den Achtstundentag hatten wir gewonnen. Die Revolution hatte uns den alten Herrschaftsapparat wiedergegeben, hatte das heilige Recht auf Eigentum, Ausbeutung und Profit sichergestellt. (...) [S. 117]
Was hat uns der Einsatz genutzt, sagte er, mag man ihn auch heldenhaft nennen, andere konnten dadurch nicht mehr angespornt, mitgerissen werden, die Energien zum Kampf waren der Bevölkerung im kalten Frühjahr verlorengegangen. Im Schneegestöber hatten sie ihre Toten zu Grabe getragen, vereinzelte Rufe nach Rache kamen noch auf, unbehelligt konnte sich der verhärmte Zug durch die Straßen bewegen, die Stadtherren waren ihrer Sache sicher. [S. 105]

(...) und damals setzten wir uns ein für das einzig Richtige, wir kämpften für die totale Veränderung der gesellschaftlichen Verhältnisse, wir hielten aus, weil wir glaubten, von überall her würden die Massen auf das gleiche Ziel zustreben. (...) [S. 105]
Aber was kann ich dir denn darüber berichten, sagte mein Vater gequält, es läßt sich nicht erklären, was vorging, es raste alles an uns vorbei, es ist alles so anders gewesen, als es dann in den Büchern stand, alles was uns anging, ist ausgemerzt worden, in den Zeitungen, den Zeitschriften waren immer nur die Truppen zu sehen, die ihre Niederlage im Krieg durch den Sieg über das eigene Volk wettmachten. [S. 104]
Wir sahen nicht, sagte er, wie die Stadt von Waffen starrte, als wir am 15. April zum Generalstreik aufriefen und die Aufhebung des Belagerungszustands, die Freilassung der Gefangenen, die Gleichberechtigung in der Zufuhr von Lebensmitteln forderten. Im Gegenschlag ließ der Senat alle Läden, Gaststätten, Apotheken, Krankenhäuser schließen. (...) Ein einziger Hohn, eine einzige Erniedrigung machte sich über das Bremer Proletariat her. [S. 105]

* Aus: Peter Weiss: Die Ästhetik des Widerstands. Frankfurt/Main 1983, S. 103–117

Gerstenberger vor dem Rathaus

Die SPD in Treue zur Republik von Weimar

Nach der blutigen Niederschlagung der Räterepublik am 4. Februar 1919 durch die Reichstruppen der Division Gerstenberger, verstärkt durch das Freikorps Caspari, schienen die Gräben zwischen den Mehrheitssozialdemokraten einerseits und den Unabhängigen und Kommunisten andererseits unüberwindbar. In Bremen erlitt die MSPD in den Wahlen im Sommer 1920 eine empfindliche Wahlniederlage, die USPD erhielt deutlich mehr Stimmen als die MSPD. Nach diesen Wahlen tolerierte die MSPD den bürgerlichen Minderheitssenat. Sie sollte erst 1927/28 in einer Koalition mit der DVP wieder an der Regierung der Hansestadt beteiligt sein. Erst nach der Rückkehr der Mehrheit der Unabhängigen zur SPD 1922 erlangte die Partei wieder die uneingeschränkte Dominanz in der bremischen Arbeiterschaft.

*Die Bremer SPD kann sicherlich als ausgesprochen reformistische Partei bezeichnet werden. Das strategische Ziel der „Wirtschaftsdemokratie" war Ende der Weimarer Republik weitgehend akzeptiert. Auch die Politik der Wirtschaftsförderung des Senats fand in den Krisenjahren die – wenn auch nicht vorbehaltlose – Zustimmung der Partei. Daß sich dabei das Bewußtsein von der eigenen Rolle als „staatstragender Partei" verstärkte, ist nicht erstaunlich, brachte jedoch die Partei in einen inneren Zwiespalt. Die Selbstidentifikation mit dem bremischen Staatswesen und seinen Traditionen band die Sozial*demokratie eben auch in diese Traditionen ein und beraubte sie eines wesentlichen Teils ihrer Handlungsfreiheit. Nach der Katastrophe der Septemberwahl gab es auf Mitgliederversammlungen heftige Angriffe gegen Verkrustungserscheinungen im Parteiapparat. Demgegenüber predigten besonders die ehemaligen USPD-Mitglieder wie Alfred Faust Einheit und Geschlossenheit, und das hieß mit anderen Worten: Zustimmung zur Politik des Parteivorstandes. Entsprechend barsch reagierte die Parteiführung auf die Abspaltung der Mehrheit der SAJ zur SAP. Die Bremer SAP errang durch den Zusammenschluß mit den aus der KPD ausgeschlossenen Kadern der KPO (Wilhelm Deisen, Adolf Ehlers u. a.) eine Bedeutung, die bis in die Nachkriegszeit wirkte.

Ähnlich wie im Reich erkannte die Bremer SPD zwar eine gewisse Bedrohung, die von der NSDAP ausging. Aufgrund der relativen Schwäche und der in Bremen zunächst bestehenden Distanz des Bürgertums zu dieser Partei schätzte die Mehrheit der Sozialdemokraten die nationalsozialistische Gefahr als relativ gering ein. Vor allem in der Bremer Volkszeitung wurden die Nazis der Lächerlichkeit preisgegeben; die Partei wurde letztlich zum Gefangenen ihrer eigenen Propaganda gegen rechts.

Arne Andersen

„Ich wünsche den Tag herbei, wo die Revolution in Deutschland siegt" (Henke, Februar 1918) – USPD in Bremen

Der Ausbruch des Ersten Weltkrieges stellte die deutsche Sozialdemokratie vor die Entscheidung: Sollte sie ihren alten Idealen treu bleiben und gegen den imperialistischen Krieg zu Felde ziehen oder sollte sie dem Kaiser folgen, der erklärt hatte, er kenne keine Parteien mehr, sondern nur noch Deutsche? Sie entschied sich zugunsten der Unterstützung des wilhelminischen Deutschlands und bewilligte am 4. August 1914 im Reichstag einstimmig die Kriegskredite. Es gab jedoch eine Minderheit, die diesen Positionswandel nicht mitvollziehen wollte.

Im Bremer Sozialdemokratischen Verein stieß die neue Burgfriedenspolitik mehrheitlich auf Ablehnung. Doch erst im zweiten Kriegsjahr 1916 auf einer außerordentlichen Generalversammlung traten die Widersprüche offen zutage. Mit über 1000 Mitgliedern war dies die größte Parteimitgliederversammlung, die Bremen bis dahin erlebt hatte. Die hohe Zahl war um so erstaunlicher, da viele Sozialdemokraten eingezogen und an der Front waren. Angeheizt wurde die Stimmung dadurch, daß die Parteirechte gegen die „Bürger-Zeitung" eine eigene, die „Bremische Correspondenz", herausgab, die zu allem Überfluß auch noch in der

125 Jahre Bremer SPD

Arbeiter, es gilt!!

Stadt=
gebiet:

Rhein
Stiegler
Lüdeking

Land=
gebiet:

Deichmann
Mester
Fritsch

Der klassenbewußte Arbeiter wählt Sozialdemokraten!

Wahlaufruf in der Bremer Volkszeitung vom 17. 11. 1923

sozialdemokratischen Druckerei Schmalfeldt gedruckt wurde. Die Versammlung mußte an einem zweiten Termin fortgesetzt werden, in der dann mit 500 gegen 90 Stimmen dieses Vorgehen verurteilt und der Bremer Reichstagsabgeordnete Alfred Henke aufgefordert wurde, bei der nächsten Abstimmung im Parlament die Kriegskredite abzulehnen und das Votum „prinzipiell und öffentlich" zu begründen.

Im März 1916 war es dann im Reichstag soweit. Der sozialdemokratische Abgeordnete Hugo Haase lehnte öffentlich im Namen von 18 weiteren Parlamentariern neue Kriegskredite ab. Als Folge schloß die Fraktionsmehrheit die Abweichler aus, die sich dann als eigene Fraktion unter dem Namen „Sozialdemokratische Arbeitsgemeinschaft", dem parlamentarischen Vorläufer der USPD, konstituierten. Ihr gehörte auch Henke an.

Die Spaltung der SPD war nicht mehr aufzuhalten. In Bremen veranstalteten die Rechten, die hoffnungslos in die Minderheit geraten waren, im Juni 1916 eine erste eigene regelrechte Mitgliederversammlung. Zur endgültigen Trennung kam es im Dezember 1916. Auf einer Generalversammlung beschlossen die Anwesenden, dem linksradikalen Johann Knief zu folgen und der Berliner Parteizentrale die Mitgliedsbeiträge zu verweigern. Auf diesen Affront hatte der Parteivorstand geradezu gewartet. Nun konnte er den linksradikalen Bremer Sozialdemokratischen Verein ausschließen und ihm gleichzeitig die Parteizeitung entreißen. Während die oppositionelle Minderheit um Henke noch immer bemüht war, ihre kritische Haltung zu den Kriegs-

Oben: USPD-Wahlplakat 1919
Unten: Sozialdemokraten wieder vereinigt

krediten innerhalb der SPD zu vertreten, sich allerdings dabei überregional zu verständigen, forderte die linksradikale Mehrheit eine eigene Organisation. Da jedoch die Mitglieder der „Sozialdemokratischen Arbeitsgemeinschaft" aus der Partei gedrängt wurden, beschlossen diese im April 1917 in Gotha die Gründung der Unabhängigen Sozialdemokratischen Partei Deutschlands (USPD). Während Alfred Henke sich bemühte, die Bremer Parteiorganisation in die USPD zu führen, lehnte sein Gegenspieler Knief dies mit der Begründung ab, die neue Partei sei für den proletarischen Klassenkampf untauglich. Er konnte sich durchsetzen. Die Linksradikalen bestimmten nun allein im traditionsreichen Sozialdemokratischen Verein Bremen. Sie behielten diesen Namen bis zum 23. November 1918 bei, dann benannten sie sich in „Internationale Kommunisten Deutschlands" um. Henke verließ mit seinen Anhängern die Organisation und gründete im Mai 1917 eine Bremer Ortsgruppe der USPD. Nun gab es drei sozialistische Parteien in Bremen: die „Rechten", der sich die Mehrheit der Bürgerschaftsfraktion und der Gewerkschaftsfunktionäre angeschlossen hatte, die „Linksradikalen", die ihre Hochburg unter den Arbeitern der AG „Weser" hatten, und die „Unabhängigen". Die Unabhängigen hatten es am schwersten, sie durften bis zum Vorabend der Revolution keine öffentlichen Versammlungen abhalten und ihre Mitgliederzahl war im Vergleich zur alten Bremer Vorkriegssozialdemokratie mit 182 Mitgliedern am 1. April 1918 und 262 zum Zeitpunkt der Revolution mehr als dürftig.

Dennoch taten sie alles, um gegen die Burgfriedenspolitik der (M)SPD zu Felde zu ziehen. Sie unterstützten in den großen Januarstreiks, die von Berliner Rüstungsbetrieben ausgegangen waren und am 31. Januar auch die AG „Weser" erfaßten, vorbehaltlos die Streikenden. Im parlamentarischen Nachspiel zu den Bremer Streikereignissen bezeichnete Henke als einziger Bürgerschaftsabgeordneter der Unabhängigen die Bolschewiki als sein Vorbild. „Ich wünsche den Tag herbei, wo die Revolution in Deutschland siegt."

Während der Novemberrevolution und der Bremer Räterepublik kam der USPD entscheidende Bedeutung zu. Zwischen der Ordnungspolitik der (M)SPD und dem revolutionären Aktionismus der Linksradikalen entschied sie sich zunächst für ein Zusammengehen mit den Kommunisten, ohne wirklich eine eigene Politik zu entwickeln. Nach der Niederschlagung der Räterepublik mußte sich in den Wahlen zur Bremer Nationalversammlung am 9. März 1919 zum ersten Mal das Stärkeverhältnis der Arbeiterparteien untereinander zeigen. Die (M)SPD erhielt 32,7 % der Stimmen, die USPD 19,2 und die KPD 7,7 %. In ausgesprochenen Arbeitervierteln lag jedoch die USPD vorn. Zusammen stellten die drei sozialistischen Parteien mit knapp 60 % aller Stimmen die Mehrheit dar. Doch die (M)SPD zog es vor, am 10. April 1919 zusammen mit der DDP und der DVP den Senat zu bilden. Die Unabhängigen strebten eine parlamentarische Zusammenarbeit mit den Kommunisten an. Doch daraus wurde nichts, denn die Bremer KPD-Abgeordneten erschienen zunächst sporadisch und ab

Die „Eiserne Front" mahnt von Litfaßsäulen

Juni 1919 überhaupt nicht mehr zu den Plenarsitzungen. Damit zeichnete sich das Verhältnis zwischen KPD und USPD ab, wie es sich schon anläßlich der Wahlen zur deutschen Nationalversammlung am 19. Januar 1919 gestellt hatte. Während die KPD am Rätesystem festhielt und zum Wahlboykott aufrief, erkannte Henke, der zwar das Rätesystem befürwortete, angesichts der realen Machtverhältnisse die Notwendigkeit, die Kandidatur der USPD zu befürworten. Die KPD erklärte dann am 22. August 1919 endgültig ihren Austritt aus der Bremer Nationalversammlung, ihre Sitze gingen an die USPD, die mit den Kommunisten eine Listenverbindung eingegangen waren. Obwohl die (M)SPD in einem bürgerlich-sozialdemokratischen Koalitionssenat vertreten war, suchten beide sozialistischen Fraktionen den Kontakt. Doch noch gab es unüberwindliche Gräben bei der Debatte um die neue Landesverfassung, die das freie, geheime und allgemeine Wahlrecht durchsetzte, gleichzeitig jedoch dem Kapitalismus verhaftet blieb, traten die Differenzen noch einmal zutage. Die USPD lehnte die Verfassung mit dem Hinweis ab, daß die „unterdrückte Klasse" allein die Staatsgewalt ausüben sollte. Die Mehrheitssozialdemokraten stimmten am 11. Mai der Bremer Verfassung zu. Die Bürgerschaftswahlen am 6. Juni 1920 zeigten aber, daß die Hoffnungen, die die Arbeiterschaft und andere Teile der Bevölkerung in das neue System und die (M)SPD gesetzt hatten, beträchtlich gesunken waren. Die USPD wurde mit 30,7 % zur beherrschenden politischen Kraft in Bremen, die (M)SPD mußte sich mit 18,3 % noch hinter der bürgerlichen DVP mit dem dritten Platz zufriedengeben, die KPD erhielt gerade noch 4,4 %. Die Mehrheitssozialdemokratie bemühte sich nun, die USPD für eine Koalition zu gewinnen – ohne Erfolg. Statt dessen traten die sozialdemokratischen Senatsmitglieder zurück, und übrig blieb ein bürgerlicher Minderheitssenat.

Im Oktober 1920 beschloß der in Halle stattfindende Parteitag der USPD mehrheitlich, sich der KPD anzuschließen. In Bremen lehnte die Mehrheit der USPDler unter Einfluß ihrer führenden Mitglieder Alfred Faust, Alfred Henke, Emil Sommer, Emil Theil und Josef Böhm den Anschluß an die KPD ab. Dennoch verließen viele USPD-Mitglieder ihre Partei; der kleinere Teil ging zur KPD, blieb dort jedoch einflußlos, der größere Teil der Ausgetretenen zog sich offenbar resigniert zurück.

Im Oktober 1922 vereinigten sich die beiden sozialdemokratischen Parteien. Die Leitungsgruppe der Bremer USDP übernahm auch in der vereinigten SPD wieder Führungsaufgaben. Faust wurde Chefredakteur der Bremer Volkszeitung, Sommer Vorsitzender des ADGB-Ortskartells und Henke – zwar ab 1922 Stadtrat in Berlin – war bis 1932 der SPD-Reichstagsabgeordnete für den Wahlkreis Weser-Ems.

Die besondere Linie der Bremer Linksradikalen im Gegensatz zur Spartakusgruppe erleichterte den Unabhängigen in der Hansestadt das Zusammengehen mit der (M)SPD. Während es zwischen Spartakusmitgliedern und Unabhängigen im Reich eine Phase gemeinsamer Organisation bis Ende 1918 in der USPD gegeben hatte, fehlte in Bremen der gemeinsame „Stallgeruch" von Linksradikalen und USPD. Die teilweise in Ansätzen begonnene parlamentarische Zusammenarbeit erleichterte die Vereinigung zwischen Unabhängigen und Mehrheitssozialisten. Ihre Rückkehr führte dazu, daß die Bremer Parteiorganisation der SPD wieder zum linken Flügel zählte, aber innerhalb der Partei keine besondere Rolle wie in der Vorkriegssozialdemokratie mehr spielte.

DER FASCHISMUS hat Italien erobert, weil die Arbeiterklasse gespalten war. **DIE KPD** spaltet die deutsche Arbeiterbewegung. Wer am 14. September kommunistisch wählt, hilft daher dem Faschismus. Es gibt nur eine deutsche Arbeiterpartei. Steht zu ihr, kämpft gegen den Faschismus und wählt am 14. September **SOZIALDEMOKRATEN LISTE 1**

1930: Wahlkampfagitation gleichermaßen gegen Nazis und Kommunisten

Hartmut Müller

Sozialdemokratische Arbeiterkulturbewegung

Die Wurzeln der Arbeiterkulturorganisationen reichen in die Zeit der Sozialistengesetze zurück und haben ihren Ursprung in den Arbeiterbildungsvereinen.
Deren Vorläufer waren zunächst vom liberalen Bürgertum begründet worden, wie der Bremer Verein „Vorwärts" vom Jahre 1846 oder der Vegesacker „Arbeiter-Bildungs-Verein" von 1850. Hier war der Arbeiter weiterhin der empfangende, das gebildete Bürgertum der gebende Teil. Eine Veränderung der bestehenden gesellschaftlichen Ordnung konnte von ihnen nicht erwartet werden.
Die Arbeiterbildungsvereine verloren ihre Existenzberechtigung, als die Arbeiter ihre Zukunft selbst in die Hand nahmen und sich im Allgemeinen Deutschen Arbeiterverein zusammenschlossen.
Die Arbeiterkultur begann, ihren eigenen Weg zu gehen. Mit der Aufhebung der Sozialistengesetze entstand im Deutschen Reich ab 1890 eine Vielzahl überregionaler Kulturorganisationen. Die Aufhebung der Sozialistengesetze hatte den rechtlichen, die erkämpften Arbeitszeitverkürzungen den realen Freiraum für die faktische Entfaltung der Kulturorganisationen geschaffen. Entstanden waren sie z. T. als klassenkämpferische Maßnahme gegen den wilhelminischen Staat, der der Arbeiterschaft den Zugang zu bürgerlichen Vereinen und Weiterbildungseinrichtungen weitgehend verwehrt hatte.
Die Betätigung in den verschiedenen Vereinen bot dem Arbeiter die Chance, soziale Anerkennung, die die Gesellschaft ihm verweigerte, unter seinesgleichen zu finden. In Bremen entstanden der Bildungsverein „Lessing", der Arbeiterturnverein von 1893, der Arbeitergesangverein von 1904 oder die ersten „Touristen-Clubs" von 1883, um nur einige Beispiele zu nennen. Am ersten Norddeutschen Arbeiter-Sängerfest, das am 27. Mai 1894 in Bremen stattfand und „trotz der nicht sehr günstigen Witterung einen schönen Verlauf nahm", hatten bereits 24 Vereine aus Nordwestdeutschland teilgenommen.
Angesichts der Beschränkung der Allgemein- und besonders der Volksschulbildung – 1904 stellte die Volksschule noch für mehr als 90 % der Bevölkerung die einzige Bildungsstätte dar – kam den Arbeiterkulturorganisationen auch eine besondere Bedeutung als Bildungseinrichtungen zu. Neben der Förderung der allgemeinen und besonders der politischen Bildung, stießen dabei berufliche Weiterbildungsmaßnahmen auf großes Interesse.
Als im Jahre 1904 der Parteitag der Sozialdemokratie in Bremen stattfand, setzte sich Heinrich Schulz zusammen mit Clara Zetkin in einem Entschließungsantrag zur Schulpolitik besonders für eine Hebung des Niveaus in den Volksschulen ein. Zugleich forderte Schulz, Hauptschriftleiter der sozialdemokratischen „Bremer Bürgerzeitung", sozialdemokratische Kulturpolitik in bewußtem Klassenkampf gegen das Bürgertum zu führen. Zusammen mit Alfred Henke und Wilhelm Pieck radikalisierte er die bisherige Kulturpolitik der Bremer SPD und formulierte, „daß die klassenbewußte Arbeiterschaft aus eigener Kraft zweckentsprechende Organisationen schaffen solle, um den Wissensdrang und das künstlerische Bedürfnis der Arbeiter zu befriedigen und in die richtigen Bahnen zu lenken".
Das Ergebnis dieses Auftrages an Partei und Gewerkschaften war 1905 die Gründung des „Bildungsausschusses des Gewerkschaftskartells", der später nach dem 1. Weltkrieg als Arbeiterbildungsausschuß weiterfungierte. Es war der erste Bildungsausschuß, der innerhalb der sozialdemokratischen Partei in Deutschland errichtet wurde. (Vergl. Beitrag von Adolf Brock und Frank Neumann, Seite 40)
Die Entwicklung der Arbeiterkulturorganisationen stieß nicht in allen Teilen der Partei auf Zustimmung. Viele kritisierten die Mitgliedschaft in den Vereinen und das „Unwesen der vielen Feste", obwohl ihnen entgegengehalten wurde, daß die Mitgliedschaft in den Vereinen und die Vernetzung innerhalb der Vereine auch zur Verbreiterung der Solidarität innerhalb der Sozialdemokratie führe. Reine Bildungsarbeit, so die vorherrschende Meinung, verzettele die Kräfte der Partei, und die Mitglieder hätten voll und ganz der Agitation und dem Klassenkampf zur Verfügung zu stehen. Grundsätzlich sollten Kultur- und Bildungsorganisationen eine proletarische Gegenkultur gegen die bürgerlichen Beeinflussungsversuche aufbauen und so den Wirkungsbereich der Partei insgesamt erweitern helfen.
Die Repräsentanten der Kulturorganisationen sahen das allerdings an-

61

ders. Von den Organisationen sollten Inhalte und Raum für die Selbstverwirklichung des Arbeiters geschaffen werden. In dem gesamten breiten Spektrum der proletarischen Kulturorganisationen werde gewissermaßen bereits die sozialistische Gesellschaft antizipiert.
Die Kulturorganisationen dürften sich so nicht als Beitrag zur Agitation erschöpfen, sondern Formen der Entspannung, des Vergnügens und des sozialen Miteinanders entwickeln und anbieten, durch die wiederum schöpferische Fähigkeiten freigesetzt werden könnten. Die Arbeiterkulturorganisationen verstanden sich somit vor dem 1. Weltkrieg als echte Kulturbewegung.
Der 1. Weltkrieg veränderte die Situation entscheidend. Repräsentiert durch SPD und KPD, entstanden auseinanderdriftende reformistische und revolutionäre Kulturbewegungsströme. Zunächst mußte die Arbeiterbewegung nach 1919 zur Kenntnis nehmen, daß sowohl Klassenbewußtsein wie auch Bildungsstand der Arbeiter den erreichten wirtschaftlichen Positionen nicht hatten folgen können. Der Abstand zum Bürgertum hatte nicht in dem gewünschten Maße verringert werden können. Es zeigte sich schnell, daß die Arbeiterklasse auch weiterhin zur Selbsthilfe gezwungen blieb, da der bürgerliche, kapitalistische Staat dem Proletariat nur das an Wissen und Bildung gewährte, was zur Aufrechterhaltung der Produktion notwendig erschien. Die neue Gesellschaftsform, die man sich in der Republik erhoffte, wollte man im Gegensatz zur KPD auf reformistischem Wege erreichen, auch auf kulturellem Gebiet. Diese neue Gesellschaftsform sollte auf der Grundlage einer neuen Kultur, zusammengesetzt aus Gemüts- wie auch Verstandeskultur, entstehen. Es entstand mitunter die illusionäre Vorstellung, Menschsein könne allein durch Bildung und Kultur erreicht werden.
Dabei, und das war nun das entscheidend andere, orientierte man sich an der herrschenden bürgerlichen Kultur. Die kritische Aneignung und Teilhabe an der herrschenden Kultur wurde zum Anliegen der sozialdemokratischen Kulturbewegung. Sie vollzog sich in den Arbeiterkulturorganisationen, deren Existenz und Tätigkeit damit zugleich Medium und Inhalt von „Arbeiterkultur" darstellte.
Die kompensatorische sozialintegrative Funktion der Arbeiterkulturorganisationen wurde in der Weimarer Zeit besonders von der SPD betont. Aufgrund des Gesagten lockerte sich die enge Verknüpfung der Kulturorganisationen mit den jeweiligen Zielen der Partei, ohne allerdings ganz verlorenzugehen. Zusammen mit der veränderten Position und Rolle der SPD in der Weimarer Republik verloren auch die Kulturorganisationen bald ihren Charakter als ursprüngliche Klassenorganisationen. Dadurch kamen Versuche zur Produktion eigener Verhaltensformen und eigener Kulturinhalte mangels deutlicher Abgrenzungsstrategien gegenüber der bürgerlichen Kultur und ihren Organisationen eher zu kurz. Als Instrumente politischer Sozialisation trugen sie jedoch zweifelsohne auch weiterhin manches zur internen Integration und Vernetzung der SPD durch vielfältige Gruppenbeziehungen bei.
Für die KPD stand die Einheit der Partei und ihrer Kulturorganisationen nie ernsthaft zur Debatte. Nach anfänglichen personellen und theoretischen Schwierigkeiten ging sie in Bremen spätestens seit 1924 auf einen klaren Abgrenzungskurs gegenüber der bürgerlichen Kultur und dem reformistischen Kulturkonzept der SPD. Es entstanden eine Reihe von Kulturorganisationen, die zwar eigene proletarische Kunstformen schufen, stets jedoch in der engen Funktionsbindung an Agitprop verblieben und damit alleinige Mittel zum revolutionären Klassenkampf waren.
Was nicht heißen soll, daß sie ohne künstlerischen und unterhaltenden Wert waren. Organisationen wie der Arbeiter-Gesangverein unter Hermann Böse oder die Theatergruppe der Bremer „Blauen Blusen" erfreuten sich in ihrer Arbeit einer Wertschätzung nicht nur im eigenen politischen Lager.
Bildungs- und Fortbildungsbemühungen wurden nach 1919 in Bremen zunächst im alten Bildungsausschuß sowie dem aus Arbeiterräten gebildeten „Rat für Arbeiterbildung" fortgesetzt. 1925 schlossen sich beide zum von Gewerkschaftern und Sozialdemokraten geführten „Arbeiter-Bildungsausschuß" zusammen. Eine Konzentrierung ihrer Angebote erfolgte 1923 in der Arbeiter-Bildungsschule, die 1929 im „Arbeiter-Bildungsausschuß" aufging und ihre Kurse wie Deutsch, Rechnen, Englisch, Stenografie, Fotografie, Plakatschrift, Musikgeschichte und Literatur im 1928 entstandenen Volkshaus durchführte.
Zur Fort- und Weiterbildung in den Arbeiterorganisationen gehörte an zentraler Stelle das Buch, auch die

125 Jahre Bremer SPD

RAT FÜR ARBEITER-BILDUNG
THEATER-AUSSCHUSS

Stadttheater am Wall

Julius Cäsar

Trauerspiel in 5 Akten von William Shakespeare
Uebersetzt von August Wilhelm von Schlegel
In Szene gesetzt von Woldemar Jürgens

Die Arbeiterbildung lädt ein . . .

Arbeiter-Zentralbibliothek Bremen

Hauptbibliothek und Lesehalle:
Gewerkschaftshaus, Faulenstraße Nr. 58-60, durch die 2. Etage
Haupteingang: Seeren 47, 4. Stg.
Geöffnet: Wochentags von 11-1.30 Uhr vorm. und von 5-8 Uhr nachm.
Mittwochs und Sonnabends ist die Bibliothek für Erwachsene geschlossen

Filiale ~~~
Geöffnet: Mittwochs, abds. von 6-7.30 Uhr

~~~rnhalle. Geöffnet: Donnerstags, abends von 5.30-7 Uhr

~~~ale). Geöffnet: Siehe Filiale Gröpelingen

~~~t. Geöffnet: Mittwochs, abends von 6.30-8 Uhr

~~~etzt Arsten):
Geöffnet: In den Abendstunden bis 8 Uhr

~~~bibliothek
~~~ewerkschaftshaus
~~~chmittags von 1.30-5.30 Uhr
~~~r vom Seeren aus

63

Hans Backmack:

Die sozialistische Jugendbewegung

Preis 30 Pfg. (Porto 5 Pfg.)
(Für Massenverbreitung große Ermäßigung).

DR. MED. MAX HODANN

BUB UND MAEDEL

GESPRÆCHE UNTER KAMERADEN UEBER DIE GESCHLECHTERFRAGE

GEISSLER

125 Jahre Bremer SPD

Arbeiter-Gesang-Verein „Bremen-West"
...Sängerbundes

...ngsverein Lessing, Bremen
Mitglieds-Karte
Georg Schwarz
Vereinsjahr 19/9/2
...eeren No. 3 :: Karte auf Verlangen vorzeigen

LIEBESMÜHLE.

Arbeitergesangverein „Bremen"
Zur Erinnerung an unsere Konzertreise nach Berlin, Ostern 1911.

Beschäftigung mit Literatur und das Erlernen sowie das Umsetzen literarisch-schriftstellerischer Fähigkeiten. Zur Erweiterung und Vertiefung des Wissens im Selbststudium, aber auch zur Unterhaltung bot sich in Bremen seit 1908 die Arbeiter-Zentralbibliothek an, die aus einer Zusammenlegung der sozialdemokratischen Parteibibliothek und den Büchereien einzelner Gewerkschaften entstanden war.

1925 verfügte sie über eine Zentrale mit Lesehalle sowie über Filialen in den Arbeiterstadtteilen sowie eine Jugendbibliothek für Schulkinder. Zur Verfügung standen ca. 16 000 Bände. Die Bibliothek eröffnete mit ihrem Angebot an wissenschaftlichen Werken, an guter Unterhaltungslektüre und den vielfältigen Geschichtswerken für viele eine völlig neue Welt, von der sie weder in der Volksschule noch sonstwo bisher gehört hatten. Ausleihe und Leseverhalten der Arbeiter, so kann man feststellen, änderten sich zu Zeiten hoher Arbeitslosigkeit. Dann nahmen die Ausleihezahlen zu und der Lesesaal, seit 1928 ebenfalls im Volkshaus, zählte dann bis zu täglich 350 Personen, die hier auch auf die Arbeiterpresse zurückgreifen konnten. Schließlich erwuchs aus der Begegnung mit der Literatur oder mit Büchern bei vielen überhaupt erst verstärkt der Wunsch, solche Bücher auch selbst zu besitzen und damit über Kulturgut im eigenen Familienkreis verfügen zu können. Die Bedeutung der Arbeiter-Zentralbibliothek für die Bremer Arbeiterbewegung kann daher gar nicht hoch genug angesetzt werden.

Hatte man vor dem 1. Weltkrieg noch in schönster Eintracht gesungen – dem Gau Nordwest des Deutschen Arbeiter-Sängerbundes gehörten 1914 41 Männer-, 11 gemischte und 14 Frauenchöre mit 2226 Mitgliedern an –, so änderte sich das mit der Spaltung der Arbeiterbewegung in Bremen in besonderem Maße. Der „Arbeiter-Gesangverein Bremen von 1904" schloß 1919 die SPD-Mitglieder aus dem Chor aus. Der Sozialistische Sängerbund gewann in Bremen zunehmend an Bedeutung. Den sozialdemokratischen Chören warf man vor, durch rein bürgerliches Liedgut vom eigentlichen, revolutionären Ziel der Arbeiterbewegung abzulenken. Aber auch die KPD blieb mit ihrer Forderung „Unsere Kunst hat nur einen Ton: Revolution" oftmals im theoretischen Ansatz stecken.

Eine besondere Rolle spielte dagegen in Bremens sozialdemokratischer Kulturarbeit die Sprechchorbewegung. Hervorgegangen war sie aus der Theaterarbeit der bremischen Versuchsschulen. Unter der Leitung Christian Paulmanns traten ehemalige Schüler der Versuchsschule Helgoländer Straße während der zwanziger Jahre bei allen größeren Parteiveranstaltungen wie politischen Morgenfeiern, Frauentagen, Jugendweihen u. a. m. auf und waren ein Stück echter, originärer Arbeiterkultur, das keine bürgerliche Parallele besaß. Ihren Höhepunkt hatte die Bewegung 1927 mit der Aufführung des großen Sprech- und Bewegungschors „Der Aufstieg" von Carl Dantz.

„Nicht Kampfrekord – Massensport" heißt eine Schlagzeile der Bremer Freien Sportzeitung, die am 10. Juli 1928 über die Unterweser-Kampfspiele des Bremer Arbeitersports berichtete. 1912 waren im Arbeiter-Turn- und Sportbund sechs Bremer Vereine mit 2062 Mitgliedern zusammengeschlossen gewesen. 1929 zählte man in Bremen 33 Arbeitersportvereine mit 6865 Mitgliedern. „Wir müssen die Erziehung der proletarischen Jugend selbst in die Hand nehmen", hatte der Bundesjugendleiter des Arbeiter-Turn- und Sportbundes, Oskar Drees aus Bremen, 1926 auf dem 15. Bundesturntag in Hamburg gefordert und fortgesetzt: „Da haben wir eine doppelte Aufgabe: körperliche und geistige Erziehung" . . . „Es kann keine sozialistische Erziehung ohne körperliche Erziehung geben."

Außer Fußball und Turnen wurden in Bremen – mit herausragenden Leistungen – auch Handball und Schlagball im Arbeitersport betrieben. Das Erscheinungsbild prägten darüber hinaus die Aktivitäten der Naturfreunde, des Freien Wassersports, des Arbeiter-Samariter-Bundes, des Arbeiter-Rad- und Kraftfahrbundes „Solidarität" u. v. a. m. Auch der Arbeitersport blieb nicht von Spaltungen verschont, doch wirkten sie sich hier nicht so gravierend aus wie in der Arbeitermusikbewegung.

Die Kraft der Arbeiterkulturorganisationen war in der Weimarer Republik auch dem politischen Gegner nicht verborgen geblieben. Das Verbot, das 1933 Parteien und Gewerkschaften traf, galt ihnen in gleichem Maß. Aufgrund des Ermächtigungsgesetzes vom 23. März 1933 wurden sie verboten, aufgelöst, zwangsweise liquidiert oder gleichgeschaltet.

125 Jahre Bremer SPD

Irmgard Wierichs

Warum Franz Netzmann am 1. Mai 1925 ins Schwitzen gerät

Am 1. Mai 1925 wacht Franz Netzmann auf und ruft wie gewohnt: „Frau, nun mal fix den Kaffee, den guten schwarzen Rock, die neuen Stiefel! Höchste Zeit!" Genosse Franz ist in Eile, er will auf die Maikundgebung. Doch seine Frau Liese reagiert nicht in der gewohnten Weise, statt dessen beginnt Fritzchen, nahezu verwaist, jämmerlich zu schreien, der dreijährige Hans kommt mit den Ausrufen „Hunger" und „Mutta is wech" herbeigerannt. Er hält einen Brief in der Hand, den Franz ihm entreißt. „Lieber Franz! Heute am 1. Mai will ich auch einmal feiern. Heute rühre ich keine Hand: ich denke, ich habe mir den Feiertag ehrlich verdient." Franz überlegt, woher nun der Kaffee kommen soll. Was geschieht mit den hungrigen Gören, woher soll er den Brei für sie bekommen? Und wie auch noch die heutige Festrede halten? Kein Mittagessen ist vorbereitet, die Wohnung unaufgeräumt – Panik überfällt den Genossen. Er beginnt zu schwitzen – bis plötzlich seine Stirn berührt wird durch wohlbekannte Hände, und wohlvertraute Worte folgen, als Franz Netzmann aus seinem Alptraum erwacht: „Der Kaffee steht bereit, hier dein Sonntagsanzug, fix, daß mein Herr Festredner nicht zu spät kommt."
Kein Werbespot ist dies, nein, diese Geschichte erscheint am 30. 4. 1925 in der Bremer Volkszeitung, allerdings viel ausführlicher als hier wiedergegeben. Sie trägt den Untertitel „Eine nachdenkliche Geschichte für Frauen und Männer". Aber diese fiktive Geschichte gibt uns keine gesicherten Angaben darüber, wie der 1. Mai in Bremen nun tatsächlich verlief. Sie berichtet nicht, daß sich trotz des üblichen Mairegens über 10 000 Männer und Frauen schon lange vor 10 Uhr auf dem Spielplatz an der Nordstraße sammeln. Hier soll keine Aktion zur Verschönerung des Spielplatzes stattfinden, hier ist vielmehr seit Jahren Haupttreffpunkt für die Maidemonstration.
Die Bedingungen für die Maifeier hatten sich in den letzten Jahren gewandelt: galt er 1919–1921 noch als gesetzlicher Feiertag, so wurde der Maiumzug 1924 sogar vom Senat verboten. Aber in diesem Jahr herrscht kein Ausnahmezustand, so daß der Zug der Demonstranten losziehen kann: von der Kreisstraße über die Nordstraße, weiter durch die Contrescarpe, Faulenstraße, Kaiserstraße (heute Bürgermeister-Smidt-Straße), Georgstraße, den Breitenweg und Bahnhofsplatz, um nach der Gustav-Deetjen-Allee schließlich um 11.45 Uhr am Parkhaus (heute Parkhotel) zu enden. An der Spitze des Zuges treffen zuerst die Reichsbannerleute ein, gefolgt von den einzelnen Gewerken und Verbänden mit ihren Fahnen und Standarten. Aber nicht alle finden Platz in den Sälen des Parkhauses. Daher ist es vielleicht kein großes Versäumnis, wenn man der Festrede des SPD-Reichstagsabgeordneten Hartleib aus Hannover nicht zuhören kann. Natürlich ist der Appell an gewerkschaftliche, genossenschaftliche und politische Zusammenschlüsse notwendig. Auch muß gegen die Abschaffung des erst 1919 verbrieften Achtstundentags protestiert werden. Die Reaktion marschiert wieder, nicht nur in München. Oder sollte man nicht doch den überfüllten Sälen im Parkhaus eines der umliegenden Gartenlokale vorziehen? Wenn nur der Dauerregen bald aufhörte. Aber man wird schon noch feiern und beisammen sein können, wenn auch erst am Nachmittag bei den Kindervergnügungen, mit Sicherheit aber am Abend. In den Centralhallen (damals Ecke Breitenweg/Düsternstraße) geht es zwar etwas getragen zu, gibt es doch ein langes Programm mit Chören, Rezitationen durch Schauspieler und Cello-Einlage. Dort kommt der Tanz erst immer reichlich spät zu seinem Recht. In der westlichen Vorstadt kann am Maiabend im „Café Flora" (Waller Heerstraße) und im „Grünen Jäger" sofort getanzt werden, die Schwachhauser Genossen haben dazu im „Concordia" Gelegenheit.
Ob Franz und Liese auch tanzen gehen, darüber erfahren wir in der Geschichte nichts. Sie erzählt vielmehr weiter, wie der 1. Mai in seinem politischen Teil von der Familie Netzmann gestaltet wird.
Liese bringt ihre beiden Jüngsten bei einer älteren Nachbarin unter, die Älteste nimmt sie mit auf die Maikundgebung. Dort erlebt sie auch den Dank ihres Mannes für die Befreiung aus dem Maimorgen-Alptraum: in der Festrede, die Franz hält. Er fordert ausgedehnten Schutz der Mutter, Staatszuschüsse für jedes Kind und gesunde Wohnungen. Franz möchte die Frauen umgeben

125 Jahre Bremer SPD

Das Maifest als Friedensfeier

Mai-Aufrufe. Neben Manifestation Kurzweil und Unterhaltung

V.S.P.D. — R.i.A.B.
Maifeier 1923
Programm:

Vormittags 8½ Uhr Versammlung zur Massendemonstration auf dem Spielplatz an der Nordstraße, Grünenkamp und Lüneburgerstraße. Maiansprachen im Bürgerpark. Konzert des Musikerverbandes im Bürgerpark. Abends 7 Uhr drei große künstlerische Veranstaltungen (Casino, Stadttheater, Centralhallen)

Casino a. d. Balcn	Stadt-Theater am Wall	Centralhallen Findorff Brockstraße
Mitwirkende	Fest-Vorstellung	Mitwirkende
Götz-Orchester: Leitung C. Götz	Rezitation: Willie Schmitt, Mitglied des Bremer Stadttheaters	Orchester: Leitung H. Kompe
Arbeiter-Sänger-Chor: Leitung C. Jakobsen	Tell-Ouvertüre . . . . . Rossini	Flöten-Soli: K. Mau
Rezitation: K. Rehder, Mitglied des Bremer Schauspielhauses	Rütli-Szene aus Schillers "Wilhelm Tell"	Bremer Volks-Chor: Leitung H. Stoll
Festrede: Hans Lüdeking, Bremen	Meistersinger-Vorspiel . . R. Wagner	Rezitation: Leo Hubermann, Mitgl. des Bremer Stadttheaters
	Festweise	Musik- u. Tanzgruppe der Naturfreunde: Leitung M. Biermann
	3. Akt d. Oper "Die Meistersinger von Nürnberg"	Festrede: W. Klemann, Bremerhaven
Kassenöffnung 8 Uhr Eintritt 1000 Mk.	Anfang 7 Uhr Eintritt 2500 Mk.	Kassenöffnung 8 Uhr Eintritt 1000 Mk.

Eintrittskarten sind durch die Vertrauensleute, das Büro für Arbeiterbildung und den Parteivorstand der Vereinigten Sozialdemokratischen Partei im Vorverkauf zu haben.

Arbeitsruhe am 1. Mai!

Laut Beschluß des Internationalen Sozialistenkongresses von 1889 in Paris ist der 1. Mai als Weltfeiertag für die internationale Arbeiterschaft proklamiert worden. Jahr für Jahr folgten diesem Rufe Millionen von Arbeitern in allen Ländern. Durch die Revolution von 1918 wurde der 1. Mai in den verschiedenen Ländern Deutschlands, so auch in Bremen, zum gesetzlichen Feiertag erhoben.

Das vereinigte Bürgertum versucht nunmehr, unter Bruch der Verfassung und der Geschäftsordnung der Bürgerschaft, der Arbeiterschaft diesen Tag zu rauben.

Daher fordern die unterzeichneten Gewerkschaften nochmals alle Arbeiter, Angestellten, Beamten auf: geht dem reaktionären Bürgertum die einzige Antwort, erscheint Mann für Mann am Montag, den 1. Mai, vormittags 8½ Uhr, zur Demonstrations-Versammlung auf dem Spielplatz an der Nordstraße.

Deutscher Metallarbeiter-Verband
Verwaltungsstelle Bremen

Deutscher Holzarbeiter-Verband
Zahlstelle Bremen

Deutscher Bekleidungsarbeiter-Verband
Ortsgruppe Bremen

Zentral-Verband der Bäcker und Konditoren
Bezirksleitung Bremen

Deutscher Textilarbeiter-Verband
Filiale Bremen und Umgegend

Zentral-Verband der Maschinisten u. Heizer sowie Berufsgenossen Deutschlands
Geschäftsstelle Bremen

Deutscher Transportarbeiter-Verband
Ortsverwaltung Bremen

Deutscher Eisenbahner-Verband
Ortsverein Bremen

Verband der Gemeinde- und Staatsarbeiter
Ortsverwaltung Bremen

Verband der Fabrikarbeiter Deutschlands
Ortsverwaltung Bremen

Verband der Maler
Bremen

Deutscher Bauarbeiter-Verband
Bezirksverein Bremen

Verband der Brauerei- und Mühlenarbeiter
Bremen

Zentral-Verband der Zimmerer
Zweigverein Bremen

Verband der Kupferschmiede

Zentralverband der Schuhmacher

mit allem, „was die Mutterschaft erleichtert und verschönt in einer Welt frei von Ausbeutung". Bei diesen Worten strahlen Lieses Augen in Stolz auf ihren Mann, der sie dann sogar auf dem Heimweg, noch ganz im Schwung seiner Festrede, als „liebe Mitarbeiterin und Mitkämpferin" bezeichnet.

Soweit die Erzählung. Ist die Geschichte aber wirklich so weit entfernt von dem realen Leben einer Arbeiterfamilie in der Weimarer Republik? Oder kommt in dieser Geschichte nicht eher unverhüllt zum Ausdruck, welches Frauenbild auch in den Arbeiterorganisationen verbreitet ist: Die Frau gehört in den Haushalt und hat sich um die Kinder zu kümmern. Sie ist nur lästige Lohnkonkurrentin, zumal ihr Lohn weit unter den Männerlöhnen liegt. 1924 beträgt beispielsweise der Stundenlohn eines männlichen Hilfsarbeiters (über 25 Jahre) bei der Bremer Jute 28 Pfennige, während eine Frau bei gleicher Arbeit nur 18 Pfennige erhält. In den Gewerkschaften und Arbeiterparteien ist sie auch damals völlig unterrepräsentiert, vor allem in den politisch entscheidenden Funktionen. Unter den 42 Bürgerschaftsmandaten der SPD sind 1925 nur vier weibliche Abgeordnete zu finden: Anna Stiegler, Clara Jungmittag, Hanna Harder und Charlotte Niehaus. Bei den anderen Parteien finden wir eine noch ungünstigere Verteilung, gibt es unter den insgesamt 97 Bürgerschaftsabgeordneten nur zehn Frauen. Das Frauenideal von Franz Netzmann – seine Frau arbeitet nicht außerhalb des Hauses – entspricht aber allenfalls der Realität von Facharbeiterfamilien. In den übrigen Arbeiterfamilien müssen viele Frauen, nicht nur die unverheirateten, aus wirtschaftlicher Not auch noch außerhalb des Hauses arbeiten: in Fabriken, Büros sowie in Bürgerhaushalten.

Angesichts eines Facharbeiterlohns von 44,25 Reichsmark ist der Wochenbedarf von 46,83 RM sehr hoch, noch schlechter sieht es aus, wenn man den Wochenverdienst von 37,91 RM bedenkt, den ein ungelernter Arbeiter erhält. Aber die wirtschaftliche Not wird vollends deutlich, wenn man den durchschnittlichen Lohn einer Arbeiterin daran mißt: sie erhält nur 21,22 RM pro Woche. Neben dieser Arbeit, die viele Frauen verrichten müssen, sind sie allein zuständig für Kinder und Küche, wie in unserer Erzählung die Liese, während Franz sich mit Politik beschäftigen kann.

Den Alptraum des Franz Netzmann – träumen ihn heute noch die Genossen?

Maiumzug in Bremerhaven

125 Jahre Bremer SPD

Bremens Arbeiterschaft demonstriert. Mai-Umzüge in der Weimarer Republik

Behnhard Oldigs

Republik, das ist nicht viel – Sozialismus heißt das Ziel!

Bremer SPD und SAJ im Widerspruch

Ein Konflikt mit Folgen

Auf ein großes, rotes Fahnentuch war es mit weißer Ölfarbe aufgemalt worden. „Republik, das ist nicht viel – Sozialismus heißt das Ziel", so lautete die wohl bekannteste Parole der Bremer SAJ am Ende der Weimarer Republik.
Robert Meyer, Bremer SAJ-Vorsitzender, hatte dieses Transparent auf dem Dachboden in der kleinen Wohnung seiner Eltern, die damals in der Auricher Straße in Walle wohnten, fertiggestellt.
Die Bremer SAJler hatten diese Parole zum ersten Mal 1929 auf dem Internationalen Jugendtag in Wien gesehen. In ihr drückte sich zu einem guten Teil ihre eigene Erfahrung und die politische Prägung, kurz das Lebensgefühl dieser Generation von Arbeiterjugendlichen aus. Die Mehrheit lernte nach Beendigung der Lehre nicht die Berufstätigkeit, sondern Schlangen vor dem Arbeitsamt kennen. Besonders nach der Fertigstellung des Ozeandampfers „Bremen" gab es in Bremen Massenarbeitslosigkeit, und die Jugendlichen konnten keinerlei Anhaltspunkte dafür finden, daß sie in diesem Gesellschaftssystem Aussicht auf eine Verbesserung ihrer sozialen Lage haben sollten.
Sie, die für die Abschaffung des Kapitalismus kämpften, erlebten, wie auch unter sozialdemokratischer Regierungsbeteiligung die Krisenfolgen allein von den Lohnabhängigen getragen werden mußten.
Paul Löbe – zu dieser Zeit sozialdemokratischer Reichstagspräsident – versuchte auf dem norddeutschen SAJ-Jugendtreffen in Lüneburg als Hauptredner auf das Transparent der Bremer SAJ eine Erwiderung. Seine mehr holprige als elegante Antwort lautete: „Republik ist schon viel, doch Sozialismus ist unser Ziel."
Die SAJ wurde 1923 als Jugendorganisation der SPD gegründet. In politischen Angelegenheiten hielt sie sich anfangs zurück. Dies galt als Sache der Erwachsenen, während die Jugendorganisation sich um die Erziehung kümmern sollte.
Es wurde getanzt und gewandert. Die SAJ wollte den neuen, den guten Menschen schaffen, deswegen rauchten sie nicht und tranken auch keinen Alkohol. Diese mehr romantische, aber auch lebensreformerische Haltung änderte sich um 1927.
1926 wurden nach einer zwei- bis dreijährigen Aufbauphase der bremischen Wirtschaft mit relativer Vollbeschäftigung viele Jugendliche arbeitslos.
„Das Singen und Latschen brachte uns politisch nicht weiter" (Robert Meyer). Unter dem Vorsitz von Karl Grobe, der ähnlich dachte wie Robert Meyer, übernahmen junge und sehr aktive Genossinnen und Genossen die Vorstandsarbeit.
Die neue, kämpferische Haltung ließ sich u. a. an den Namen der SAJ-Gruppen ablesen. Statt Gruppe Findorff oder Hastedt hieß es jetzt: Marx, Luxemburg, Bebel usw. Die Aktivitäten der Gruppen wurden vielfältiger und politischer. Das Wandern, das Tanzen und auch der Sport hatten weiterhin ihren Stellenwert, auch das Rauchen und der Alkohol wurden nach wie vor gemieden. Jetzt kam jedoch anderes hinzu.
Im ehemaligen Decla-Kino in Walle zeigte die SAJ Kinofilme. Die „Russenfilme" fanden großen Anklang. Mit bis zu 1000 Besuchern waren die sonntäglichen Kinoveranstaltungen überfüllt. Bildungsveranstaltungen mit Themen wie „Einführung in den Marxismus" wurden angeboten und waren gut besucht. Und die SAJ mischte sich in tagespolitische Dinge ein.
Als am 18. Juni 1928 vom Bremer Senat für die Ozeanflieger Köhl, Fitzmaurice und Hünefeld auf dem Marktplatz ein großer Empfang inszeniert wurde, ließ Karl Grobe noch schnell diese Mitteilung in die sozialdemokratische BVZ setzen: „Am Fliegerempfang beteiligen wir uns nicht. Wir machen Gruppenstunde." Denn innerhalb der Bremer Arbeiterbewegung gab es eine Debatte, ob und wie man den deutschnationalen Monarchisten Hünefeld, der 1918 den deutschen Kaiser in sein Exil begleitet hatte, empfangen sollte. Zehntausende säumten die Straße, als die Ozeanflieger in offenem Wagen durch Bremens Straßen zum Marktplatz fuhren. Die SPD und das Reichsbanner hatten ihre Mitglieder aufgefordert, daran teilzunehmen. Doch die SAJ blieb bei ihrem Nein.
Anfangs begrüßte die Bremer SPD die Aktivitäten und den Aufschwung

Mitglieder der SAJ Bremen-Nord vor dem Reichstag

ihrer Jugendorganisation. Die SAJ hatte während dieser Phase über 600 Mitglieder, wohlgemerkt bis zum Alter von 20 Jahren. Danach war die Parteiarbeit vorgesehen. Es gab auch Jusos. Dies war jedoch ein kleiner Zirkel von etwa 20 jungen Leuten, die sich ausschließlich mit Bildungsthemen beschäftigten.

Die Bildungsveranstaltungen der SAJ wurden der SPD dagegen immer unangenehmer.
Die italienische Sozialistin Angelica Balabanoff wurde eingeladen – oder der Austro-Marxist Max Adler. Wegen solcher Veranstaltungen kam es zu Konflikten mit der „Mutterpartei". Den größten „Zoff" gab es dann um

die Zustimmung der SPD-Reichstagsfraktion zum Bau des Panzerkreuzers A. Die SPD hatte ihren Reichstagswahlkampf 1928 gegen den regierenden Bürgerblock unter dem Motto „Kinderspeisung statt Panzerkreuzer" geführt und damit einen hohen Wahlsieg errungen.
Wenig später jedoch, am 11. August

1928, beschloß das Reichskabinett mit den gerade in die Koalitionsregierung gewählten SPD-Ministern den Bau des Panzerkreuzers A. Während der Hauptvorstand der SAJ – Erich Ollenhauer war Vorsitzender – die Politik der SPD deckte, übten insbesondere die sächsischen Bezirke und eben auch die Bremer Organisation heftige Kritik an diesem Beschluß. Der Bremer SAJ paßte außerdem die Verbandszeitschrift „Arbeiterjugend" nicht, die der Hauptvorstand der SAJ herausgab. Sie machte deshalb eine eigene Zeitung, die „Rote Falken Post" und hatte bei ihren Mitgliedern damit großen Erfolg.
Hans Hackmack, Redakteur der BVZ und Mitglied des Bremer SPD-Vorstands, war die Linie der „Roten Falken Post" ein Dorn im Auge. Um sie besser kontrollieren zu können, veranlaßte er, daß sie in der BVZ-Druckerei hergestellt wurde, obwohl es für den Druck der „Roten Falken Post" viel kostengünstigere Möglichkeit gab.
In einer Ausgabe der „Roten Falken Post" wurde der Sturm des Justizpalastes durch Wiener Arbeiter im Juli 1927 verteidigt. In dem Artikel „Justizskandal" wurde die Entscheidung der österreichischen Richter, die beteiligten Arbeiter zu bestrafen, als „Klassenjustiz" bezeichnet. Robert Meyer, damals junger Redakteur der „Roten Falken Post", sah voraus, daß dieser Artikel der Zensur Hackmacks zum Opfer fallen würde. Doch das ließ sich trickreich umgehen.
Robert Meyer erinnert sich: „Ich bin unten in der Druckerei gewesen, ich hatte auch die Kollegen da, die ich alle kannte und sagte denen: ‚Sobald das gedruckt ist, ehe das Exemplar zu Hans Hackmack raufgeht, gebt ihr mir den gesamten Versandstapel.' Hab den Versandstapel gehabt, bin aus dem Haus gewesen, und dann kam die Vorlage erst rauf nach Hans Hackmack. Und der schäumte vor Wut, telefonierte: ‚Keine Auslieferung!' Die Reaktion der Kollegen in der Druckerei war: ‚Wieso? Ist ja schon ausgehändigt!' Das gab natürlich Ärger mit der Partei." Robert Meyer handelte sich eine Verwarnung ein. Auch mit ihrer Reichsführung legten sich die Bremer an. Als sie sich 1930 auf dem Norddeutschen Jugendtag in Lüneburg erfolgreich gegen einen faschistischen Überfall wehrten, glaubte ihr Vorsitzender Erich Ollenhauer, sich davon distanzieren zu müssen.
Jetzt wurden sie erst recht aktiv. Sie bildeten Jungordner-Gruppen, um die eigenen Veranstaltungen zu schützen. Hierüber gab es harte Auseinandersetzungen mit dem SAJ-Hauptvorstand. Ollenhauer versuchte, die Bremer auf einem Wochenendseminar auf Linie zu bringen. Eigenständige Strategien oder Kritik an der Partei wollte er verhindern. Ollenhauer: „Wir werden nicht dulden, daß SAJ-Funktionäre die Partei kritisieren. Wir wollen einen parteitreuen Nachwuchs."
Der SAJ-Vorsitzende Erich Ollenhauer wollte wie die SPD-Führung versuchen, mit der Macht der Idee den Faschismus zu bezwingen, statt mit aktiver, auch körperlicher Gegenwehr. Die SPD versuchte wenig später, durch eine Tolerierung der konservativen Brüning-Regierung Schlimmeres zu verhüten. Sie hielt nichts von der Mobilisierung der eigenen Mitglieder und der Bevölkerung.
Dies paßte den SAJlern in Bremen nun ganz und gar nicht. Auf dem schon erwähnten Wochenendseminar sagten sie Ollenhauer gehörig die Meinung. Ihre Haltung ihm gegenüber wird an einem Streich deutlich, den sie ihm spielten: Sie schickten ihn mit einer Aktentasche voll abgenagter Hühnerknochen nach Hause.
Die jungen Bremer wollten sich nicht auf die Macht des Stimmzettels verlassen. Sie wollten auch nicht untätig den Aufstieg der Nationalsozialisten hinnehmen.
Der Bremer Karl Grobe, der in engem Kontakt zu Rosenfeld und Seydewitz stand, verteilte als Delegierter auf dem Bezirksparteitag in Hamburg Anfang Juli 1931 einen Mahnruf an die Partei, der sich mit der zweiten großen Notverordnung Brünings beschäftigte. Auf dieser Delegiertenkonferenz machte er laut BVZ auch Bemerkungen zur innerparteilichen Demokratie: Auch er sei für eine geschlossene Partei, aber in ihr dürfe kein Kadavergehorsam herrschen. Die Tolerierung habe die Not der Arbeiter nicht gelindert. Zur Jugendfrage sagte er: „Ändert die Politik, dann habt ihr die Jugend!"
Anfang Oktober 1931 wurde in Bremen und auch anderswo die SAP gegründet. Die große Mehrheit der SAJ in Bremen schloß sich ihr an. Ihr Ziel, die Einheit der Arbeiterbewegung herzustellen, um den Faschismus zu verhindern, hat die SAP bekanntlich nicht erreicht. Es war zu spät, und die Arbeiterbewegung war zu zerstritten, um mögliche Alternativen zu erkennen.

Bild rechts: Die SAJ – aktiv bis zum Verbot – im Kampf gegen den Faschismus

Bereits Ende der 20er Jahre bekämpften die Bremer Arbeiterjugendorganisationen den aufkommenden Faschismus. Vor 1933 konnte die Hitlerjugend in Bremen vor allem an den höheren Schulen mit ihrem **Nationalsozialistischen Schülerbund** (NSS) Fuß fassen.

Arne Andersen

„Wenn die Arbeiter aus Prinzip am Acht-Stunden-Tag festhalten, müssen sie auch aus Prinzip hungern"

Streiks in der Weimarer Republik

Zwar war im Februar 1919 die Bremer Räterepublik militärisch niedergeschlagen worden, der Widerstand in den Betrieben aber war noch keinesfalls gebrochen. Vertrauensleute aus Großbetrieben, die allen drei sozialistischen Parteien angehörten, gründeten den 21er-Ausschuß, um den Widerstand gegen die Aufrichtung der alten bürgerlichen Ordnung zu organisieren. Immerhin gelang es durch einen Generalstreik, die Freilassung des größten Teils der Gefangenen, die für die Räterepublik gekämpft hatten, am 6. März zu erreichen.

Bei den Wahlen zur Bremer Nationalversammlung am 9. März errangen KPD, USPD und SPD zusammen knapp 60 % der Stimmen, doch die SPD zog eine Koalition mit der linksliberalen DDP und der Partei der Bremer Kaufleute, der DVP, vor. Drei Tage nach der Senatsbildung am 10. April 1919 verlangte der 21er-Ausschuß die Aufhebung des seit Februar noch immer bestehenden Ausnahmezustandes und die Entlassung der restlichen inhaftierten Kämpfer der Räterepublik. Verbunden war dies mit der ultimativen Aufforderung an den Senat, zurückzutreten. In der Arbeiterschaft schien noch Hoffnung auf eine revolutionäre Änderung des Systems zu bestehen. Mit einem Generalstreik, an dem sich 14 000 Arbeiter beteiligten, sollte der bürgerlich-sozialdemokratische Koalitionssenat zum Rücktritt gezwungen werden. Dieser jedoch rief den verschärften Ausnahmezustand aus. Läden, Betriebe, Gastwirtschaften wurden geschlossen. Ärzte und Hebammen versahen lediglich einen Notdienst. Die Wasserversorgung wurde eingestellt. Dieses als „Stacheldraht-Ostern" in die Bremer Geschichte eingegangene Ereignis endete für die Arbeiterbewegung mit einer Niederlage. Am 30. April mußte der 21er-Ausschuß den Generalstreik ergebnislos abbrechen. Damit schloß eine Phase ab, in der der Streik ein Mittel war, die politischen Verhältnisse grundlegend umzuwälzen. Diese zweite Niederlage innerhalb weniger Monate verdeutlichte, daß auf revolutionärem Weg die politischen Machtverhältnisse auf absehbare Zeit nicht zu ändern waren.

Die weiteren Streiks in der Weimarer Republik hatten Lohnerhöhungen und Arbeitszeitverkürzungen zum Ziel. Einzige Ausnahme war der Streik der Hafenarbeiter im September/Oktober 1919. Dabei ging es um die Aufrechterhaltung des „closed-shop-Prinzips", d. h. der ausschließlichen Beschäftigung von Gewerkschaftsmitgliedern. Vor jeder Schicht wurde von einem Obmann die Verbandszugehörigkeit überprüft. Am 12. September weigerte sich ein Arbeiter, obwohl Gewerkschaftsmitglied, sein Verbandsbuch vorzuzeigen. Sofort traten die 38 Arbeiter, die schon mit dem Entladen des betreffenden Schiffes begonnen hatten, in den Streik. Einen vermeintlichen Unorganisierten wollten sie im Hafen nicht dulden. Als die Bremer Lagerhaus-Gesellschaft (BLG) die Kollegen aussperrte, schlossen sich die übrigen Hafenarbeiter an. Der Streik dauerte bis zum 7. Oktober, die BLG hatte mit Freiwilligen aus Bürgerkreisen, die unter Polizeischutz in den Hafen gebracht wurden, den Hafenbetrieb leidlich wieder in Gang gesetzt. Nicht nur, daß der Streik verloren war und der Hafen nicht länger als „closed shop" gelten konnte, auch die Überwachung des Hafens zur Eindämmung von Diebstählen, die bis dato von bewaffneten Hafenarbeitern ausgeübt wurde, wurde nunmehr an mehrere Hundertschaften Sicherheitspolizisten übertragen, die in den eigens errichteten Hafenwachen untergebracht wurden. Auch die weiteren Kämpfe waren davon geprägt, daß die Unternehmer ihren Herr-im-Hause-Standpunkt wieder durchsetzen wollten. Im September 1919, als sich bei den Atlas-Werken herausstellte, daß die Hilfsarbeiter in den Streik treten würden, falls ihnen keine entsprechende Lohnerhöhung gewährt würde, ernannte die Werksleitung 48 Vorarbeiter zu Vizemeistern, also zusätzlichen Vorgesetzten. Diese bewußte Provokation beantwortete die Belegschaft mit der Besetzung des Direktionsgebäudes. Die Beförderungen wurden unter Druck zurückgenommen, doch gleichzeitig sperrte die Direktion die gesamte Belegschaft am 17. September aus. Es stellte sich heraus, daß es weniger um neue Vorgesetzte ging, als um die Durchset-

125 Jahre Bremer SPD

zung der Akkordarbeit. Nachdem nach elf Wochen Streik deutlich geworden war, daß die Atlas-Werke allein gegen die Einführung der Akkordarbeit kämpften, die Unterstützung des Deutschen Metallarbeiterverbandes (DMV) ausbleiben mußte, da in der gleichzeitig stattfindenden Tarifrunde für die Seeschiffswerften ein Schlichtungsvorschlag nicht mit der notwendigen ¾-Mehrheit – es waren „nur" ca. 70 % dagegen – abgelehnt worden war, entschlossen sich die Beschäftigten, am 4. Dezember die Arbeit unter den vom Unternehmer geforderten Bedingungen wieder aufzunehmen.

1924 machten sich die Unternehmer daran, eine der letzten sozialpolitischen Errungenschaften der Novemberrevolution, den Acht-Stunden-Tag, wieder aufzuheben. Mit der Einführung der neuen Währung nach der Inflation von 1923 erhielten die Löhne als Kostenfaktor für sie wieder Bedeutung. Nach der Niederlage der Arbeiterbewegung im Herbst 1923 und der hohen Arbeitslosigkeit im Winter 1923/24 war die Situation für die Unternehmer günstig, der Arbeiterschaft ihren Willen aufzuzwingen. Am 17. November 1923 lief die alte Verordnung des Rates der Volksbeauftragten ab, die den Acht-Stunden-Tag für verbindlich erklärte. Die von der Reichsregierung Marx (Zentrum) erlassene neue Arbeitszeitverordnung gestattete durch zahlreiche Ausnahmebestimmungen die Verlängerung über den Acht-Stunden-Tag hinaus. Dies führte im April 1924 in Bremen zu etlichen Tarifauseinandersetzungen um die Arbeitszeit. Die Forderung nach einer Verlängerung der Arbeitszeit beantwortete jede Gewerkschaft für sich.

Die Streikwelle nahm in Bremen auf der Norddeutschen Hütte (heute Klöckner) ihren Anfang. Das damals zum Krupp-Konzern gehörende Unternehmen wollte den Betrieb vom Drei-Schicht-System auf das Zwei-Schicht-System umstellen, aus dem Acht-Stunden-Tag sollte für die Arbeiter ein Zwölf-Stunden-Tag werden. In einer Abstimmung lehnte die Belegschaft mit 562 zu 8 Stimmen die Vorschläge der Betriebsleitung ab. Da sich die Bremer Arbeiterschaft der grundsätzlichen Bedeutung dieser Auseinandersetzungen bewußt war, beschloß eine Vollversammlung von Betriebsräten mit den Gewerkschaftsvorständen die Erhebung eines Extrabeitrages der organisierten Kollegen für die Zeit des Streiks. Dennoch brach der Streik am 16. Februar zusammen, nachdem es der Direktion gelungen war, in ausreichendem Ausmaß Streikbrecher anzuwerben. Auch die Arbeiter von Hansa-Lloyd konnten in einem elf Tage dauernden Streik nicht den achtstündigen Arbeitstag erhalten. Folgender Ausspruch eines Hansa-Lloyd-Direktors charakterisierte die Einstellung zahlreicher Unternehmer: „Wenn die Arbeiter aus Prinzip am Acht-Stunden-Tag festhalten, müssen sie auch aus Prinzip hungern." Trotz dieser Niederlage nahmen anschließend die Werftarbeiter den Kampf auf. Gegen den Widerstand der Gewerkschaften erklärte im Februar der Reichsarbeitsminister in einem Schiedsspruch die 54-Stunden-Woche und damit den Neun-Stunden-Tag für verbindlich. Daraufhin ordneten die Bremer Werftindustriellen für den 26. Februar den ersten neunstündigen Arbeitstag an. Als die Werftarbeiter dennoch nach acht Stunden die Werft verließen, verfügten die Werftkapitalisten die Aussperrung. Ein drei Monate andauernder Arbeitskampf begann, der von den Arbeitgebern provoziert worden war und in dem sie ihre Position exemplarisch durchsetzen wollten. Der Gesamtverband deutscher Metallindustrieller unterstützte die Werftindustrie durch eine im Verband aufgebrachte Umlage. Über 5000 Arbeiter der AG „Weser" und der Atlas-Werke blieben vom 27. Februar bis zum 20. Mai 1924 ausgesperrt. Im Mai einigten sich der DMV-Vorstand und die Unternehmer auf einen scheinbaren Kompromiß, der neben geringen Lohnerhöhungen die bis zum 31. März 1925 befristete Verlängerung der täglichen Arbeitszeit auf neun Stunden vorsah. Nach dem entbehrungsreichen Kampf fühlte sich die Mehrheit der Werftarbeiter von ihrem Gewerkschaftsvorstand verraten. Nur noch knapp 2200 beteiligten sich an der Urabstimmung. Davon lehnten 66 % die Ergebnisse der Verhandlungen ab. Da jedoch die ¾-Mehrheit, die zur Weiterführung des Streiks nötig war, nicht erreicht wurde, endete der Kampf mit der Niederlage der Werftarbeiter. Bis Ende 1928 gelang es den Unternehmen immer wieder, die im Vertrag vorgesehene Frist zur Verlängerung der Arbeitszeit hinauszuschieben.

Insgesamt gingen 1924 in Bremen 606 065 Arbeitstage durch Streik und Aussperrung verloren. Trotz der Bereitschaft, sich nicht kampflos den Acht-Stunden-Tag rauben zu lassen, mußte auch die Bremer Arbeiterbewegung 1924 eine Niederlage hinnehmen. Die durchschnittliche wöchentliche Arbeitszeit betrug Ende

125 Jahre Bremer SPD

Säbelattacke gegen demonstrierende Werftarbeiter
Nach einer Arbeiterzeichnung

Am 31. März 1917 demonstrierten die Werftarbeiter der A.-G. Weser in Bremen für die Forderung von Ernährungszulagen. Am Steffensweg stellte sich ein großes Aufgebot von Schutzleuten dem Zug entgegen und schlug wild auf die zurückweichenden Massen ein. Dennoch kamen viele Demonstranten bis zum Stadtinnern und ließen durch ihre Vertreter die Forderungen überreichen. Die nächste Folge war, wie überall in solchen Fällen, die Verschickung der Betriebsvertrauensleute an die Front; für viele in den sicheren Tod. Dennoch wuchs die revolutionäre Bewegung unaufhaltsam.

1924 ca. 50 Stunden. Die Forderung nach einem Generalstreik für die Erhaltung des Acht-Stunden-Tages, die u. a. einige Vorstände kleinerer Gewerkschaften erhoben hatten, lehnte der Bremer ADGB-Vorstand mit dem Hinweis auf seine schlechte finanzielle Situation ab. Bis 1928 gab es in Bremer Betrieben keine größeren Streiks; die Auftragslage der Unternehmer ermöglichte es den Arbeitern und ihren Gewerkschaften, auch ohne Streik Lohnerhöhungen durchzusetzen. Die Mitgliedszahl der bremischen Gewerkschaften wuchs vom niedrigsten Stand 1924 mit 43 067 Mitgliedern auf den Höchststand 1929 mit 51 129.

Im Herbst 1928 kündigte der DMV den Tarifvertrag für die Seeschiffswerften und forderte die Wiedereinführung des Acht-Stunden-Tages sowie eine Erhöhung der Löhne der Facharbeiter von 76–87 Pf auf bis zu einer Mark. In organisatorischer Hinsicht waren die Bremer Werftarbeiter bestens gerüstet. Gehörten 1924 ca. 60 % aller Werftarbeiter dem DMV an, so lag der Organisationsgrad 1928 bei 85 bis 90 %. Die schlechten Arbeitsbedingungen und die Arbeitshetze – der Bau des Schnelldampfers „Bremen" hatte bis März 1928 schon 20 Arbeiter das Leben gekostet – ließen die gewerkschaftliche Organisierung immer notwendiger erscheinen.

Obwohl auf den Werften noch Vollbeschäftigung herrschte, deutete sich die heraufziehende Krise schon an. Im Jahresbericht der Bremer Handelskammer hieß es 1928 dazu: „Im Schiffbau allerdings (werfen) die bevorstehenden mageren Jahre ihre Schatten (voraus). Bekanntlich sind die Großreedereien mit ihrem Bauprogramm zu einem vorläufigen Abschluß gelangt, und trotz der bekannten Zusammenschlüsse und Stillegungen im Schiffbau . . . reichen die zu erwartenden Bauaufträge nicht aus, um den noch arbeitenden Betrieben eine auch nur leidliche Beschäftigung zu gewährleisten."

Es war klar, daß die bevorstehenden Auseinandersetzungen hart werden würden. Nachdem ein Schlichter einen für den DMV nicht akzeptablen Schiedsspruch von nur 4 Pf Lohnerhöhung und einer Arbeitszeitverkürzung von einer Stunde pro Woche ohne Lohnausgleich gefällt hatte, stimmten über 95 % der Werftarbeiter für Ablehnung und damit für Kampfmaßnahmen. Am 1. Oktober 1928 traten ca. 50 000 Werftarbeiter, davon 15 000 im Unterwesergebiet und Bremen, in einen 13 Wochen dauernden Streik. Versuche der Unternehmer, Streikbrecher zu organisieren, scheiterten ebenso wie die Bemühungen der KPD, die Streikenden insgesamt zu aktivieren.

Auseinandersetzungen zwischen der KPD und dem sozialdemokratischen Bremer Bevollmächtigten Oskar Schulze gab es um die Unorganisierten. Während Schulze diese Kollegen scharf angriff und sie sogar den Unternehmern „schenken" wollte, verlangten die Kommunisten, auch die Unorganisierten zu unterstützen. Die Frage war nicht so einfach zu entscheiden. Einerseits hätten diese Arbeiter durchaus die Möglichkeit gehabt, rechtzeitig der Gewerkschaft beizutreten und nicht nur als Trittbrettfahrer von einem Tarifabschluß zu profitieren, andererseits hätte sich für die DMV-Führung eine bedeutende Chance gezeigt, für den Gewerkschaftsgedanken zu werben. Eine Streichung der „Unterstützungssperrfrist" beim Eintritt hätte ein übriges getan. Dennoch bleibt festzuhalten, daß auch die Unorganisierten den Arbeitskampf unterstützten und sich an keiner Stelle zu Streikbrecherarbeiten heranziehen ließen.

Während des gesamten Streikverlaufs gab es lediglich eine einzige DMV-Werftarbeiterversammlung, ansonsten hatten die Mitglieder des DMV keine Möglichkeit, sich zu artikulieren. Auch Sitzungen der Vertrauensleute fanden nur sehr selten statt. Im Dezember kam es erneut zu einem Schlichtungsspruch, der eine Arbeitszeitverkürzung in Etappen von drei Stunden und eine geringfügige Lohnerhöhung vorsah. Da die Senkung der Arbeitszeit aber wiederum ohne Lohnausgleich durchgeführt werden sollte, hätte die Annahme zu einem Reallohnverlust geführt. In Bremen stimmten 77 % gegen das Ergebnis. Die Unternehmer, die keine Zugeständnisse machen wollten, lehnten ebenfalls ab. Doch der sozialdemokratische Arbeitsminister Wissell erklärte den Schlichtungsspruch im „öffentlichen Interesse" für verbindlich. Der Hamburger Bezirksleiter der DMV, Kempkens, erklärte auf einer abschließenden Werftarbeiterkonferenz: „Ein Gefühl der Bitternis geht durch die Arbeiterschaft. . . . Die Werftarbeiter kehren nicht als Besiegte in die Betriebe zurück, sie mußten sich einer stärkeren Gewalt fügen, ihre Kampfkraft ist ungebrochen."

Viele der Bremer Werftarbeiter fragten sich so wie der Leipziger sozialdemokratische DMV-Bevollmächtigte Schäfer: „Muß denn ausgerechnet ein Sozialdemokrat die Verantwor-

tung für solche Schiedssprüche tragen und die gesamte Arbeiterbewegung kompromittieren?"
Es war dies der letzte große Streik des DMV und der gesamten Bremer Arbeiterschaft für 18 Jahre. Die Weltwirtschaftskrise und die Massenarbeitslosigkeit – die Beschäftigtenzahl auf der AG „Weser" sank von 10 000 Mitte 1928 auf knapp 700 Ende 1932 – machten weitere Kampfmaßnahmen unmöglich. Mit der nationalsozialistischen Machtübernahme 1933 wurde das Streikrecht kassiert. Für aktive Gewerkschafter ging es nun ums nackte Überleben.

1933. Streiks sind verboten. Pflichtarbeiter zum Arbeitsdienst im Martinshof.

Arne Andersen

SPD in der Endphase der Weimarer Republik

Die Bürgerschaftswahlen im November 1927 wollten die Arbeiterparteien nutzen, um den rein bürgerlichen Senat abzulösen. Die Wahl endete mit einem pari zwischen bürgerlichen und sozialistischen Stimmen. Doch auch wenn es eine Arbeitermehrheit gegeben hätte, weder KPD noch SPD hatten ein Interesse, gemeinsam die Verantwortung für die Hansestadt zu übernehmen: die KPD aus grundsätzlichen Erwägungen heraus nicht, sie wollte die Revolution und keine (Arbeiter-)Koalition, die SPD hatte von Beginn des Wahlkampfes an ihr Ziel darin gesehen, an einem Senat beteiligt zu werden. So einigte sich die SPD mit DVP und DDP auf einen Koalitionssenat, der bis 1933 Bestand hatte. Die SPD stellte mit Karl Deichmann, Wilhelm Kaisen, Wilhelm Kleemann, Hermann Rhein und Emil Sommer fünf Senatoren. Als nach den Reichstagswahlen im Mai 1928 der Sozialdemokrat Hermann Müller Reichskanzler wurde, waren offenbar sowohl für das Reich wie für Bremen neue Möglichkeiten gegeben, sozialdemokratische Vorstellungen in praktische Politik umzusetzen. Die Durchsetzung von mehr Demokratie und Mitbestimmung in der Wirtschaft, unter dem Schlagwort „Wirtschaftsdemokratie" bekannt, schien trotz Koalitionen mit Bürgerlichen nicht völlig unmöglich zu sein. Doch es kam anders.

Reichsbanner Bremen. Bei der Bootstaufe an der Weser und „Bereit zur Demonstration"

Die Weltwirtschaftskrise machte alle Hoffnungen zunichte, der Handlungsspielraum schrumpfte derart, daß von wirklicher Gestaltung nicht mehr gesprochen werden konnte. Regieren hieß, Krisenmanagement zu betreiben.

Doch schon vorher hatte die sozialdemokratische Glaubwürdigkeit gelitten. Die Reichstagswahlen hatte die Partei mit der Losung „Kinderspeisung statt Panzerkreuzer" bestritten. Mit diesem Slogan, der durchaus glaubwürdig war, gewann die SPD 22 neue Reichstagsmandate, hatte die Fraktion doch seit 1921 gegen jeden Neubau von Kriegsschiffen gestimmt. Vor der Regierungsbildung 1928 konnte die SPD jedoch ihre Ablehnung bezüglich des Neubaus von Kriegsschiffen gegenüber den bürgerlichen Parteien nicht durchsetzen. Sozialdemokratische Minimalforderungen etwa wurden von den Mitgliedern innerhalb der SPD nicht diskutiert. Mit der Bildung der großen Koalition erklärten Reichskanzler Müller und die sozialdemokratischen Minister ihre Zustimmung zur ersten Rate über 80 Mill. RM, während die SPD-Reichstagsfraktion sie weiterhin ablehnte. Viele Sozialdemokraten forderten den Austritt aus der Koalitionsregierung, so auch der Bremer SPD-Reichstagsabgeordnete Henke.

Die KPD griff die erfolgreiche Wahlkampflosung der SPD auf und beschloß am 16. August 1928 ein Volksbegehren gegen den Panzerkreuzerbau einzuleiten. Zwei Tage später bedauerten auch die SPD-Reichstagsfraktion und der Parteiausschuß das Verhalten der sozialdemokratischen Minister. Das Volksbegehren jedoch wurde als ein „hysteri-

sches Geschrei der Giftgaskommunisten" abgetan, demgegenüber die Sozialdemokraten die Pflicht hätten, die Einigkeit der Partei zu fördern und den sozialdemokratischen Ministern „das Rückgrat zu stärken". Auch die zunächst kritisch eingestellte Bremer SPD stimmte auf einer Vertrauensmännerversammlung dieser Erklärung bei nur acht Gegenstimmen zu.
Das Volksbegehren wurde zwar für die KPD zur Niederlage, dennoch wirkte das Verhalten der Sozialdemokraten in der Regierungsverantwortung nach. Hatten die Kommunisten mit ihrer Losung „Wer hat uns verraten? Sozialdemokraten!" nicht doch recht, wenn in der ersten großen Entscheidung unter sozialdemokratischer Regierungsbeteiligung alte Grundsätze über Bord geworfen wurden? Von SPD-Regierungspolitik hatten sich viele Arbeiter anderes versprochen.
Im zweiten Halbjahr 1929 begannen auch in Bremen die Arbeitslosenzahlen dramatisch in die Höhe zu gehen, waren es im Mai knapp 6000, notierte man am Jahresende schon über 16 000 Arbeitslose. Der Zusammenbruch der New Yorker Börse am 23. Oktober 1929 war für eine Handelsmetropole wie Bremen besonders verhängnisvoll. Der Weltaußenhandel schmolz bis 1932 auf ein Drittel zusammen. Durch eine Erhöhung der Gebäudesteuer, der Firmen- und Gewerbesteuer sowie eine von allen zu zahlende Bürgersteuer versuchte sich der Senat den nötigen finanziellen Spielraum für seine Politik zu sichern. Ein hoffnungsloses Unterfangen, denn bis Ende 1930 stiegen die Arbeitslosenzahlen im Arbeitsamtsbezirk Bremen auf knapp 24 000. Sozialdemokratische Regierungspolitik bestand darin, so gut wie möglich die Folgen der Krise aufzufangen. In der Tat konnten sich die Fürsorgeleistungen des sozialdemokratischen Senators für Wohlfahrtsangelegenheiten, Wilhelm Kaisen, sehen lassen. Bremen lag, was zum Beispiel Kleidungsbeihilfen anging, pro Kopf der Bevölkerung weit an der Spitze des Reichs, gefolgt von Hamburg.
Für die Handelskammer glich 1930 „die gegenwärtige Krise einem reißenden Wirbelsturm, der immer weitere Teile in seinen Schlund hinabzuziehen droht". Im gleichen Bericht legte die Bremer Kaufmannschaft ihr politisches Verständnis für die Überwindung der Krise dar: „Dazu (zur Überwindung der Krise A. A.) bedarf es einer kräftigen Hand von oben. Friedrich der Große hat in seinem letzten Willen dem preußischen Volk gewünscht, daß es stets mit Gerechtigkeit, Weisheit und mit Nachdruck regiert werden möge. Es ist anzunehmen, daß die Gerechtigkeit und die Weisheit auch heute nicht fehlen. Jedenfalls fehlt uns heute der Nachdruck in der Regierungstätigkeit... Die Wirtschaft muß jedenfalls hoffen, daß aus dem jetzigen wallenden Nebel bald eine Regierungsgewalt mit einer festen sicheren Hand hervorgehen möge, die in starkem nationalem Willen mit der Kenntnis und Achtung unabänderlicher Wirtschaftsgesetze die weise und gerechte Fürsorge für das gesamte Volk im Sinne des obigen Zitats vereint."
Die Bremer Volkszeitung kommentiert die Vorstellungen der Handelskammer zur faktischen Beseitigung demokratischer Rechte und der bürgerlich-parlamentarischen Demokratie: „Warum so schüchtern? Warum weist man nicht gleich auf die kräftige Hand etwa Adolf Hitlers oder eines anderen kleinen Mussolini hin." (BVZ 10./11. 1. 1931)
Auch in Bremen hatte sich die politische Landschaft im Laufe des Jahres 1930 entscheidend verändert. Im Reich war die bürgerlich-sozialdemokratische Koalitionsregierung zerbrochen. Schon bei den Reichstagswahlen im September 1930 konnte die NSDAP auch in Bremen von einem bisher unbedeutenden Grüppchen, die 1928 bei den Reichstagswahlen gerade 1859 Stimmen erhalten hatte, zu einer politischen Kraft mit 11,6 % der Wählerstimmen werden. Die SPD mußte erhebliche Verluste zugunsten der KPD verzeichnen. Das Debakel, sich nach links abzugrenzen und auf Reichsebene keinen (bürgerlichen) Koalitionspartner zu finden, führte in der Partei zu Passivität. Die BVZ schrieb am Morgen nach der Wahl, daß für „unsere Partei im Augenblick die Taktik des Abwartens" gelte. „Die kommunazische Inflation wird zusammenschrumpfen, wie jede Inflation. Schon bei der nächsten Wahl, beispielsweise bei der Bremer Bürgerschaftswahl von Ende November, wird sich zeigen, daß die Bäume Hitlers und Thälmanns nicht in den Himmel wachsen."
Für die anstehenden Bürgerschaftswahlen war man ganz optimistisch, denn die Partei konnte trotz beginnender Krise auf einige Erfolge im Senat in den Bereichen Schule, Soziales, Gesundheit und Bauverwaltung verweisen. Auch dem großen Ziel, dem Sozialismus, wähnte man sich näher. In einer Wahlkampfbroschüre schrieb die Partei: „Der Übergang vom Kapitalismus zum Sozialis-

125 Jahre Bremer SPD

Das Reichsbanner zieht durch die Straßen von Vegesack

mus wird sich niemals durch eine noch so schneidige Verordnung irgendwelcher revolutionär sein wollender „Arbeiter- und Soldatenräte" vollziehen . . . Der Wandel der Wirtschaft ist ein Wachstumsprozeß. Unsere Aufgabe zielt dahin, diesen Prozeß nicht nur zu beobachten, sondern auch zu beschleunigen, so daß unsere Periode einer rückschauenden Betrachtung nicht nur als die Periode des Spätkapitalismus, sondern schon in steigendem Maße als die Periode des Frühsozialismus erscheint. Während der Kapitalismus graue Haare und lockere Zähne kriegt, wachsen uns die Kräfte. Er steigt ins Grab, der Sozialismus steigt aus der Wiege."

Angesichts steigender Arbeitslosenzahlen wirkte diese Vision nicht sehr überzeugend. Die SPD blieb zwar bei den im November 1930 stattfindenden Bürgerschaftswahlen die stärkste Partei, doch sie mußte weitere erhebliche Stimmenverluste hinnehmen. Die bisherige Koalition setzte ihre Arbeit fort.

Das Jahr 1931 wurde auch für Bremen wirtschaftlich zu einem Katastrophenjahr. Rückblickend schrieb der Ortsverein Bremen in seinem Jahresbericht 1931: „Wurden zu Beginn des Jahres im Bremer Gebiet 24 000 Erwerbslose gezählt, so waren es am Schluß des Jahres 38 000. Außerdem erfolgte im Laufe des Jahres Zusammenbruch auf Zusammenbruch von Industrie- und Handelsunternehmen und Banken. Fast unüberwindliche Schwierigkeiten türmten sich auf. Eine Notverordnung folgte nach der anderen und brachte dem Proletariat neue Steuern, Lohn- und Gehaltsabbau und weitere Verringerung der Erwerbsmöglichkeiten."

Schutzsport Treffen

des Reichsbanners Schwarz-Rot-Gold

Kreis Bremen

Sonntag, den 2. Oktober 1932 ab 10 Uhr, auf den Städtischen Spielwiesen am Kuhhirten

Eintrittskarte 20 Pfennig

Reichsbanner Schwarz-Rot-Gold

Gau Hamburg-Bremen-Nordhannover + Kreis Bremen

Wehrsportliche Kämpfe

im Rahmen der Reichskonferenz am 12. und 13. November

Bundesführer Höltermann, Magdeburg, spricht

Die Veranstaltung findet statt auf den Städtischen Spielwiesen beim Kuhhirten

Einlaß 13 Uhr + Beginn pünktl. 14 Uhr + Platz-Konzert ab 13.30 Uhr.

Eintrittskarte 20 Pfennig

125 Jahre Bremer SPD

> **Reichsbannerkamerad Johannes Lücke †**
>
> # Ein Märtyrer der Freiheit!
>
> Am Mittwochabend, nach der gewaltigen Massenversammlung der Eisernen Front Bremen in den Centralhallen, in der Reichstagskandidat Alfred Faust die Bremer Wähler noch einmal aufrief, sich am Wahltag um das Freiheitsbanner der Sozialdemokratie zu scharen, begaben sich die Teilnehmer ruhig nach Hause.
> In der Waller Heerstraße kam ein Trupp Männer und Frauen der Eisernen Front an dem Hause des SS-Führers Löblich vorbei. Plötzlich ertönte ein Pfiff, und etwa zwölf Nationalsozialisten stürmten auf die Straße, bildeten eine Schützenkette und
>
> **feuerten von hinten in die ahnungslosen Heimkehrer hinein.**
>
> Drei Reichsbannerleute, die Kameraden Lücke, Dahlke und Henschel, wurden von den Nazikugeln getroffen. Der Kamerad Lücke erhielt einen Schuß, bei dem die Kugel durch den Rücken eindrang und die Bauchorgane zerstörte. Er mußte sofort ins Diakonissenhaus gebracht und operiert werden. Donnerstagabend ist der Kamerad Lücke seinen furchtbaren Verletzungen erlegen. Als er ins Krankenhaus gebracht wurde, rief Johannes Lücke seinen Kameraden zu
>
> **„Ich sterbe für die Freiheit!"**
>
> Sein letztes Wort kurz vor dem Tode war:
>
> **„Machts gut am Sonntag!"**
>
> In schmerzlicher Trauer senken wir an der Bahre dieses Märtyrers der Freiheit unsere Freiheitsfahnen und recken unsere Fäuste empor zum Schwurgelöbnis:
>
> **Johannes Lücke, dein Opfertod ist uns unvergeßliches Vermächtnis, in deinem Geiste für Freiheit, Recht und Sozialismus weiterkämpfen zu wollen bis zum Endsieg!**
>
> Wir wollen deinen letzten Wunsch erfüllen und werden es morgen, am Wahltag, „gut machen", indem wir geschlossen die Freiheitsliste 2 wählen.
>
> Unser letzter Gruß dir, du treuer Kamerad:
>
> **Freiheit!**
>
> Feierliche Aufbahrung des verstorbenen Kameraden Lücke Montag, 6. März, von 15 bis 18 Uhr in der Wandelhalle des Volkshauses, Eingang Hauptportal Nordstraße.
> Beisetzung des Kam. Lücke Dienstag, 7. März. Aufstellung des Trauerzuges 13 Uhr Auf dem Kamp hinter dem Volkshaus, Abmarsch 13.30 Uhr vom Kamp zum Waller Friedhof.
>
> Verantwortlich: Hans Hackmack, Bremen. Druck: J. H. Schmalfeldt & Co., Bremen.

Der Bremer Senat beschloß im September 1931 ein Sparprogramm. Danach sollten frei werdende Stellen nicht wieder besetzt werden, weitere Beförderungen grundsätzlich unterbleiben. Im Bauwesen wurden alle Mittel gesperrt. Im Bildungsbereich, dem die Arbeiterbewegung in Bremen von jeher besondere Aufmerksamkeit zugemessen hatte, erfolgten einschneidende Kürzungen: Streichung sämtlicher Ausgaben für Aushilfsunterricht. Das Unterrichtsfehl hatten die übrigen Lehrer abzudecken, denn die Pflichtstundenzahlen galten nun als Mindestsätze. Die Klassenfrequenzen sollten erhöht werden. Staatliche Mittel für Schulwanderungen, Schwimmunterricht, Fortbildungskurse und Reiseunterstützungen entfielen, die unentgeltliche Lieferung von Lernmitteln an Volksschulen wurde auf Fälle absoluter Bedürftigkeit beschränkt.

Ein Fall, den die Bremer Öffentlichkeit in diesem Jahr am meisten beschäftigte, war der Konkurs der Nordwolle, dem damals größten Wollkonzern Europas. Der betrügerische Konkurs der Gebrüder Lahusen war für die SPD „ein typisches Beispiel jener Korruption, die sich innerhalb des Kapitalismus wie ein chronisches Geschwür fortfrißt". Die Lahusens waren die Kapitalisten par excellence. Während sie für ihren Park, der zum Herrensitz Hohehorst gehörte, noch 80 bis 90 national gesinnte Parkarbeiter einstellten – zu einem Zeitpunkt, wo die Nordwolle faktisch schon pleite war –, veröffentlichte die BVZ ein Rundschreiben der Geschäftsleitung, in der die Angestellten zum sparsamsten Gebrauch von Büroklammern aufgefordert wurden. Der Konkurs des Wollkonzerns zog die Pleite der Danat-Bank, der drittgrößten Bank des Deutschen Reiches, und der J. F. Schröder-Bank, der bedeutendsten Privatbank Nordwestdeutschlands, nach sich. Der bremische Staat verlor dabei 87 Mill. RM.

Am 30. Januar 1933 wurde Hitler zum Reichskanzler ernannt. Am 1. Februar wurde der Reichstag aufgelöst und Neuwahlen für den 5. März ausgeschrieben. Für Bremen änderte sich unmittelbar nichts, der bürgerlich-sozialdemokratische Senat blieb zunächst im Amt. Auf einer Mitgliederversammlung beriet die SPD am 2. Februar 1933 über die neue Lage. Zwar bezeichnete Alfred Faust, der auf dieser Sitzung einstimmig zum Spitzenkandidaten für die bevorstehenden Reichstagswahlen gewählt wurde, die Nazis als die „stärkste Schutztruppe des Kapitalismus", dennoch verkannte er die Gefahr völlig, als er ausführte: „Für die Sozialdemokratie besteht kein Grund zur Verzweiflung. Unser stärkster Bundesgenosse ist die Wirtschaft, die sich von Hitler, Papen, Hugenberg und Seldte nicht ins Mittelalter zurückschrauben läßt. Gegen solche Versuche werden nicht nur wir Sozialisten, sondern auch die gesamte Industrie und der Handel opponieren." Die SPD hielt am Legalitätsprinzip fest – in der Hoffnung auf die nächsten Reichstagswahlen im März 1933. Für Bremen schien diese Taktik vernünftig, die Nationalsozialisten hatten zwar bei den Reichstagswahlen im November 1932 20,4 % der Stimmen auf sich vereinigen können, doch war ihr Bild und Auftreten z. B. in der Bürgerschaft häufig sehr kläglich. Es fehlte ihnen in Bremen an entsprechenden Persönlichkeiten. Noch immer war die SPD mit 30,7 % der abgegebenen Stimmen die stärkste Partei, und in keinem der 24 Bremer Wahlbezirke hatte die andere Arbeiterpartei, die KPD, mehr Stimmen als die Sozialdemokratie erringen können.

Der 30. Januar 1933 schien für die Bremer Arbeiterbewegung kein Stichtag zu sein. Weder kam es am 31. Januar zu einer größeren Demonstration der Anhänger der neuen Regierung, noch stimmte die Bürgerschaft am 3. Februar einem Antrag der NSDAP und DNVP auf Auflösung der Bürgerschaft und Neuwahlen zusammen mit den Reichstagswahlen zu. An einer Großdemonstration der „Eisernen Front" beteiligten sich am 4. Februar über 10 000 Menschen. Die hohe Teilnehmerzahl verlieh der sozialdemokratischen Arbeiterbewegung in Bremen noch einmal das Gefühl von Stärke. Am 1. März 1933, nach einer SPD-Wahlkampfveranstaltung, ermordeten Nationalsozialisten das Reichsbannermitglied Johannes Lücke. Die letzte legale Veranstaltung der sozialdemokratischen „Eisernen Front" fand am 4. März mit 30 000 Menschen statt. Die BVZ konnte darüber schon nicht mehr berichten, denn der Nazi-Reichsinnenminister Dr. Frick hatte sie wegen ihrer „ständigen Verhetzung" für eine Woche verboten. Zu diesem Zeitpunkt saß die SPD noch im Senat. Bei den Wahlen wurde zwar die NSDAP auch in Bremen mit 32,7 % stärkste Partei, blieb aber weiter hinter dem Reichsergebnis von 43,9 Prozent zurück. Am 6. März demonstrierten Anhänger der NSDAP auf dem Marktplatz. Der Senat forderte den Polizeioberst Caspari vergeblich auf, den Platz zu räumen. Gleichzeitig machte der Reichsinnenminister deutlich, daß er auf Einsetzung eines Reichskommissars für das Polizeiwesen in Bremen bestand. Die NSDAP-Ortsleitung verlangte zusammen mit dem oldenburgischen Ministerpräsidenten und NS-Gauleiter Carl Röver die Auflösung der Bürgerschaft und die Hissung der schwarzweißroten Flagge des Kaiserreichs sowie der Hakenkreuzfahne vor dem Rathaus. Die bürgerliche Mehrheit des Senats beugte sich diesen Forderungen, für die SPD war mit dem Flaggenstreit das Ende der Fahnenstange erreicht, sie erklärte ihren Rücktritt aus dem Senat. Inzwischen hatten auch in Bremen die Verfolgungen begonnen, die ersten Arbeiterfunktionäre waren schon in der Nacht zum Wahltag verhaftet worden. Am 10. März erschien noch einmal, ein letztes Mal, die sozialdemokratische BVZ. Im Leitartikel schrieb Faust: „Die Sozialdemokratie ist jetzt nicht mehr in der Regierung vertreten. Sie hat nicht aus Verantwortungsscheu oder Verärgerung die Position geräumt, sondern um im Interesse der bremischen Bevölkerung in zielbewußter Arbeit die Kräfte auszubauen, die – nach Hitler – das Rad der Geschichte wieder weiterdrehen müssen. Regierungsmacht wechselt und vergeht – ewig bleibt das Volk, das sich immer wieder neue Lebensbedingungen erkämpfen muß. In diesem Kampfe dem Volk, der deutschen Arbeiterklasse zu dienen und ihren Aufstieg zu wirtschaftlicher und kultureller Höhe zu fördern, war, ist und bleibt unser höchstes Ziel." Kein Sozialdemokrat vermochte sich vorzustellen, daß das zwölf Jahre dauern würde.

Inge Marßolek

Aus dem Leben von Martha, verheiratet, 3 Kinder

Sozialdemokratin in Bremen 1933 bis 1939

125 Jahre SPD – da gilt es nicht nur die Erfolge, die Fortschritte der Partei in Erinnerung zu rufen, sondern auch deren Niederlagen. Die verheerendste und wohl auch folgenreichste war der Sieg der Nationalsozialisten und die Etablierung des zwölf Jahre dauernden „1000jährigen Reichs" in Deutschland. An seinem Ende stand die Vernichtung des europäischen Judentums, die Ausrottung von Sinti und Roma, die Verwüstungen und Opfer des Krieges, mit dem die Nationalsozialisten Europa und die Welt überzogen hatten. Sozialdemokraten und Kommunisten waren diejenigen, die versucht hatten, diesem Regime noch nach seiner „Machtergreifung" die „Stirn zu bieten", um das Schlimmste zu verhindern. Sie zahlten mit der Verfolgung und Ermordung vieler ihrer Kader, wobei die Kommunisten den weitaus höheren Blutzoll zu leisten hatten.

Und doch ist die Geschichte der SPD – und dies allein ist hier das Thema – unter dem Nationalsozialismus nicht nur und ausschließlich die Geschichte von Verfolgung und Widerstand. Eine Heroisierung ist ebenso fehl am Platze wie eine nachträgliche Bagatellisierung der vielen alltäglichen Zeugnisse von Mut und Menschlichkeit in dieser Zeit.

Chorgemeinschaft Bremen-West
Mitglied des Reichsverbandes der Gemischten Chöre
Chormeister: Paul Günzel

Am Sonnabend, 21. März 1936, 20 Uhr
im großen Saale von Kaffee Lehmkuhl, Waller Heerstraße

Frühlings-Konzert

Unter freundl. Mitwirkung des Gemischten Chors „Eintracht"
Mitglied des Deutschen Sängerbundes   Chormeister: Paul Günzel

1. Teil: **Beide Chöre**
   a) Wach auf! aus „Die Meistersinger von Nürnberg"
       Richard Wagner (1813—1883)
   b) Die Nacht . . . . . Franz Schubert (1797—1828)
   c) Fürchte dich nicht, Motette für 8 stimmigen Chor
       Albert Becker (1834—1899)
2. Teil: **Chorgemeinschaft Bremen-West**
   a) O Welt, du bist so schön (J. Rodenberg)
       Ludwig van Beethoven (1770—1827)
   b) Jubilate (Wilhelm Raabe) . . . . Hermann Grabner
3. Teil: **Gemischter Chor „Eintracht"**
   a) Tag ist schlafen gegangen (E. Goll) . . Paul Günzel
   b) Im Frühling, (N. Lenau) . . . Carl Loewe (1796 1869)

===== P A U S E =====

4. Teil: **Chorgemeinschaft Bremen-West**
   a) Lebewohl, Volksweise . . Friedrich Silcher (1789—1860)
   b) Ach, wie ist's möglich dann, Thüringisches Volkslied
       Friedrich Kücken (1810—1882)
   c) Wohin mit der Freud'? (R. Reinick) Friedrich Silcher
5. Teil: **Gemischter Chor „Eintracht"**
   a) Drei Reiter am Tore (Volkslied, 1777 aufgezeichnet)
       Volksweise bearbeitet von Hermann Riedel
   b) Schatzerl klein (P. Rosegger) . . . . Franz Zant
   c) Der Jäger (Volkslied) Volksweise bearb. von Robert Kahn
6. Teil: **Beide Chöre**

Tarnorganisationen im Dritten Reich. Hier „überwinterten" Bremer Sozialdemokraten.

Das folgende ist eine fiktive Geschichte. Es ist die Geschichte einer Bremer Sozialdemokratin – ich nenne sie Martha. Doch anders als gemeinhin üblich gilt: Ähnlichkeiten mit Personen der Zeitgeschichte oder gar noch lebenden sind nicht zufällig, sondern gewollt.

Martha ist im Jahre 1930 ca. 35 Jahre alt, sie ist verheiratet, hat drei Kinder, eine Tochter von 17 Jahren, zwei Söhne von 14 und 10. Ihr Mann Fritz hatte bis 1929 Arbeit auf der „Akschen", nach dem Stapellauf der „Bremen" wurde er, wie so viele andere, entlassen: Die Werft reduzierte ihre Belegschaft im Jahr 1929 von über 9000 auf etwas mehr als 3000 im Oktober 1929. Auf dem Höhepunkt der Weltwirtschaftskrise 1932 waren nur noch ca. 800 Arbeiter dort beschäftigt. Die Familie lebt in den letzten Jahren der Weimarer Republik von der immer geringer werdenden Unterstützung, von dem geringen Lohn der Tochter, die bei der Fa. Brinkmann (Zigarettenherstellung) beschäftigt ist, und von dem mageren Zuverdienst von Martha, die durch Waschen, Ausbesserungsarbeiten etc. die Familie über Wasser hält. Auch der mittlere Sohn findet schließlich noch eine Lehrstelle bei einem Malermeister.

Martha und Fritz sind sozusagen in die Arbeiterbewegung hineingeboren. Schon die Eltern waren Sozialdemokraten, Fritzens Vater war allerdings bis 1922 bei der USPD gewesen. Die beiden kannten sich schon aus der Nachbarschaft in Gröpelingen, wo die Familie heute noch lebt. Dort und auf den Wanderungen der Sozialistischen Arbeiterjugend hat es schließlich „gefunkt". Nachdem Martha, die bei der Konsumgenossenschaft „Vorwärts" gelernt hat, ihre Lehre beendet hatte, haben die beiden geheiratet.

Auch ihre Kinder sind mit der Arbeiterbewegung groß geworden. Kinderfreunde, Versuchsschule Helgoländer Straße, Sozialistische Arbeiterjugend sind auch ihre Stationen. Die Tochter gehört im übrigen zu den wenigen SAJlern, die sich Ende 1931 nicht der SAP anschlossen.

Für Martha wird es in den letzten Jahren der Weimarer Republik immer schwieriger, sich weiter in der sozialdemokratischen Frauenorganisation zu betätigen: es fehlt einfach die Zeit. Die Familie über Wasser zu halten, kostet alle Kraft. Neuanschaffungen sind kaum möglich. Die Hosen der Jungen werden immer wieder neu geflickt. Wenn nicht die Parzelle noch etwas zum Lebensunterhalt beigetragen hätte . . . aber der Garten macht natürlich auch viel Arbeit. Zwar versorgen die „Männer" die Kaninchen, graben um, doch Einkochen, Herstellen von Marmelade u. ä. und natürlich die ganze Hausarbeit bleibt weiterhin Frauenarbeit. Das Waschen für andere ist mühsam. Gott sei Dank helfen die Söhne wenigstens beim Austragen der Wäsche. Es ist immer ein kleines Wunder, wie es Martha gelingt, trotz des Mangels noch ein sättigendes Essen auf den Tisch zu stellen. Zwar sind Grundnahrungsmittel im Konsum etwas billiger, doch kann die Not allenfalls gelindert werden. Was ein Glück, daß der ältere Sohn und auch Fritz gelegentlich eine warme Suppe im Ottilie-Hoffmann-Haus[1] essen. Selber dort hinzugehen, läßt die Zeit nicht zu. Für Fritz, ja, das ist etwas anderes. Seit er arbeitslos ist, werden für ihn die Kontakte zu den anderen, den Genossen, besonders wichtig. In der Schlange vor dem Arbeitsamt, auch im Ottilie-Hoffmann-Haus, trifft er immer wieder Genossen. Nachrichten werden ausgetauscht. Als die Nazis immer offensiver werden, durch die Straßen ziehen, die Versammlungen der Partei mit ihren Schlägertrupps stören – nach Gröpelingen trauen sie sich allerdings nur selten –, ist er Mitglied im Reichsbanner geworden. Nun ist er noch seltener zu Hause, beteiligt sich an den „Wehrkampfübungen", ist beim Saalschutz dabei. Allerdings, Waffen haben sie ja kaum, die sozialdemokratischen Arbeiter. Häufig geht es auch gegen die Kommunisten. Martha streitet manchmal deswegen mit ihm, schließlich ist doch ihre Schwester mit einem Kommunisten verheiratet. Martha (und auch Fritz) mögen den Schwager, Ernst ist seit langer Zeit arbeitslos, die Kommunisten wurden meist noch früher entlassen als die Sozialdemokraten. Und die Nazis? In Bremen ist die Partei nicht sehr stark, der Bäckermeister an der Ecke soll ja angeblich SA-Mann sein, erzählt die Nachbarin. Ob man dann nicht lieber eine Straße weiter gehen soll? Im übrigen sind ja drei Sozialdemokraten im Senat. Die Krakeeler haben wohl in Bremen keine Chance. Dann der 30. Januar 1933: „Machtergreifung" in Berlin. Hitler wird Reichskanzler. Doch Martha liest in der Parteizeitung der BVZ, daß bei den Reichstagswahlen im März 1933 der braune Spuk von dem Wahlerfolg der SPD wohl hinweggefegt werde. Beim Einkaufen, auf der Straße, überall wird diskutiert. Ob Hitler tatsächlich die Arbeitslosigkeit beseitigen werde?

Auf Führers Befehl: Scheinbare Jugendidylle

Die Mehrheit der Gröpelinger hat da erhebliche Zweifel. Dann nach dem Reichstagsbrand, wenige Tage später, kommt Marthas Schwester, heulend. Ihr Mann Ernst, der ähnlich wie Fritz in den Zeiten der Arbeitslosigkeit politisch aktiv war, will untertauchen. Er geht für einige Tage in die Wochenendhütte von Genossen in die Wiekau², mal sehen, was wird. Tatsächlich wird nach dem Reichstagsbrand die KPD verboten. Als Anfang März auch die BVZ für einige Tage nicht erscheinen darf, sind die meisten Genossen ratlos: Schließlich stellt die SPD drei Senatoren, und diese stimmten dem Verbot zu.

Dann die Wahlen am 4. März 1933. Am Tage vor den Wahlen geht die gesamte Familie zur großen Kundgebung der Eisernen Front auf den Spielplatz in der Nordstraße. Alfred Faust, Redakteur der BVZ, dessen polemische Artikel auch Martha gern liest, ruft zum Kampf mit der Stimme gegen die Nazis auf! Mehr als 30 000 Menschen sind erschienen. Die Nazis haben weniger Stimmen als die Sozialdemokraten und Kommunisten gemeinsam! Bürgermeister Donandt nimmt auf Drängen aus Berlin den Rücktritt der sozialdemokratischen Senatoren Wilhelm Kaisen, Wilhelm Klemann und Emil Sommer an. Der ehemalige Leiter des Arbeitsamtes, Richard Markert, wird von Berlin als Reichskommissar eingesetzt.

Bereits vier Tage nach den Wahlen räumen die von Markert als Hilfspolizei eingesetzten SA-Leute in den Arbeitervierteln auf! Glücklicherweise wird Fritz nicht verhaftet, dafür kommt Schwager Ernst für einige Wochen ins KZ Mißler. Marthas

Schwester wagt nur flüsternd zu erzählen, daß sie von Frauen in Findorff weiß, wie die Gefangenen dort geschlagen und gequält werden. Auch Sozialdemokraten sitzen in „Mißler" ein, vor allem die Funktionäre des Reichsbanners. Von der Partei merkt man nichts – was soll man auch tun? Doch gerade Martha vermißt jetzt den Zusammenhalt: der Jüngste erzählt von der Schule, die sozialdemokratischen Lehrer sind entlassen oder verhalten sich still, er soll mit „Heil Hitler" grüßen. Was soll sie ihm sagen – und in die HJ will er, viele sind schon drin, aus Angst? Nein, die machen dort so tolle Sachen, so wie in der Arbeiterjugend, nur zackiger! Zur Kundgebung am 1. Mai, der nun „Tag der nationalen Arbeit" heißt, hat sogar der Allgemeine Deutsche Gewerkschaftsbund (ADGB) aufgerufen. Morgens geht Fritz zum Domshof. Tatsächlich, Gewerkschafter und Nazis gemeinsam auf einer Demonstration. Nein, da feiern sie doch lieber abends auf der Parzelle, mit anderen Sozialdemokraten. „Brüder, zur Sonne, zur Freiheit" – das ist und bleibt ihr Lied.

Bereits am 2. Mai wird das Volkshaus durchsucht, werden die Gewerkschaften aufgelöst. Die Tochter bekommt ein Schreiben von Henry Lankenau, dem Vorsitzenden der SAJ, daß die Arbeiterjugend sich selber aufgelöst habe. Erst wenige Wochen später erfährt sie, daß Lankenau dies getan hat, um die Namenslisten nicht herausgeben zu müssen. Die Jugendlichen treffen sich noch, machen Wanderungen, Pfingsten ein Zeltlager. Die Partei scheint gelähmt, nichts, aber auch gar nichts, ist zu erfahren. Dafür ist die SA immer präsenter in den Arbeitervierteln, selbst die Parzellen werden durchkämmt. Martha und Fritz packen ein paar Bücher zusammen, hinter einem losen Brett auf dem Dachboden wird die Kiste versteckt. Eine Fahne der Arbeiterjugend näht Martha ins Inlett ein. Hoffentlich dauert der Spuk nicht so lange. Die Tochter kommt aufgeregt nach Hause: Der Inhaber der Fa. Brinkmann, Hermann Ritter, zugleich Senator für Häfen, Schiffahrt und Verkehr, habe der meist weiblichen Belegschaft angeboten, ihre Stellen zugunsten ihrer Männer, Verlobten, Freunde aufzugeben. „Da könne sie ja nun bald heiraten, wenn Erwin statt ihrer Arbeit habe, eine eigene Wohnung mieten..."

Ende Mai schließlich kommt eine Genossin aus der Frauenorganisation zu Besuch. Ob Martha nicht auch ein paar Groschen habe, die Familien der verhafteten Funktionäre, Seppl Böhms, Alfred Fausts, des Reichsbannermanns Alfred Göbel und viele andere litten Not. Was man tun könne? Natürlich gibt Martha ein paar Groschen von dem wenigen, was sie hat. Es hätte sie ja genauso treffen können. Und Fritz hat ja Arbeit gefunden, in einer Klitsche zwar, viel verdient er nicht, aber immerhin. „Heil Hitler" sagt dort keiner. Moin heißt es. Noch ein paar Mal kommt die Genossin, dann, im Sommer lädt sie Martha ein zu einer gemütlichen Kaffeerunde, alles alte Genossinnen. Danach ein Treffen im Luft- und Lichtbad. Martha trifft hier Anna Stiegler, Luise Carstens und manche andere. Die Frauen trinken Kaffee, besprechen ihre alltäglichen Sorgen, zugleich aber hält auf jedem dieser Treffen eine der früheren Funktionärinnen einen Vortrag über die politische Lage. Es wird berichtet, daß die Partei sich reorganisiert habe, daß der Vorstand der Partei sich in Prag als SOPADE zusammengefunden habe, daß Kontakte ins Ausland bestehen. Kleine, auf Dünndruckpapier gedruckte Schriften machen die Runde, der „Neue Vorwärts", aber auch „Die Kunst des Selbstrasierens", in der dann ab der zweiten Seite die Erklärung der SOPADE, das „Prager Manifest", zu lesen ist (Januar 1934). Aber sogar eine eigene Zeitung aus Bremen wird verlesen: „Blätter zur Zeit". Wo und wie die hergestellt wird, das wissen wohl nur die wenigsten. Martha übernimmt die Kassierung in ihrer Nachbarschaft, dies ist weitgehend Frauensache: Frauen sind unverdächtiger als Männer. Einmal bittet der Mann von Anna Stiegler, Karl, der als Kurier in der Stadt für die Partei fungiert, sie um Hilfe: in allen Stadtteilen sollen in einer Nacht zerschnittene Zigarettenbilder von Nazigrößen verstreut werden. Ein anderes Mal fährt Martha nach Hamburg, sie trifft dort einen Unbekannten, von dem sie einen Umschlag erhält. Sie versteckt diesen in ihrem Mieder und überbringt ihn in Bremen Hermann Osterloh, mittlerweile der eigentliche Leiter der illegalen Parteiorganisation in Bremen.

1934 wird der Kreis größer. Die Unzufriedenheit mit dem Regime, das noch nicht fest im Sattel sitzt, ist überall zu spüren. Hieraus erwächst bei vielen Sozialdemokraten, auch in der Emigration, die Hoffnung, daß der Nazi-Spuk bald vorbei sei. Die Nachrichten vom Aufstand der österreichischen Genossen, auch

Verfolgungen in Beruf und Familie. Die Nazis schließen Emil Theil aus dem Metallarbeiter-Verband aus. Und selbst Ehefrauen werden zu Zuträgern für die Gestapo.

Von der Ehefrau angezeigt

— 2 —

Gründe.

Dem Angeklagten wird zur Last gelegt, sich in Bremen im Jahre 1943 durch Verbreitung von Hetzgedichten der öffentlichen Wehrkraftzersetzung schuldig gemacht zu haben.

In der Hauptverhandlung wurde auf Grund der eigenen Angaben des Angeklagten und der Bekundungen der Zeugin Frau ▓▓▓ der nachfolgende Sachverhalt festgestellt:

Der Angeklagte ist Angestellter bei der Weser-Flug A.G. in Bremen. Er ist Mitglied der NSV, der DAF und des RLB. Früher war er auch Mitglied der SA.

Im Sommer 1943 hatte eine Arbeitskameradin zwei Hetzgedichte in den Betrieb gebracht und Abschriften von diesen Hetzgedichten hergestellt. Sie gab auch dem Angeklagten je eine Abschrift dieser Gedichte. Der Angeklagte steckte diese Gedichte in seine Brieftasche und nahm sie mit nach Hause. Abends zeigte der Angeklagte diese Gedichte seiner Untermieterin, der Zeugin ▓▓▓. Diese las die Gedichte durch und gab sie dem Angeklagten zurück. Nach der Bekundung der Zeugin Frau ▓▓▓ hat der Angeklagte dabei gesagt, [sie möge seiner Ehefrau nichts von diesen Gedichten sagen, da diese ihn sonst verschütt- gehen lassen würde.] Der Angeklagte lebte nämlich damals schon in Unfrieden mit seiner Ehefrau und die Ehe ist später geschieden worden. Tatsächlich fand die geschiedene Ehefrau des Angeklagten die beiden Gedichte aber in der Brieftasche ihres Ehemannes und hat gegen ihn Anzeige erstattet.

Die Gedichte haben folgenden Wortlaut:

» Die Preise hoch, die Läden fest geschlossen,
der Hunger komt mit ruhig festen Schritt,
doch naht er sich nur kleinen Volksgenossen,
die Großen hungern nur im Geiste mit.

wenn er blutig niedergeschlagen wird, macht Mut. Dann jedoch wird im März 1934 Fritz verhaftet. Kurz vorher waren – anläßlich des Todestages von Johann Lücke, der von den Nazis 1932 getötet worden war – die Genossen auf dem Waller Friedhof an seinem Grab vorbeidefiliert. Martha hat zwar gewußt, daß Fritz im illegalen Reichsbanner aktiv gewesen ist. Erzählt hat er jedoch kaum etwas, zum Glück. Martha zieht sich ein wenig zurück, nun findet sie manchmal einen Briefumschlag mit Geld oder auch Lebensmittel vor der Tür. Wie gut, daß sie ihre Kunden zum Wäschewaschen behalten hat. Martha hat Angst: Was soll aus den Jungen werden, wenn auch sie verhaftet würde. Fritz wird im Sommer aus der Untersuchungshaft entlassen, er ist nur am Rande der Organisation gewesen. Viele andere bleiben in Haft. Im November werden die anderen verhaftet.

Was Martha nicht gewußt hat, ist, daß die illegale SPD u. a. regelmäßige Kontakte zum Grenzsekretär der SPD in Antwerpen, Ernst Schumacher, (Willy Westermann fuhr als Kurier des Reichsbanners) unterhalten hat, daß Willy Blase nach Schlesien an die tschechische Grenze mit dem Fahrrad gefahren ist, um Nachrichten aus Bremen an Kuriere der SOPADE zu übergeben, daß Richard Boljahn regelmäßig in den Niederlanden gewesen ist, daß ein anderer, Hermann Folkers, sich bis Paris durchgeschlagen hat und vieles mehr.

Nach einiger Zeit der Angst beruhigt sich Martha, keiner hat offenbar ihren Namen genannt. 1935 finden Prozesse gegen Reichsbanner und

Die KZ's füllen sich. Die Nazis zelebrieren ihre Macht.

Häftlinge auf dem Bremer KZ-Schiff „Ochtumsand"

SPD statt, insgesamt 150 Frauen und Männer stehen vor Gericht. Anna Stiegler wird zu langjähriger Zuchthausstrafe verurteilt, die sie in Lübeck verbüßt. Das Kriegsende erlebt sie im KZ Ravensbrück. Andere, wie Theophil Jadsziewski, überleben die Konzentrationslager nicht.

In Bremen geht, auch für Sozialdemokraten, das Leben unter dem NS-Regime weiter. Fritz findet wieder Arbeit auf der „Akschen" und trifft dort bald alle alten Freunde und Kollegen wieder. Auf der „Akschen" bleibt das Regime außen vor. Man weiß, in wessen Spind man etwas Geld für die Familien der Verhafteten hinlegen, mit wem man reden kann. Martha freut sich auf die Abende im Gesangverein, auch hier sind nur die alten Sozialdemokraten. Für die Tochter und den ältesten Sohn bietet die Jugendgruppe des Vereins einen Rückhalt. Ansonsten zieht man sich zurück. Die Familie trifft sich auf der Parzelle. Der Jüngste allerdings zeigt sich mehr und mehr vom Regime fasziniert. Gut nur, daß man noch in Gröpelingen lebt, hier in der Straße und auch auf der Parzelle gibt es in unmittelbarer Nachbarschaft keine Nazis. Das Leben ansonsten gestaltet sich erträglich. Martha muß keine Wäsche mehr für andere waschen, Fritz verdient ausreichend und der älteste Sohn ist auch schon auf der Akschen. Die Tochter hat geheiratet, ein Kind ist unterwegs. Man richtet sich ein, nach den langen Jahren der Unsicherheit und Not gibt es so etwas wie einen bescheidenen Wohlstand. Wenn nur nicht immer noch einige der Genossen im Gefängnis oder in den Konzentrationslagern wären, ja und wenn nicht doch die

Nazis Deutschland in den Krieg treiben würden . . .

Hier verlassen wir Martha und ihre Familie. Wir kennen den Fortgang der Geschichte, und jeder mag die besondere Geschichte von Martha und ihrer Familie weiter erfinden oder gar aus der eigenen Familie kennen. Es bleibt nur noch übrig, einige kurze Thesen zu Widerstand und Anpassung in Bremen aufzustellen:

– Aufgrund der Koalition mit der DVP war die bremische SPD stärker als in anderen Städten (Ausnahme Hamburg) in eine Identifizierung mit dem Staatsgebilde, sprich dem Lande Bremen, hineingewachsen. Diese freiwillige Übernahme der Rolle einer staatstragenden Partei ließ sie selbst in Situationen, wie etwa dem Skandal um den Zusammenbruch der Nordwolle, in den einzelne Senatoren der DVP verwickelt waren, zum Bündnis stehen. Ihre Loyalität zur Republik führte die Partei an den Rand der Selbstverleugnung oder Selbstaufgabe. Für die Basis der Partei war dies oft nur schwer nachvollziehbar, führte aber nicht zu einer breiten Opposition. Disziplin war selbstverständlich in der Sozialdemokratie, die Überzeugung, daß die Partei in jedem Fall den Rahmen der Legalität nicht verlassen dürfe, nicht erst seit 1918 tief verankert.

– Im Frühjahr 1933 war die Partei wie gelähmt. Erste Initiativen zur Sammlung der Partei gingen eben nicht von den alten Kadern aus, sondern von den Jugendlichen und den Frauen. (Das Reichsbanner hatte hier eine Sonderrolle, wobei es eben Ausfluß dieser Situation war, daß beide illegale Gruppen völlig getrennt nebeneinander bestanden.)

Sicherlich war es nicht zuletzt der Tatkraft und der Persönlichkeit Anna Stieglers zu verdanken, daß die Frauen in der illegalen SPD eine Rolle spielten, die sie in dieser Weise in der Weimarer Republik nicht inne gehabt hatten. Aber letztlich waren es wieder die Männer, vor allem Hermann Osterloh, die die illegalen Aktivitäten bestimmten. Anna Stiegler hielt offenbar an besonderen Formen der Betätigung für die Frauen fest, wobei sie großen Wert auf die Schulung der Frauen legte.

– Auch in Bremen ist Geschichte des Widerstandes immer zugleich Geschichte von Anpassung. So blieb ein sozialdemokratischer oder kommunistischer Arbeiter, der 1934 etwa wegen illegaler Betätigung verhaftet worden war, 1936 in einem Rüstungsbetrieb Arbeit fand, zwar in der Regel Antifaschist. Dies hinderte ihn nicht, die Jahre bis zum Krieg als Jahre langersehnter Normalität zu erleben. Es ist zu konstatieren, daß in der zweiten Hälfte der 30er Jahre ein sozialpsychologisches Klima entstanden ist, das eher mit dem Wirtschaftswunder der 50er Jahre als mit der Endphase der Weimarer Republik zu vergleichen ist. Zunehmend lösten sich Solidargemeinschaften entweder teilweise auf, oder dort, wo sie, wie besonders in Bremen, weiterbestanden, stellten sie eher einen Schutzraum, eine private Nische dar und wurden entpolitisiert. In dieser Zeit vollzog sich die Wandlung von den Genossen zu den Bekannten. Eine große Rolle im Verhalten gegenüber dem Regime spielte natürlich das Alter. Diejenigen z. B., die noch in der Arbeiterjugend sozialisiert worden waren, blieben sicherlich ablehnender als die Jungen, die diese Erfahrungen nicht gemacht hatten. Ähnlich dürfte die Haltung der Arbeiterfrauen zum Regime sehr unterschiedlich sein. Faktoren, die diese beeinflußten, waren die Festgefügtheit des Milieus, der Straße oder auch der Betriebe wie die Integration in diese Solidargemeinschaften.

– Begründete Aussagen zur Haltung der Arbeiterschaft zum NS-Regime müssen natürlich die Situation am Arbeitsplatz, im Betrieb miteinbeziehen. In den sog. Traditionsbetrieben mit einer festgefügten, z. T. hochqualifizierten Stammbelegschaft – in Bremen u. a. die Werften – blieb die Arbeiterschaft in ihrer überwiegenden Mehrheit in Distanz zum Regime, ja man kann sagen, daß viele von ihnen bis zum Kriegsende bewußte Antifaschisten waren. Völlig anders stellt sich das Bild in den neuen, rasch expandierenden Betrieben mit einer zusammengewürfelten Belegschaft dar. Die Mischung aus sozialer Demagogie, umfangreichen sozialen Angeboten (Reisen mit „Kraft durch Freude", Tennis auch für Arbeiter), Faszination der Technik, wie das gerade in der Arbeiterbewegung ausgeprägte Facharbeiterethos sind nur einige Aspekte, die zur Integration und Anpassung der Mehrheit der Arbeiter beitrugen.

– Im Krieg verstärkten die Zerstörungen der Stadtviertel die Auflösung der Milieus. Zugleich zeitigten die Feindbilder ihre Wirkungen, nicht zuletzt aufgrund des Area bombing. Der Einsatz der Zwangsarbeiter in der Rüstungsindustrie blieb sicherlich nicht ohne Einfluß auf das Bewußtsein der Arbeiter, war doch nunmehr jeder deutsche Facharbeiter „Meister" über eine gewisse Anzahl der Fremdvölkischen. Daß sich trotzdem gerade in Bremen seit Ende 1944 eine größere Gruppe von Antifaschisten wieder zusammenfand, um sich auf die Zeit danach vorzubereiten, spricht für die starke Verwurzelung und die besondere Tradition der Arbeiterbewegung in der Hansestadt.

[1] Ottilie Hoffmann, eine der bekannten Frauen der bürgerlichen Frauenbewegung in Bremen, begründete mit anderen Frauen aus dem Bürgertum Häuser, in denen Arbeiter beköstigt wurden. In diesen Häusern war Alkoholverbot. Das „Ottilie-Hoffmann-Haus" am Osterdeich ist heute das Café Ambiente.

[2] In der Wiekau, bei Wildeshausen, befanden sich zahlreiche, in Nachbarschaftshilfe gebaute Wochenendhäuser von Bremer Arbeiterfamilien, u. a. des späteren Schulsenators Christian Paulmann und von Heinrich Boye, in dem sich Kommunisten und Sozialdemokraten in der Illegalität trafen.

Das 1000jährige Reich, das sich am Bremer Herdentor für einen Führerbesuch mit Triumphbögen schmückte, fällt in Schutt und Asche. Mit den Waffen ihrer Aufseher im Genick, müssen KZ'ler die Trümmer aufräumen.

Vegesack bei Bremen

Heinz Aulfes

Zur Geschichte der Arbeiterbewegung in Bremen-Nord

Eigenständiges und Verbindendes im Vergleich zur stadtbremischen Entwicklung

Wenn wir heute aus der Geschichte der Arbeiterbewegung in Bremen-Nord berichten, so müssen wir uns zunächst vergegenwärtigen: erst 1939 wurden die an Weser und Lesum liegenden sechs preußischen Gemeinden des früheren Kreises Blumenthal (Lesum mit Burgdamm und St. Magnus, Grohn, Schönebeck, Aumund, Blumenthal und Farge) mit fast 40 000 Einwohnern zusammen mit der zum Lande Bremen zählenden Stadt Vegesack und den Landgemeinden Grambkermoor, Lesumbrok und Büren in die Stadt Bremen eingemeindet. Die für dieses Gebiet gefundene Bezeichnung Bremen-Nord hat sich rasch durchgesetzt.

Die Geschichte der Arbeiterbewegung in Bremen-Nord ist bis 1939 eigentlich die Geschichte ihrer Organisation in vielen kleinen Orten. Trotzdem kann man – aufgrund der besonderen Rolle des größten Ortes, nämlich Vegesacks, wie einer gewissen Einheitlichkeit dieses Raumes unter wirtschaftlichen wie politischen Aspekten – von der Geschichte der Arbeiterbewegung in einer Region sprechen.

Die Geschichte der Arbeiterbewegung in diesem Raum hängt, ähnliches gilt für Bremen, mit der Unterweser-Korrektion und dem Zollanschluß der Hansestadt im Jahr 1888 eng zusammen. Während insbesondere nach dem Anschluß des Königreichs Hannover an den Zollverein im Jahre 1854 bereits einige Bremer Tabakkaufleute die Tabakverarbeitung in dieses Gebiet verlegt hatten, setzte nunmehr ein rascher Industrialisierungsprozeß ein. Einige wenige Daten mögen dies beleuchten: Eröffnung der Wollkämmerei in Blumenthal 1884, der Baumwollspinnerei in Grohn 1886, Umwandlung der Werft von Johann Lange in die Firma „Bremer Vulkan, Schiffbau und Maschinenfabrik" 1895, Gründung der Bremen-Vegesacker Fischereigesellschaft in Grohn 1898.
Als Folge der Industrialisierung verdoppelte sich von 1880 bis 1910 die Zahl der Einwohner in diesem Gebiet (ein höherer Anstieg als in Bremen). Blumenthal wurde zum industriereichsten Kreis im preußischen Regierungsbezirk Stade.

Wie alles anfing...

Auch in dieser Region formierte sich die Arbeiterbewegung nach der Niederlage der demokratischen Bewegung in der Mitte des 19. Jahrhunderts. Erste Vorläufer waren auf der einen Seite ein bürgerlicher Arbeiterbildungsverein, vergleichbar dem Verein „Vorwärts" in Bremen, und erste Vorformen von gewerkschaftlicher Organisation, nämlich die Zigarrenarbeiter-Krankenkasse „Eintracht" in Burgdamm und eine Schiffszimmererkrankenkasse. Im Zuge und wohl auf Anstoß des ADAV in Bremen wurde dann am oder kurz nach dem 17. Februar 1867 auch eine Mitgliedschaft in Aumund begründet, während die SDAP hier wohl erst nach dem Deutsch-Französischen Krieg 1870/71 in Erscheinung trat.
Eine erste Belastungsprobe bestand der ADAV erfolgreich, nämlich den Streik der Schiffszimmerer von 1867, in dem die Zimmerer – höchst aktuell – um eine Verkürzung der Arbeitszeit kämpften. Obwohl Lassalle den Streik als politisches Mittel ablehnte, unterstützten die Mitgliedschaften die Streikenden in vielfacher Weise und verhinderten so das Herausbrechen von Arbeitern durch lokale Arbeitervereine. 1868 wurde dann in einer gemeinsamen Feier die Fahne des ADAV und das Schild der Schiffszimmererkrankenkasse geweiht.

Vom Zusammenschluß der Parteien bis zum Ausbruch des Ersten Weltkrieges

Nach dem Zusammenschluß in Gotha konstituierte sich die Mitgliedschaft der Sozialistischen Arbeiterpartei Deutschlands (SAPD) zunächst in Vegesack. In den Reichstagswahlen von 1877 gab jeder vierte Wähler im Wahlbezirk Blumenthal-Vegesack der Arbeiterpartei seine Stimme. Bereits nach den nächsten Wahlen 1878 konnte Reichskanzler Bismarck das „Gesetz gegen die gemeingefährlichen Bestrebungen der Sozialdemokratie" verabschieden lassen, das die Partei in die Illegalität trieb. Überall im Reich lebte die Partei jedoch in „Tarnvereinen" fort, in dieser Region waren es vor allem die Arbeitergesangvereine „Stradella" in Vegesack und „Einigkeit" in Burgdamm.
Trotz polizeilicher Überwachung, trotz Repression wuchs in dieser Zeit

die Stärke der Sozialdemokratie, wie sich unschwer an den Stimmengewinnen in den Reichstagswahlen ablesen läßt. (Statistik Seite 102)

Die Industrialisierung, die gerade in den 90er Jahren den Unterweserraum völlig veränderte, führte zu einem weiteren Erstarken der Arbeiterbewegung. Nicht nur die Partei, auch die Gewerkschaften profitierten davon: 1913 waren von 9840 Industriearbeitern im Gebiet Blumenthal-Vegesack mehr als die Hälfte, nämlich 5355, gewerkschaftlich organisiert, die Anzahl der Parteimitglieder betrug 2397. 1912 erreichte der sozialdemokratische Kandidat im 18. hannoverschen Wahlkreis, Jean Reitze, erstmals mehr Stimmen als der nationalliberale Kandidat, der in der Stichwahl gewählt wurde. Auch die Frauen wurden aktiv, nachdem ihnen im Reichsvereinsgesetz von 1908 die Gleichstellung in den Vereinen gewährt worden war. Immerhin waren sie in den Ortsvereinen Burgdamm, Vegesack und Neurönnebeck im Jahre 1913 schon mit 20 % vertreten. In der Zeit bis zum Ersten Weltkrieg entwickelte sich die Arbeiterkulturbewegung, eine „Gesellschaft in der Gesellschaft", als Reaktion darauf, daß die Arbeiter im wilhelminischen Kaiserreich von der Teilhabe an der herrschenden Kultur ausgeschlossen wurden. Gerade in dem Gebiet des heutigen Bremen-Nord ist es besonders auffällig, daß in fast allen Gemeinden Arbeitergesangvereine mit wohlklingenden Namen wie „Heideröslein", „Polyhymnia" und Turnvereine, Arbeiter-Radfahrvereine, Consum-Vereine entstanden. Dies sollte aber nicht darüber hinwegtäuschen, daß bereits in den Jahren vor dem

Der Vegesacker Hafen vor der Jahrhundertwende

125 Jahre Bremer SPD

Ausbruch des Krieges viele Arbeiter auch in dieser Region sich immer mehr an kleinbürgerlichen Normen orientierten und zugleich die Integration in die Gesellschaft als wünschenswert begriffen.

Die SPD im Ersten Weltkrieg und in der Weimarer Republik

Ebenso wie in Bremen lehnte die Mehrheit der Sozialdemokraten in Blumenthal-Vegesack die Bewilligung von Kriegskrediten ab. Die Mehrheit der Burgdammer Sozialdemokraten stützte jedoch die Position der Fraktionsmehrheit im Reichstag. Wie im gesamten Reichsgebiet aber ergriff die Kriegsbegeisterung auch die Arbeiter in diesem Gebiet. Die Auseinandersetzungen über die Haltung der SPD im Krieg erfaßte auch die Region, trotzdem blieb die SPD im 18. hannoverschen Wahlkreis bis Kriegsende von der Parteispaltung verschont.

Die Niederlage der Arbeiterbewegung – 1933

Doch bereits 1932 überflügelte im Gebiet Blumenthal-Vegesack die NSDAP die SPD als stärkste Partei (33,3 % gegen 30,7 %). Die Nazis hatten in den fünf Gemeinden Lesum, St. Magnus, Vegesack, Blumenthal und Farge die meisten Stimmen bekommen. Die SPD blieb stärkste Partei in Burg-Grambke, Burgdamm, Schönebeck und Aumund, die KPD stand in Grohn an der Spitze.
Aber selbst bei der schon durch Terror gezeichneten Reichstagswahl vom 5. März 1933 – die KPD war bereits in der Illegalität – erreichten im Ge-

101

biet Blumenthal-Vegesack die beiden Arbeiterparteien zusammen über 50 %, während die NSDAP 30 % erzielte, d. h. bei freien Wahlen haben die Nazis im Gebiet des späteren Bremen-Nord nie so viele Stimmen bekommen wie die beiden Arbeiterparteien zusammen.

Interessant sind die Ergebnisse der Betriebsratswahlen in drei nordbremischen Großbetrieben (Vulkan, Wollkämmerei, Tauwerkfabrik) im März 1933. Die Nationalsozialistische Betriebszellen-Organisation (NSBO) erreichte nur 3 von 24 Arbeiterratsmandaten und 2 von 9 Angestelltenratsmandaten, während die freien Gewerkschaften 16 Arbeiterratsmitglieder stellen konnten.

Doch auch im Gebiet Blumenthal-Vegesack waren die Organisationen der Arbeiterbewegung auf das folgende Verbot, die Illegalität und den Widerstand so gut wie nicht vorbereitet. Das gilt nicht in gleichem Maße für die illegalen kommunistischen Gruppen.

Insgesamt wich die Arbeiterbewegung im nordbremischen Gebiet kampflos der Gewalt der Nazis. Diese Feststellung schmälert nicht die Opfer und die Widerstandshandlungen vieler Sozialdemokraten, Gewerkschaften und Kommunisten (s. den Prozeß gegen Willy Dehnkamp und Genossen, der den Angeklagten aus Bremen-Nord insgesamt Strafen von 18 Jahren und einem Monat eintrug).

Der Neuanfang

Nach Kriegsende entstanden schon im Herbst 1945 in Burglesum, Farge, Vegesack und Blumenthal Ortsvereine der SPD, die bei der Neugrün-

Sozialdemokratische Stimmen bei Wahlen während des Sozialistengesetzes

Wahltag	Burglesum	Vegesack	Blumenthal	Zusammen
30. 7. 1878	141 = 19,7 %	200 = 21,2 %	9 = 2,2 %	350 = 16,9 %
27. 10. 1881	kein sozialdem. Kandidat im 18. hannov. Wahlkreis			
20. 10. 1884	129 = 16,6 %	287 = 29,5 %	101 = 21,5 %	517 = 23,2 %
21. 2. 1887	276 = 25,7 %	471 = 35,7 %	111 = 17,3 %	858 = 28,2 %
20. 2. 1890	435 = 44,2 %	683 = 44,3 %	292 = 34,8 %	1.410 = 41,9 %

Willy Dehnkamp. Seit 1928 aktiv in der Arbeiterbewegung in Bremen-Nord, 1951–1965 Senator für Bildung, 1965–1967 Präsident des Senats.

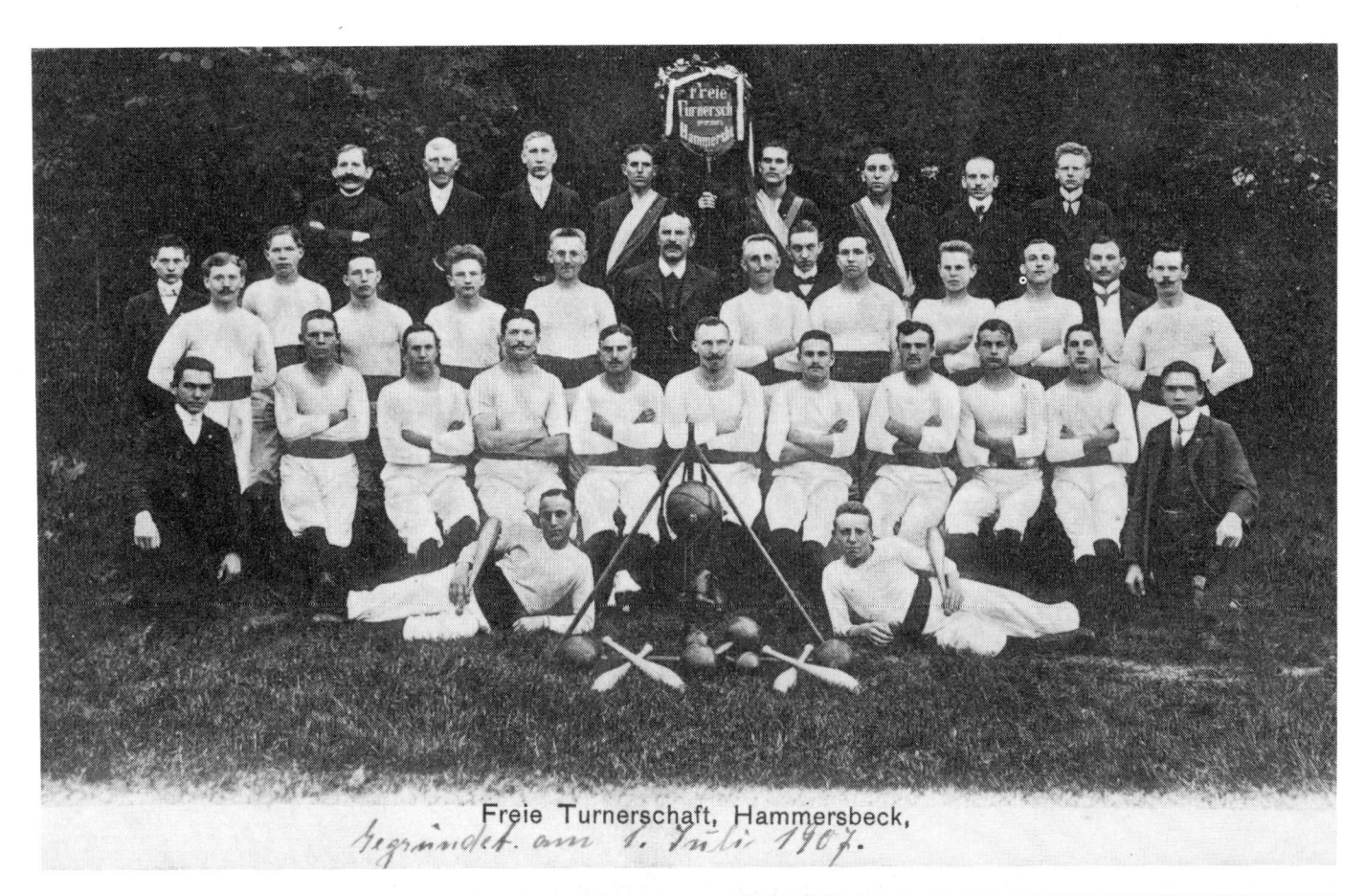

Freie Turnerschaft, Hammersbeck,
gegründet am 1. Juli 1907.

dung im heutigen Bremen-Nord auf die Organisationsgliederung von 1933 zurückgriffen.
Bis Anfang 1948 stieg die Zahl der SPD-Mitglieder auf 1418, das waren 250 Mitglieder mehr als vor dem Verbot der Partei im Juni 1933.
Nach der Währungsreform ging die Zahl der Mitglieder – wie überall in Westdeutschland – stark zurück.
Das Streben der bremischen Sozialdemokratie nach mehr Selbständigkeit in der Gesamtpartei führte im Jahre 1964 zur Auflösung des Parteibezirks Hamburg-Nordwest und zur Gleichstellung der Landesorganisation Hamburg und Bremen mit den Bezirken der SPD.
Die nordbremischen Sozialdemokraten widersetzten sich jedoch erfolgreich, als die SPD in Bremen versuchte, einen einzigen Unterbezirk für die Stadt Bremen durchzusetzen. Der „SPD-Unterbezirk Bremen-Nord" symbolisiert gewissermaßen eine begrenzte Eigenständigkeit Bremen-Nords als Teilstadt innerhalb der Stadtgemeinde Bremen.
Die Eingemeindung der Stadt Vegesack und der Blumenthaler Industriegemeinden nach Bremen hatte u. a. zur Folge, daß nach 1945 der DGB und die meisten Einzelgewerkschaften im heutigen Bremen-Nord keine Ortsverwaltungen wieder eingerichtet haben.
Mit der Integration der Arbeiterbewegung in die bürgerliche Gesellschaft verlor die Arbeiterkulturbewegung ihre Eigenständigkeit.
Die meisten der Arbeiter-Turn- und -Sportvereine, der Arbeiter-Gesangvereine und Genossenschaften wurden nach 1945 nicht wieder errichtet. Im heutigen Bremen-Nord bestanden in den Jahren der Weimarer

125 Jahre Bremer SPD

Republik insgesamt 13 Arbeiter-Turn- und -Sportvereine, von denen nach 1933 nur der Blumenthaler Sportverein – mit etwas verändertem Namen – bestehen blieb. Alle anderen Vereine wurden aufgelöst und ihr Vermögen beschlagnahmt.

1945 waren nicht alle Arbeitersportler bereit, weiterhin in „bürgerlichen" Vereinen zu bleiben und auf die Wiedergründung ihrer alten Vereine zu verzichten. Die Mitglieder der früheren Freien Turnerschaft Hammersbeck schlossen sich am 7. März 1949 zur Turn- und Sportgemeinde Hammersbeck zusammen. Seit 1950 trägt der Verein wieder seinen alten Namen. Am 25. Oktober 1949 gründeten auch die Blumenthaler wieder ihren Arbeiter-Turnverein „Freie Turner Blumenthal".

Insgesamt kann man jedoch heute auch in Bremen-Nord nicht mehr von einer eigenständigen Arbeiterkulturbewegung sprechen.

Fünfzig Jahre nach der Gründung von Bremen-Nord durch den Zusammenschluß der bremischen Stadt Vegesack mit den ehemals preußischen Gemeinden kann mit Fug und Recht behauptet werden, daß sowohl die nordbremischen Sozialdemokraten als auch die Bevölkerung in Bremen-Nord sich ganz und gar als Bremer fühlen. Sie legen jedoch Wert darauf, eine Teilstadt und kein Stadtteil Bremens zu sein.

Dieser Unterschied in der Terminologie ist Ausfluß der geschichtlichen Entwicklung dieses Raumes, und er symbolisiert nicht nur die historische Entwicklung, sondern auch die gegenwärtige Realität Bremen-Nords.

Der Alte Hafen in Bremerhaven

Werner Hemker

Aus der Geschichte der Sozialdemokratie an der Unterweser

Nur drei Jahre nach der Gründung des ersten Arbeitervereins durch Lassalle entstand auch an der Unterweser ein Verein zur Vertretung der Interessen der Arbeiterschaft, die hier vor allem auf den Werften, im Baugewerbe und im Fischereihafen unter harten Arbeitsbedingungen – Arbeitszeit und Lohn bestimmten die Unternehmer, Urlaub und Krankengeld gab es nicht – tätig waren. Im Dezember 1866 gründete der Werftschlosser Pagel den ADAV Geestendorf, die damalige Arbeiterhochburg an der Unterweser. Dieser Verein stellt eine Wurzel der SPD in Bremerhaven dar.

Geestendorf (ab 1888: Geestemünde) gehörte damals ebenso wie der Unterweserort Lehe zu Preußen, das im Jahre 1827 gegründete Bremerhaven war bremisches Gebiet. Es hatte immer wieder Bestrebungen gegeben, diese komplizierte Situation durch einen Zusammenschluß zu beenden. So entstand 1924 die Stadt Wesermünde aus den Orten Lehe und Geestemünde. Die endgültige Vereinigung der drei Unterweserorte zum heutigen Bremerhaven erfolgte jedoch erst 1947.

Bis dahin aber war es ein langer Weg der Angleichung zweier unterschiedlich regierter Gebiete. So galt in Preußen bis 1918 das die Sozialdemokraten benachteiligende Dreiklassenwahlrecht, wie überhaupt die SPD und die Gewerkschaften in Lehe und Geestemünde in ihrer Betätigung wesentlich stärker eingeschränkt waren als im liberaleren bremischen Gebiet: Parteiversammlungen wurden behindert oder ganz verboten, Maiumzüge – den 1. Mai feierten die Arbeiterorganisationen an der Unterweser von 1891 an – wurden untersagt, etwa weil eine Brücke die Belastung durch so viele Menschen nicht aushielte (wenige Straßen weiter im bremischen Bremerhaven waren die Umzüge erlaubt).

Unter dem Sozialistengesetz erreichte die Diskriminierung und Verfolgung der Sozialdemokraten – die ihre illegalen Aktivitäten durch Arbeiter-Gesangvereine und Ausflüge mit der Familie tarnten – ihren Höhepunkt. Nach der Aufhebung des Gesetzes wurde am 9. November 1890 der „Socialdemokratische Verein für Bremerhaven und Umgebung" gegründet. Zu diesem Zweck hatten sich 135 Personen im „Colosseum" in Bremerhaven eingefunden. Das „Colosseum" war jahrzehntelang eines der wichtigsten „Parteilokale" der Unterweser-Sozialdemokraten mit Rednern wie Bebel, Wilhelm Liebknecht und Bernstein. Andere wichtige Versammlungslokale, die auch überwiegend von Parteimitgliedern geführt wurden, waren das „Restaurant zum ¹/₂-Liter-Fritz" in Bremerhaven sowie „Seebeck" und „Kempfe" in Lehe.

Der SPD-Verein Bremerhaven hatte auch die Zuständigkeit für die preußischen SPD-Distrikte Lehe und Geestemünde, die ab 1908 in selbständige Ortsvereine umgewandelt wurden. Als vierter Unterweser-Ortsverein kam Wulsdorf hinzu. Wulsdorf war seit der Gründung im Jahre 1906 ein eigener Ortsverein, denn als ein dem Ortsverein Bremerhaven untergeordneter Distrikt hätten die Wulsdorfer Genossen einen zu weiten Weg zu Parteiversammlungen zurücklegen müssen (was damals in der Regel einen Fußmarsch bedeutete).

Die Unterweser-SPD entwickelte sich bis zum Ersten Weltkrieg zu einer mitgliederstarken, gut organisierten Partei. Nicht anders als heute wurden in jenen Jahren regelmäßig Versammlungen abgehalten mit festgelegter Tagesordnung, sorgfältig protokolliert durch den Schriftführer.

Neben einer guten Parteiorganisation und starken Gewerkschaften bildete auch die sozialdemokratische Presse einen Eckpfeiler der Arbeiterbewegung als ihr Sprachrohr. Die sozialdemokratische Presse hat an der Unterweser eine lange Tradition. Am 6. April 1890 – also noch vor der Gründung des „socialdemokratischen Vereins" – erschien die erste Ausgabe der „Norddeutschen Volksstimme". Es handelte sich um eine Tageszeitung, die schon vor dem Ersten Weltkrieg eine Auflage von über 7000 Exemplaren erzielte und sich in den zwanziger Jahren zu einem bedeutenden Verlagsunternehmen entwickelte. 1929 wurde sogar ein eigenes Verlagshaus gebaut. Das noch heute existierende Gebäude wurde nach dem Zweiten Weltkrieg als Parteibüro der Unterweser-Sozialdemokraten genutzt.

Die „Norddeutsche Volksstimme" wurde 1933 durch die Nationalsozialisten verboten, und das Verlagshaus diente der Gestapo für „Verhöre" von Regimegegnern. 1948 konnte die Parteizeitung wieder erscheinen, hatte allerdings nicht mehr den Erfolg der Vorkriegszeit. Die zuletzt unter dem Namen „Bremerhavener Bürgerzeitung" herausgegebene Zeitung wurde in den siebziger Jahren eingestellt.

Eine der größten Persönlichkeiten der Unterweser-Sozialdemokratie war Johann Hinrich Schmalfeldt, der als erster Bürger Bremerhavens für die SPD in den Reichstag gewählt wurde (im Jahre 1903 als Kandidat im Wahlkreis Bremen). Der gelernte Zigarrenmacher und Gastwirt war 1870 im Alter von 20 Jahren Sozialdemokrat geworden und hatte nicht nur bei der Kandidatur für den Reichstag Erfolg: Von 1895 bis 1933 war Schmalfeldt fast ununterbrochen Stadtverordneter in Bremerhaven und ab 1919 Abgeordneter der Bremischen Bürgerschaft. Außerdem vertrat er die Unterweser-SPD auf zahlreichen Parteitagen und war aktiver Gewerkschafter (ab 1895 Vorsitzender des Heizer- und Kohlenzieherverbandes). Im Jahre 1930 wurde Schmalfeldt zum Ehrenbürger der Stadt Bremerhaven ernannt.

Eine weitere wichtige „Säule" der Arbeiterbewegung an der Unterweser bildete der 1902 in Bremerhaven gegründete Konsum- und Sparverein „Unterweser". Der Verein sollte ein Gegengewicht zu den örtlichen Lebensmittelhändlern schaffen, deren Preispolitik die Arbeiterfamilien weitgehend ausgeliefert waren, und entwickelte sich rasch zu einem bedeutenden Wirtschaftsfaktor: Im Jubiläumsjahr 1927 hatte der Verein 47 Geschäfte im gesamten Unterweserraum von Vegesack bis Cuxhaven, eigene Fabriken, ein Kaufhaus und eine vereinseigene Sparkasse. 1933 wurde die Organisation durch die

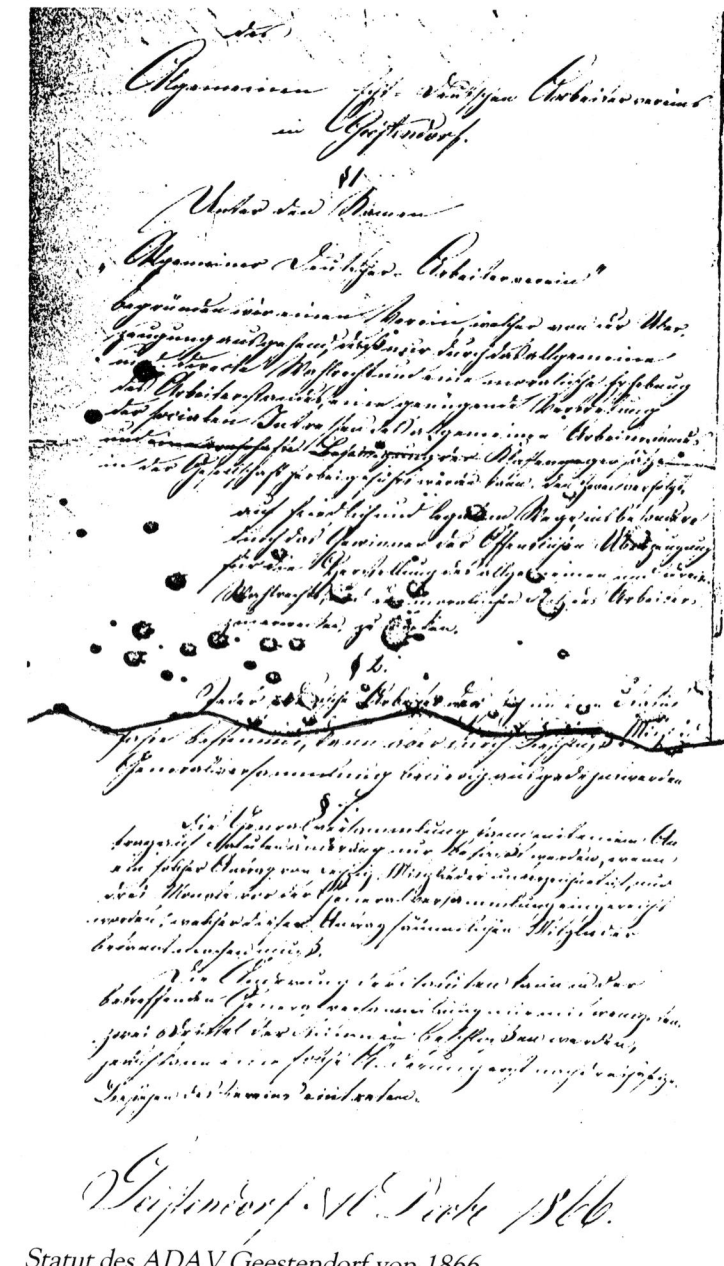

Statut des ADAV Geestendorf von 1866 (Auszug)

Die erste Versammlung unter freiem Himmel 1906 in Wulsdorf

Landfriedensbruchprozeß 1904. Die verurteilten Teilnehmer des Bauarbeiterstreiks vor dem Amtsgericht Geestemünde.

Nationalsozialisten zerschlagen. Der Wiederaufbau in den Unterweserorten gelang 1946/47.
In die Zeit nach der Jahrhundertwende fällt auch die erste Versammlung in den Unterweserorten unter freiem Himmel. Öffentliche Demonstrationen waren damals durchaus keine Selbstverständlichkeit. Die Behörden hatten genug Möglichkeiten, Versammlungen zu verbieten, und ergriffen schnell die Gelegenheit, die Teilnehmer – vor allem, wenn es sich um unliebsame Sozialdemokraten handelte – wegen Gefährdung der öffentlichen Sicherheit zu Geld- oder Gefängnisstrafen zu verurteilen (auf diese Weise wurden auch Streikteilnehmer gemaßregelt, wie zum Beispiel anläßlich des Bauarbeiterstreiks von 1904, der zum Prozeß wegen Landfriedensbruchs führte).
Im Jahre 1906 fanden sich trotz drohender Maßregelungen durch Behörden und Polizei über 2000 Menschen zu einer Demonstration für ein gleiches Wahlrecht in Wulsdorf zusammen.
Die Einführung des allgemeinen und gleichen Wahlrechts gehörte auch bei den Unterweser-Sozialdemokraten zu den Grundforderungen, eingeschlossen natürlich das Frauenwahlrecht, gab es doch hier schon vor dem Ersten Weltkrieg Frauen, die in der SPD aktiv waren.
Zu den herausragenden Persönlichkeiten der Unterweser-SPD in den Jahren vor dem Ersten Weltkrieg und in der Weimarer Republik gehörten neben Schmalfeldt vor allem zwei Männer: Der Hafenarbeiter Wilhelm Brandes war ab 1908 Vorsitzender der Unterweser-SPD und reorganisierte die Partei in den folgenden Jahren. Bis 1933 war er Frak-

tionsvorsitzender im Kommunalparlament von Geestemünde (ab 1924 Wesermünde) und Abgeordneter des Preußischen Landtags.

Neben Brandes prägte auch August Stampe das Bild der SPD an der Unterweser. Stampe kam 1912 als Sekretär der Bauarbeitergewerkschaft nach Bremerhaven und wurde dort Ortsvereinsvorsitzender. In den Wirren nach dem Ersten Weltkrieg setzte er sich als Vorsitzender des Arbeiter- und Soldatenrates Bremerhaven entschieden für die parlamentarische Demokratie ein (an der Unterweser ebenso wie auf dem Kongreß der Arbeiter- und Soldatenräte in Berlin). Stampe war der erste Bremerhavener Senator in einer Bremischen Landesregierung (Bausenator 1919/20).

Die Zeit nach dem Ersten Weltkrieg wurde für die Arbeiterbewegung in den Unterweserorten zu einer regelrechten Blütezeit: Gewerkschaften und SPD sowie deren Organisationen erlangten große Bedeutung. Sehr hilfreich war dabei der 1912 durchgeführte Bau des Gewerkschaftshauses „Eintracht", finanziert vom Konsumverein und den Gewerkschaften. Zum erstenmal war nun die Möglichkeit geschaffen worden, Veranstaltungen der verschiedenen Arbeiterorganisationen in eigenen Räumlichkeiten durchzuführen und nicht, wie bisher, in privat betriebenen Gastwirtschaften. Darüber hinaus konnten in der „Eintracht" – wie das Haus meist bezeichnet wurde – Büroräume der meisten Gewerkschaften und der SPD sowie des Arbeitersekretariats untergebracht werden. Die Arbeiterjugend „Unterweser" nutzte die vorhandenen Säle ebenso wie die Arbeitersportvereine, der Volkschor und die Volksbühne. Die Arbeiter-

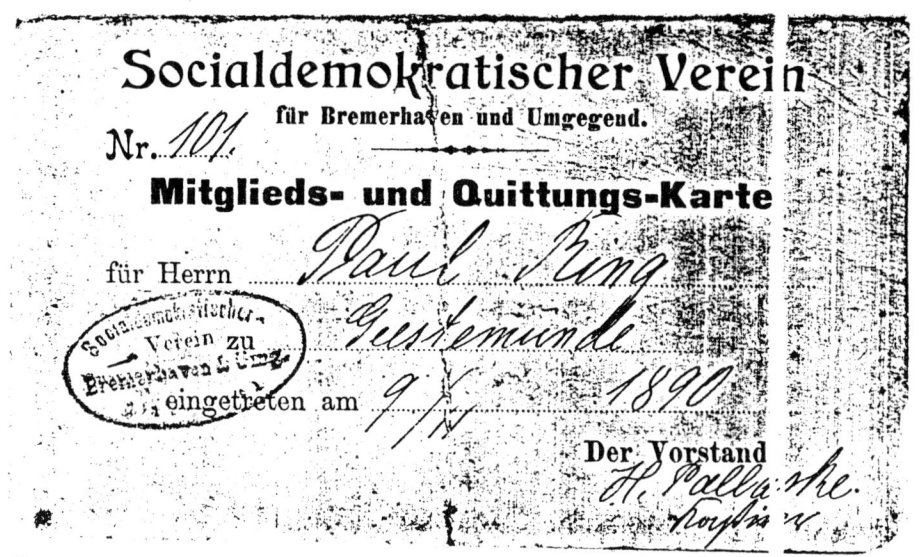

Parteiausweis von Paul Ring – Mitbegründer des Sozialdemokratischen Vereins. Unten: Die Fahne, 20 Jahre nach Gründung angefertigt

Gewerkschaftshaus „Eintracht" in Bremerhaven

Am Sonntag, den 8. März 1914, nachmittags 3 Uhr:

Oeffentliche politische Frauen-Versammlung
im „Colosseum"-Bremerhaven.

Tages-Ordnung:

„Her mit dem Frauenwahlrecht!"

Referentin: Genossin **Ottilie Baader**, Berlin,
eine der ersten Führerinnen der sozialdemokratischen Frauenbewegung.

Arbeiterfrauen und Mädchen! Erscheint in Massen in dieser Versammlung. Zeigt, daß ihr es begriffen habt, daß das Wahlrecht nicht nur für die Männer, sondern auch für die Frauen eine Notwendigkeit ist. Protestiert gegen eure politische Rechtlosigkeit!

Die Einberuferin.

bibliothek wurde hier eingerichtet, und zahlreiche Bildungsveranstaltungen fanden hier statt.
Das Gewerkschaftshaus „Eintracht" entwickelte sich so zum Zentrum des gewerkschaftlichen, kulturellen und sportlichen Lebens der Arbeiterschaft an der Unterweser.
Ab 1930 hatten die Nationalsozialisten auch in den sozialdemokratischen Hochburgen Wesermünde und Bremerhaven einen stetig wachsenden Zulauf, daran änderten auch die Gründung des Reichsbanners (1924) und die Bildung der „Eisernen Front" nichts. Bei der „Machtergreifung" durch die Nationalsozialisten wurden sofort die von den Arbeiterorganisationen genutzten Gebäude besetzt – vor allem natürlich das Haus „Eintracht" – und die Organisationen zerschlagen. Die parlamentarische Arbeit der Sozialdemokraten fand ein jähes Ende, Parteimitglieder gehörten von nun an zu den politisch Verfolgten und konnten, wenn überhaupt, nur illegal weiterarbeiten. Das Terrorregime der Nationalsozialisten begann.
Am Ende der Nazi-Herrschaft stand die fast völlige Zerstörung der seit 1939 zur Großstadt Wesermünde vereinigten Unterweserorte. Die vorrangige Aufgabe der ersten Nachkriegsjahre lag im Wiederaufbau Wesermündes zur Linderung der größten Wohnungsnot und in der Lebensmittelversorgung sowie darin, die darniederliegende Wirtschaft wieder in Gang zu bringen, d. h. hier vor allem Seehandel, Seeschiffahrt und Fischerei.
Der Wiederaufbau der von den Nationalsozialisten völlig zerschlagenen Parteiorganisation der SPD stand ebenfalls an. Wenige Tage nach

Wiederzulassung der Parteien durch die amerikanische Militärregierung im September 1945 fand die Gründungsversammlung der SPD in Wesermünde statt.

Zu den Sozialdemokraten der ersten Stunde gehörte vor allem Gerhard van Heukelum. Der gelernte Nieter war in der Weimarer Republik Geschäftsführer des Metallarbeiterverbandes, SPD-Stadtverordneter in Bremerhaven, Abgeordneter der Bremischen Bürgerschaft und zeitweise Chefredakteur der „Norddeutschen Volksstimme" (bis zu seiner Verhaftung durch die Nationalsozialisten 1933). 1945 berief ihn die Militärregierung zum Wesermünder Bürgermeister. Van Heukelum setzte sich für den Anschluß Wesermündes an Bremen ein. Er gehörte zu den Gründungsmitgliedern der Unterweser-SPD. Von 1948 bis 1959 war er Senator für Arbeit und Soziales des Landes Bremen. Die langjährige Sozialdemokratin Marie von Seggern gehört ebenfalls zu den Politikern der ersten Stunde. Sie war wie van Heukelum bereits in den zwanziger Jahren Bremerhavener Stadtverordnete gewesen. Nach dem Zweiten Weltkrieg kümmerte sie sich insbesondere um den Wiederaufbau der Arbeiterwohlfahrt an der Unterweser. Marie von Seggern gehörte zu den SPD-Gründungsmitgliedern und war in den ersten Nachkriegsjahren Mitglied der Stadtverordnetenversammlung und der Bremischen Bürgerschaft.

Nach dem Zweiten Weltkrieg setzte die Diskussion um die Zugehörigkeit Wesermündes zu den in Zukunft zu bildenden Ländern in Norddeutschland voll ein. Am Ende der Verhandlungen stand schließlich fest:

Erstausgabe der „Norddeutschen Volksstimme" vom 6. April 1890

125 Jahre Bremer SPD

Die Redaktion der „Norddeutschen" mit den Redakteuren van Heukelum, Harz und Thienst (von links).

Versammlungslokal „Zum ½ Liter Fritz"

Wesermünde scheidet aus Niedersachsen aus und wird dem Land Bremen angegliedert. Der Anschluß erfolgte im Februar 1947 in einer feierlichen Sitzung, die Stadt Wesermünde hieß von nun an „Bremerhaven". Damit war die Bildung des Zwei-Städte-Staates an der Weser vollzogen.

Die Bremerhavener Sozialdemokraten konnten bei den Wahlen nach dem Zweiten Weltkrieg an die Erfolge der Weimarer Republik anknüpfen bzw. sie noch übertreffen. In der Stadtverordnetenversammlung bilden sie bis heute die stärkste Fraktion und konnten von 1959 bis 1987 sogar mit absoluter Mehrheit regieren. Seit 1987 besteht ein Kooperationsvertrag mit der FDP.

Von den 20 auf Bremerhaven entfallenden Abgeordnetenmandaten der Bremischen Bürgerschaft erhielt die SPD bislang mindestens 10 (außer bei der Wahl von 1951). Seit 1948 entsandte die Bremerhavener SPD einen oder zwei Senatoren in die Bremer Landesregierung. Bei Bundestagswahlen errangen die Kandidaten der SPD alle Direktmandate seit 1949.

Die relativ stabile parlamentarische Mehrheit der letzten vier Jahrzehnte ermöglichte es den Bremerhavener Sozialdemokraten, die Entwicklung der Seestadt weitgehend nach ihren politischen Vorstellungen voranzutreiben. Herausragende sozialdemokratische Politiker waren nach van Heukelum Karl Eggers (langjähriger SPD-Vorsitzender und Wirtschaftssenator in Bremen) und Werner Lenz (Geschäftsführer der Neuen Heimat in Bremerhaven, Vorsitzender der Stadtverordneten-Fraktion, Bundestagsabgeordneter, Oberbürgermeister von Bremerhaven, Wirtschaftssenator in Bremen, seit 1988 Vorsitzender des Unterbezirks Bremerhaven), dessen Name eng verbunden ist mit der Bremerhavener SPD und der jüngeren Geschichte Bremerhavens. Waren die fünfziger und der Beginn der sechziger Jahre geprägt vom Wiederaufbau – Wohnungsbau, Aufbau der Werftindustrie und der Schiffahrt, Modernisierung der Fischerei und des Fischereihafens –, so wurden in den Zeiten des größten Wirtschaftsaufschwungs neue Projekte in Angriff genommen. Der Containerhafen entstand, das Krankenhaus- und Schulwesen wurde reformiert, und die Innenstadt erhielt eine völlig neue Gestalt mit Columbus-Center, Schiffahrtsmuseum, Alfred-Wegener-Institut für Polar- und Meeresforschung und der Hochschule Bremerhaven.

Mit den ab Mitte der siebziger Jahre verschärft einsetzenden Wirtschaftsproblemen wurden auch in Bremerhaven die Grenzen deutlich. In der besonders durch den Abbau von Arbeitsplätzen in der Fischwirtschaft und auf den Werften betroffenen Stadt ist der politische Handlungsspielraum wesentlich kleiner geworden.

Im Jahre 1919 wurde der Bezirk Hamburg-Nordwest gebildet. Einer der sechs zugehörigen Unterbezirke war der Unterbezirk „Unterweser" mit den damals bestehenden Ortsvereinen Bremerhaven, Lehe, Geestemünde und Wulsdorf. Nach dem Zweiten Weltkrieg wurde an der Unterweser zunächst der Ortsverein Bremerhaven mit untergeordneten Distrikten gebildet, wiederum als Bestandteil des Bezirks Hamburg-Nordwest. Karl Eggers übernahm als Par-

Marie von Seggern (vorn rechts in der Nähstube der Arbeiterwohlfahrt 1946)

teivorsitzender die Aufgabe, den Ortsverein Bremerhaven in einen Unterbezirk umzuwandeln. 1964 erfolgte eine weitere organisatorische Umbildung: Seitdem ist der Unterbezirk Bremerhaven mit seinen nunmehr 10 Ortsvereinen Bestandteil der Landesorganisation Bremen. Das Parteibüro des Unterbezirks mit seinen ca. 2800 Mitgliedern befindet sich seit 1986 in der Schifferstraße. Das Büro der SPD-Stadtverordnetenfraktion sowie das der SPD-Bürgerschaftsabgeordneten ist hier ebenfalls untergebracht.

1971. Vor dem Modell der neuen Bremerhavener City. Links Werner Lenz, in der Bildmitte Ex-Neue-Heimat-Chef Albert Vietor.

Mit Hoffnung und Tatkraft gegen Trümmer und Elend

125 Jahre Bremer SPD

Die „Stunde Null" im Bremer Westen. Ruinen, Trümmer, Not und Elend.

Renate Meyer-Braun

Neubeginn 1945

Die SPD als führende politische Kraft

„Ein Bremen, das leben will, wird leben!"
Dieser aufrüttelnde Appell Wilhelm Kaisens aus dem Jahre 1945 war bitter nötig; denn die Versuchung, angesichts der Trümmerwüste Bremens zu resignieren, erschien groß. Der Krieg hatte tiefe Narben hinterlassen: Zehntausend Bremer Männer waren aus dem Krieg nicht zurückgekommen, viele saßen in Kriegsgefangenenlagern, weit über tausend Zivilisten, Männer, Frauen und Kinder, waren bei Luftangriffen ums Leben gekommen, 62 % des Wohnraums lagen in Schutt und Asche, Zehntausende von Flüchtlingen drängten nach Bremen hinein. Bremens wirtschaftliches Herzstück, die Häfen, war stark beschädigt, die Hafenbecken vermint und voller Schiffswracks.

Aber es gab sie, die Bremerinnen und Bremer, die entschlossen waren, den Wiederaufbau anzupacken und darüber hinaus einen echten Neuanfang zu wagen.

Hier ist nun chronologisch an erster Stelle nicht die SPD oder überhaupt eine Partei zu nennen, sondern die „Kampfgemeinschaft gegen den Faschismus" (KGF), eine Gruppe von Antifaschisten, die sich aus ehemaligen Aktivisten von allen Flügeln der Bremer Arbeiterbewegung zusammensetzte. Sie trat am 6. Mai mit der ersten Nummer ihres Mitteilungsblattes „Der Aufbau" an die Öf-

Ein Mann gibt ein Beispiel: Bürgermeister Kaisen beim Steineklopfen 1947

fentlichkeit. Ihre Ziele waren außer der Bewältigung der drängendsten Tagesprobleme die restlose Beseitigung des Nationalsozialismus und die Schaffung einer sozialistischen Einheitsbewegung, da ihrer Meinung nach die Spaltung der Arbeiterbewegung in Sozialdemokraten und Kommunisten ein wichtiger Grund gewesen war, weshalb 1933 die Machtübernahme der Nationalsozialisten überhaupt möglich geworden war. Diese Einheit ist aus vielerlei Gründen nicht zustandegekommen – „Zum Glück!", sagen die einen; „schade", die anderen. Die KGF blieb eine Episode, sie löste sich nach sieben Monaten auf. Dagegen schlug 1945 in Bremen die Stunde der Sozialdemokratie.
Das war das eigentlich Neue, daß in der alten Hansestadt Bremen, in der seit jeher die „Pfeffersäcke" den Ton angegeben hatten, jetzt die „Roten" die politische Elite stellten. Zwar hatte es 1919 schon einmal einen Koalitionssenat unter Führung eines Sozialdemokraten, des MSPD-Mannes Karl Deichmann, gegeben, der blieb aber nur ein Jahr im Amt. Dann zogen erst wieder 1928 Sozialdemokraten in den Senat ein, der allerdings von einem Bürgerlichen geführt wurde.
Erst 1945, nach der zweiten militärischen Niederlage der Deutschen in diesem Jahrhundert, stellte die SPD in Bremen auch die Spitze des Senats. Und dieses Mal, anders als nach dem ersten Krieg, blieb das so auf lange Sicht. Seit 44 Jahren ist die SPD in Bremen ununterbrochen „an der Macht". Ein Grund, stolz zu sein, denn schließlich müssen die Bremer und Bremerinnen, die immer und immer wieder den „Sozis" ihre Stimme geben, wissen, warum sie das tun, aber es sollte kein Grund zur Selbstgefälligkeit sein.
Zurück in das Jahr 1945! Wo standen diese Sozialdemokraten politisch, die seit August 1945 den Präsidenten des Senats stellten – zuerst, weil die Besatzungsmacht es so wollte, ab 1946, weil sie bei den Bürgerschaftswahlen die meisten Stimmen erhielten?
Liest man die erste programmatische Erklärung, mit der die Bremer SPD unmittelbar nach ihrer Wiederzulassung im Oktober 1945 an die Öffentlichkeit trat, so erkennt man die alten sozialistischen Grundsätze wieder:
„Unsere Partei will die Demokratie und den Sozialismus, in dessen Namen sich seit Jahrzehnten die Werktätigen sammeln und erheben. Unsere Partei ist gegen die kapitalistische Wirtschaft, ihr Ziel ist eine sozialistische Wirtschaft." (WK, 20. 10. 45)
In alten Ortsvereinsprotokollen aus der unmittelbaren Nachkriegszeit findet man Sätze wie „Streng müssen wir Sozialdemokraten darüber wachen, daß der Kapitalismus in Deutschland sein Haupt nie wieder erhebt." Oder: „Unser hohes Ziel ist die Schaffung eines wahrhaften Arbeiterstaates." Der Wille zum sozialistischen Neuanfang spiegelte sich auch im sozialdemokratischen Entwurf der bremischen Landesverfassung von 1947 wider, mit der man zum Beispiel die „Großindustrie und ehemaligen Konzernbetriebe, Großunternehmen des Schiffbaus und des Hafenumschlags, der privaten Kreditinstitute . . . sowie Großbetriebe der Ernährungswirtschaft" in Gemeineigentum überführen wollte.
Die Handelskammer sollte aufgelöst und zusammen mit Arbeiter- und Angestelltenkammer in eine paritätisch besetzte Wirtschaftskammer überführt werden. Die Belegschaftsvertreter in allen Betrieben sollten auch in wirtschaftlichen Fragen gleichberechtigt mit der Firmenleitung mitbestimmen dürfen.
Daß diese sozialistischen Blütenträume nicht reiften, ist bekannt. Zum Teil lag das an den engen Handlungsspielräumen, die den Sozialdemokraten blieben. Denn erstens verfügte die amerikanische Besatzungsmacht über die oberste politische Entscheidungsgewalt, und die stand sozialistischen Neuerungen nicht besonders aufgeschlossen gegenüber, und zweitens stellte die SPD nicht allein den Senat, sondern ging 1946 und 1947 eine Koalition mit den Liberalen ein. Dabei muß allerdings erwähnt werden, daß beide Male rein rechnerisch eine Linksregierung aus SPD und KPD möglich gewesen wäre, die von einer Minderheit in der Bremer SPD auch favorisiert wurde.
Zum Teil ist der Verlauf der Entwicklung aber nicht allein auf die äußeren Umstände zurückzuführen, sondern hat mit den Entscheidungen der Sozialdemokraten selbst zu tun, zumal derjenigen in Führungsposition. Hing ein nicht unwesentlicher Teil der Parteibasis und der Bürgerschaftsfraktion noch den traditionellen Zielvorstellungen von einer demokratisch-sozialistischen Wirtschaftsordnung an, so hatte der bekannteste Vertreter der damaligen SPD, Bürgermeister Kaisen, andere Vorstellungen. Ihm ging es um den Wiederaufbau Bremens und nicht um die „reine" sozialdemokratische Lehre. Mit der Parole des SPD-Partei-

125 Jahre Bremer SPD

HERAUS *aus Trümmern, Elend, Leid*

DURCH OFFENES BEKENNTNIS ZUR **SOZIALDEMOKRATIE** DER EINZIGEN PARTEI FÜR WAHRHAFTE DEMOKRATIE UND DAUERNDEN FRIEDEN

Wahlkampf-Themen nach Kriegsende: Solidarität und Patriotismus

Alles für Bremen

Kaisen für Bremen

Flüchtlingsamt und Hilfsstellen waren in den ehemaligen Gepäckhallen des Norddeutschen Lloyd hinter dem Hauptbahnhof untergebracht.

vorsitzenden Kurt Schumacher vom „Sozialismus als Tagesaufgabe" konnte er nicht viel anfangen.

Von jeher auf dem rechten Flügel der SPD stehend, war er eher auf Ausgleich als auf Konfrontation mit den bürgerlichen Kräften bedacht, die ihr Weltbild durch die linken Sozialdemokraten massiv bedroht sahen. Kaisen war ein Pragmatiker und schätzte die Realität anders ein als manche seiner Genossen. „Wir haben keine Revolution gewonnen, sondern einen Krieg verloren", rief er 1945 Bremer Betriebsräten zu, die wesentlich weiterreichende politische Vorstellungen hatten als er.

Um das von ihm für unerläßlich gehaltene „Bündnis von Kaufmannschaft und Arbeiterschaft" nicht zu gefährden, entschärfte er 1947 den Sozialisierungsartikel im Verfassungsentwurf der SPD, indem er aus der verbindlichen Muß-Bestimmung eine unverbindliche Kann-Bestimmung machte – und dies in seiner Partei „durchdrückte". Seiner Meinung nach mußte man in einer Hafen- und Handelsstadt wie Bremen mit den Vertretern des Kapitals zusammenarbeiten. Das galt für ihn auch noch, als die SPD 1955 in Bremen die absolute Mehrheit der Mandate erobert hatte. „Wir brauchten die vom Schütting (Sitz der Handelskammer, die Verf.), unser Gesichtskreis war immer irgendwie begrenzt, er mußte erweitert werden. Und deshalb hätte ich mit dem Teufel koaliert, um für Bremen was ‚rauszuholen'." (Kaisen in einem Interview mit der Verfasserin dieses Artikels aus dem Jahre 1978).

Und „rausgeholt" hat er etwas für Bremen, das ist unbestritten, auch wenn „Altlinke" immer noch den

1. Mai 1947. Demonstrationszug des DGB in der Humboldtstraße

„verpaßten Chancen" einer sozialistischen Neuordnung nach 1945 nachtrauern. Eine Integrationsfigur wie Kaisen, der bei regionalen und überregionalen Persönlichkeiten des öffentlichen Lebens geachtet, bei der Bevölkerung populär war, der Vertrauen und Glaubwürdigkeit ausstrahlte, war genau der Typ von Politiker, den Bremen nach dem Krieg brauchte. Er war der rechte Mann zur rechten Zeit. Das gilt auch, wenn sich manch eine Genossin, manch ein Genosse über seinen Starrsinn, seine fehlende sozialistische Vision, sein rasches Einlenken gegenüber bürgerlichen Kräften weidlich geärgert hat.

Die SPD hat der alten Hansestadt in über vierzig Jahren ihren Stempel aufgedrückt. Man denke nur an die sozial orientierte Wohnungsbaupolitik der fünfziger Jahre oder an die fortschrittlichen Ansätze in der Bildungspolitik späterer Jahre. Als die Männer und Frauen der alten Bremer Sozialdemokratie 1945 gleich nach Kriegsende – zum Teil schon vorher – damit begannen, ihre von den Nazis nur scheinbar zerschlagene Organisation wieder aufzubauen – da konnten sie noch nicht wissen, daß sich ihre Partei auf Dauer zur unangefochten stärksten politischen Kraft in Bremen entwickeln würde.

Oben: der Wiederaufbau Bremens beginnt

Unten: Tierhaltung in der Großstadt: In den Nachkriegsjahren fürs Überleben wichtig.

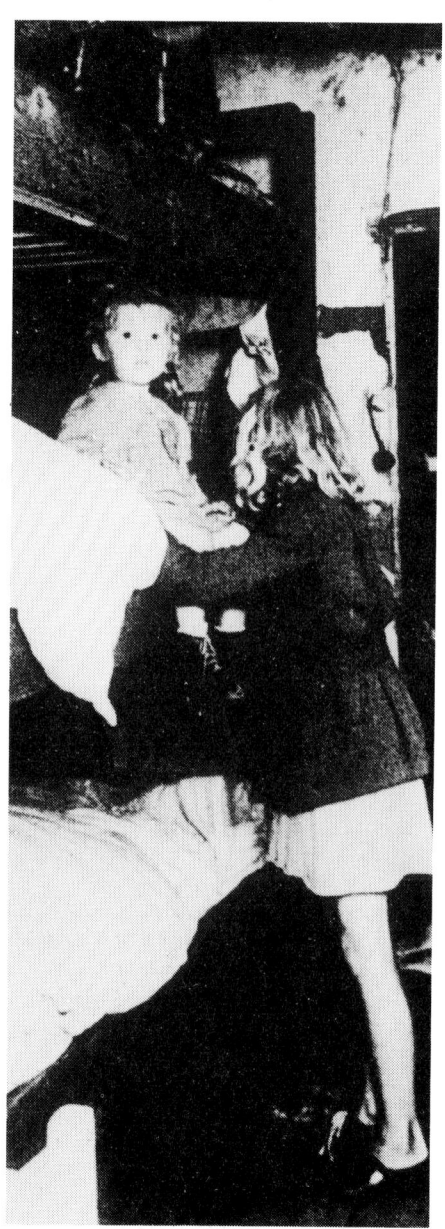

Bremen baut Wohnungen, damit das Elend in den Notunterkünften ein Ende hat.

BREMEN führt im Wohnungsbau!

Im Baujahr 1950-51 wurden gebaut auf je 10000 Einwohner u.a. in den Ländern:

Rheinland-Pfalz	69 Wohnungen
Bayern	85 "
Nord-Rhein-Westfalen	106 "
Württemberg-Baden	132 "
BREMEN	200 "

DARUM WÄHLEN WIR SPD

Aus dem statistischen Bundesblatt 1951

Erinnerungen an Wilhelm Kaisen

Auszug*

Kaisen heet ick

Um das Kriegsende war ich als Büro-Lehrling auf dem Bölkenhof beschäftigt. Da Herr Bölken als Senator für Ernährung und Landwirtschaft viel mit Bürgermeister Kaisen zu tun hatte, kam dieser auch oft auf den Bölkenhof.
Als er zum ersten Mal als „frischgebackener" Bürgermeister zu uns ins Büro kam, begrüßte ich ihn höflich mit „Guten Morgen, Herr Bürgermeister!"
Daraufhin verfinsterte sich sein sonst so freundliches Gesicht, und dann polterte er los: „Bürgermeister, Bürgermeister – wat heet hier Bürgermeister – Kaisen heet ick! Borgermeister bün ick up'n Rathuus!"
Einige Zeit später – ich hatte inzwischen meinen Arbeitsplatz gewechselt – ging ich auf der Schwachhauser Heerstraße zur Straßenbahn-Haltestelle am Dobben. Vor dem Überqueren der Schleifmühle sah ich mich vorsichtig um, ob ein Auto kam. Es kam eins: HB 1 – unser Bürgermeister.
Ich wollte ihm nur kurz zuwinken, doch er ließ anhalten und fragte: „Na, mien Deern, wo willst denn hin?" „Zu meinem Vater nach Hastedt." „Na, denn steig man ein, wir fahren dich eben hin." Darauf der Fahrer: „Aber Herr Kaisen, Sie müssen doch zur Sitzung ins Rathaus!" „Och wat, fahr das Frollein man erst nach Hastedt. Nach'n Rathaus kommen wir schon noch hin. Ohne mi

Wilhelm Kaisen auf seiner Siedlerstelle in Borgfeld

köönt se doch nich anfangen."
Annette Korten · Bremen

Weißkohl und Rotkohl

Ich bin 73 Jahre alt und hatte eine kleine Episode mit unserem Bürgermeister Wilhelm Kaisen. Wir hatten nach dem Krieg schrecklichen Hunger, meine Eltern und ich. Nahm mein altes Fahrrad und radelte zum Hof von Kaisen. Im Garten klaute ich 2 Köpfe Weißkohl. Mit einem Mal stand Kaisen vor mir, vor Schreck ließ ich die Köpfe fallen. Herr Kaisen schaute mich ernst an, hielt mir mein Vergehen vor, aber seine Augen strahlten soviel Liebe aus. Dann fragte er nach meinem Namen, ich weinte und sagte, ich heiße Tony Linow. Sagt er zu mir, dann bist du die Tochter von Anton Linow, wir sind beide Parteifreunde. Er bückte sich, gab mir die 2 Weißkohlköpfe und noch nebenbei 2 Rotkohlköpfe.
Ich radelte nach Hause mit meinen geklauten Sachen. Erzählte meinem Vater die ganze Angelegenheit. Er sagte dann, wenn du nicht schon so alt wärest, würde ich dich verprügeln.
Tony Lubbe · Bremen

Aus der Kriegsgefangenschaft in die Feuerwehr

Ich las in einer Zeitschrift, daß Sie Ihrem alten Bürgermeister Herrn Kaisen zu Ehren seines 100sten Geburtstages eine Festschrift herausbringen wollen. Ich möchte mit meinem Erlebnis hierzu beitragen.
Im Jahre 1946 war ich in Bremerhaven in Kriegsgefangenschaft. Das Kriegsgefangenenlager war in Weddewarden-„Groden".
Bremerhaven war total zerstört. Wir Kriegsgefangenen mußten im Hafen und auf dem Flugplatz arbeiten. Auch haben wir damals eine Wasserleitung nach Speckenbüttel gelegt, wo sich das Hauptquartier des amerikanischen Stadtkommandanten befand. Durch Vermittlung Ihres Herrn

Bürgermeisters Kaisen erhielten wir über einen ev. Pastor, den Namen habe ich leider vergessen, Post von unseren Angehörigen. Ebenfalls konnten wir nach Verhandlungen zwischen Amerikanern und dem Senat der Hansestadt Bremen unsere Angehörigen im Lager Weddewarden empfangen.

Im Herbst 1946 trat Ihr sehr geehrter Herr Bürgermeister Kaisen mit der amerikanischen Besatzungsmacht in Verhandlungen, daß wir „POWs" sobald wie möglich aus der Kriegsgefangenschaft entlassen werden sollten. Hierbei benutzte er, wie sich später herausstellte, einen Trick. So hieß es, der „Senat der Freien Hansestadt Bremen" brauche für die Enklave-Feuerwehr diejenigen, welche in Bremen und Umgebung wohnen; sie könnten sich freiwillig melden. Da meine Eltern aus Stolberg/Pommern evakuiert wurden und in Ahlhorn eine neue Heimat fanden, meldete ich mich auch freiwillig zu der „Feuerwehr". So wurde ich dann am 18. 10. 1946 aus der Kriegsgefangenschaft entlassen.

Nach kurzer Zeit bemühte ich mich bei der „Freien Hansestadt Bremen" um eine Anstellung bei der Feuerwehr. Hier wurde mir dann von der Verwaltung der Stadt mitgeteilt, daß keine Stellen mehr frei wären und es Ihrem Herrn Bürgermeister Kaisen nur darauf angekommen wäre, so viele wie möglich der noch in Kriegsgefangenschaft befindlichen Personen frei zu bekommen.

Dieses Erlebnis ist nun schon 40 Jahre her, aber Kriegsgefangenschaft, Bremen und Bürgermeister Kaisen sind bei mir immer noch in guter Erinnerung.

Horst Damerow · Leverkusen

Er machte den Anfang

Es war Kaisens Werk, einzig und allein sein Werk, daß die Hochseefischerei wieder hinausfahren und für uns alle was zu fressen holen durfte. Wenn er das heute sehen würde, was aus unserer Hochseefischerei geworden ist, kein einziger Fischdampfer der großen Flotte mehr am Markt, ich glaube seine Augen wären sehr, sehr traurig.

Erinnern wir uns: Bedingungslose Kapitulation. Bedingungslos ohne Einwände. Was heißt das? Wir hatten nichts mehr, uns gehörte nichts mehr. Alles, aber auch alles hatten wir verloren.

Ein englischer Sergeant sagte treffend, und dabei machte er eine Handbewegung, die alles umkreiste, so weit sein Blick reichte: „Alles Eigentum der englischen Krone. Alles gehört uns."

So war die Lage damals.

Die Fronten waren eisig, aber sie mußten aufgeweicht werden.

Wilhelm Kaisen sagte anläßlich seines 60sten Geburtstages in einem Interview: „Wir alle Beteiligten waren uns einig, wir müssen etwas tun. Die Sieger dürfen nach dem Völkerrecht den Besiegten doch nicht verhungern lassen. Am besten wäre es, wir würden selbst nach Washington fahren."

Wiedereröffnung der Großen Weserbrücke Ende 1947

Er nahm Carstens mit, der in Harvard studiert hatte, die amerikanischen Gepflogenheiten kannte und viel dazu beitragen konnte, daß dieser Besuch erfolgreich war.

Kaisen schaffte es, daß zunächst die Fischerei in Gang kam. Es war eine schwierige Aufgabe. Zunächst mußten erst einmal die Wege und das angrenzende Gebiet von Minen geräumt werden. Diese Aufgabe mußte die GMSA (Deutsches Minenräumkommando) unter Leitung der Royal Navy durchführen.

Und so kam es: Mitte 1945 konnte die Hochseefischerei mit unseren, aber den Siegern übereigneten Schiffen, die wiederum an uns verchartert wurden, begonnen werden.

Der Anfang war gemacht.

Werner Haubold · Bremerhaven

In froher Eintracht mit dem Erbfeind

Da ich eine Französin zur Mutter hatte, war es mir vergönnt, am 14. Juli zum Nationalfeiertag stets am Empfang beim französischen Konsul teilzunehmen.

Mehrmals hatte ich dort das Vergnügen, Herrn Kaisen in seiner netten, amüsanten und einfachen Art zu erleben.

U. a. bemerkte er: „Wenn mich jetzt mein Lehrer sehen könnte, wie ich hier mit dem sogenannten Erb- oder Erzfeind in froher Eintracht feiere, so würde er sich im Grabe herumdrehen. Mein Lehrer hatte nämlich die Angewohnheit, uns täglich an das damalige deutsch-französische Verhältnis zu erinnern, sobald er die Klasse betrat. Die Schlacht bei Sedan, wo die Deutschen Napoleon III. bezwangen, beflügelte ihn und sollte den Kindern ein Ansporn sein, den Feind weiterhin zu besiegen."

Dann berichtete unser damaliger Bürgermeister von einem offiziellen Besuch in England. Dort wurde ihm eine Tasse mit Inhalt gereicht. Als er höflicherweise ausgetrunken hatte und er gefragt wurde: „Möchten Sie noch Kaffee oder Tee?", meinte er: „Wenn das eben Kaffee war, dann bevorzuge ich Tee."

Lucie Spielter · Bremen

Wat schall ick hier?

Anläßlich der 200-Jahr-Feier Amerikas hatte der United European Club Bremen im Juni 1976 eine „CARE-Ausstellung".

Unser Alt-Bürgermeister Wilhelm Kaisen sollte die Ausstellung mit einer Ansprache eröffnen.

An der Treppe wurde er von den Senatoren und Dr. Heuer begrüßt. Danach bekam er erst einmal seinen Kaffee und seine Zigarre, wobei er mich, damals Repräsentantin des UEAC, leise fragte: „Segg mol, mien Deern, wat schall ick hier eigentlich?"

Antwort: die Eröffnungsansprache für die Care-Ausstellung halten, Herr Bürgermeister.

„Och dat – na denn weet ick dat all."

Und Wilhelm Kaisen ging zum Podium und sprach mehr als eine Stunde

Das Ehepaar Wilhelm und Helene Kaisen

frei, ohne Konzept und ohne schriftliche Merkblätter – und ohne sich ein einziges Mal zu wiederholen! Wir werden diesen Tag, den ich schon oft geschildert habe, und Wilhelm Kaisen in seiner Vitalität und mit seinem enormen Gedächtnis – er war damals immerhin 89 Jahre jung – nie vergessen.
Hildegard Hamann · Hude

Trocken und schlicht

Oktober 1961. Im Festsaal des neuen Rathauses werden die Amtsgeschäfte des Präsidenten der Oberpostdirektion Bremen an einen Nachfolger im Amt übergeben. Aus Bonn ist in Vertretung des Bundespostministers der Staatssekretär angereist, um den Vorgänger zu verabschieden und den Nachfolger einzuführen. Geladen sind Vertreter aus Politik, Öffentlichkeit, Verwaltung und was sonst noch in Bremen Rang und Namen hat. Für den Bremer Senat nimmt Senatspräsident Kaisen am Festakt teil. Der Saal ist entsprechend geschmückt: Gummibäume, Rednerpult u.ä. Für den würdigen Rahmen sorgt u.a. ein Streichquartett. Bei der Kleidung der geladenen Gäste dominiert unübersehbar der „Stresemann". Die Sitzordnung ist wie üblich mit allen protokollarischen Finessen ausgeklügelt. Kurzum: Das Ganze ist an Würde (und Steifheit) nicht zu überbieten.
Man erinnere sich: Die Wiederaufbauphase nach dem 2. Weltkrieg war noch nicht abgeschlossen. Überall schossen Wohnblocks wie Pilze aus dem Boden. Beispielhaft und als Modell weit über die Landesgrenzen hinaus bekannt wurde die Neue Vahr, die damals ihrer Vollendung entgegenging. Klarer Fall deshalb, daß der Modellversuch mit den Hausbriefkästen gerade in Bremen stattfand. Einleuchtend auch, daß das eine für die Hausbewohner und auch für die Post nützliche Sache war. Ersparte sie doch dem Postzusteller anstrengendes Treppensteigen. Der Post brachte sie außerdem ansehnliche Personaleinsparungen. Der Briefkasten war aus Metall. Jedem, der sich zu einem Kauf entschloß, zahlte die Deutsche Bundespost einen Zuschuß von 10,- DM. Zurück zum Festakt: Jetzt schreitet Wilhelm Kaisen zum Rednerpult. Er hat keinen „Stresemann" an, nur einen schlichten blauen Anzug. Er findet anerkennende Worte für den scheidenden OPD-Präsidenten und sagt dann – ich habe es noch fast wörtlich in Erinnerung – in der ihm üblichen trockenen und schlichten Art: „Aber eines, Herr Dr. Wiesemeyer, habe ich noch gar nicht gewußt, nämlich, daß Sie sozusagen der ‚Vater des Hausbriefkastens' sind. Ich habe mir auch so ein Ding anschnacken lassen, aber nach wenigen Tagen mußte ich es wieder abnehmen, weil es zu rosten anfing. Ich hab' mir dann mit meinem Sohn einen aus Holz gemacht. Der ist besser. Ihrer liegt, glaube ich, noch bei mir auf dem Boden. Sie können ihn abholen lassen."
Die Heiterkeit können Sie sich vorstellen und auch, wie sehr diese Heiterkeit dazu beitrug, die steife Würde der Versammlung aufzulockern. Für mich, der ich damals noch sehr jung und nicht nur autoritäts-, sondern auch honoratiorengläubig war, bildete dieses Erlebnis mit Wilhelm Kaisen einen gehörigen positiven Denkanstoß.
Siegmund Loppe · Bremen

* Aus dem Buch „Unser Wilhelm Kaisen"
Bremer erinnern sich an ihren Bürgermeister

Annemarie Mevissen

Als erste Sozialdemokratin im Senat der Freien Hansestadt Bremen

Meine Wahl in den Senat hatte eine persönliche Vorgeschichte, ohne die ich zu dieser Zeit, 1951, als verhältnismäßig junge Frau wohl kaum in eine so außerordentliche Funktion wie die eines Regierungsmitgliedes gekommen wäre.

Ich bin mir bewußt, daß für Frauen die Situation heute zwar nicht gut, aber dennoch besser und selbstverständlicher ist gegenüber den Voraussetzungen meiner Generation, um in herausragende politische Funktionen zu kommen. Das hängt sicher damit zusammen, daß die gesellschaftspolitische Eingliederung der Frauen nach dem Zweiten Weltkrieg sich ganz generell verbessert hat.

Ich bin zunächst für meine Partei kein ganz einfacher Partner gewesen. Ich erinnere mich, daß 1945, im Sekretariat der SPD, als in meinem Antrag auf Aufnahme in die Partei stand, daß ich das Abitur gemacht habe, ein Raunen der Überraschung durch den Raum ging. Daran kann man den Wandel erkennen, der sich inzwischen in der Partei und der Zusammensetzung ihrer Mitgliederschaft vollzogen hat.

Kurz zur Person: Ich wurde 1914 sozusagen in die SPD hineingeboren. Mein Vater gehörte schon 1919 der Bremischen Bürgerschaft an, wo er, bis die Nazis sie 1933 auflösten, wichtige Funktionen wahrnahm. Be-

Senatorin Annemarie Mevissen, Bürgermeister Kaisen und Colonel Fulton Magik eröffnen das Jugendheim West am 18. September 1952.

ruflich war er beamteter Fürsorger im Außendienst. Während der schweren Jahre der Depression und der hohen Arbeitslosigkeit war diese Arbeit mit außerordentlichen, auch menschlichen Belastungen verbunden, die uns in der Familie nicht unberührt ließen. Mit 14 Jahren wurde ich Mitglied der Sozialistischen Arbeiterjugend. Ich habe diese Jahre in der „Gruppe Engels" bis zum Verbot durch die Nazis sehr genossen, obwohl sie mich in meiner Klasse der Deutschen Oberschule, dem späteren Gymnasium am Hillmannplatz, in eine Außenseiterrolle brachten. Nach meinem Abitur 1934 erklärten die Nazis, die meinen Vater bereits 1933 aus dem Dienst entlassen hatten, mich für politisch unzuverlässig und versperrten mir jedwede weitere Ausbildung an der Universität. Ich wurde Buchhändlerin. 1943 heiratete ich, und 1945 wurde mein erstes Kind geboren. Ich war nach Bremen zurückgekommen und lebte mit meinem Mann, der im Mai 45 aus dem Krieg zurückkam, und der kleinen Tochter bei meinen Eltern in Oberneuland. Die unmittelbare Nähe der Eltern war besonders wichtig. Ohne sie hätte ich in diesen ersten Jahren nach dem Krieg keine außerhäusliche Aufgabe übernehmen können. 1945 begann ich in Oberneuland eine Gruppe der „Kinderfreunde" aufzubauen und war sehr bald an der zentralen Führung der „Kinderfreunde" beteiligt. Damit zugleich kam ich auch direkt in Verbindung mit dem Bremer Landesjugendring.
Die eigentliche politische Lehrzeit erlebte ich im „Ristedter Kreis", in den mein Vater meinen Mann und mich eingeführt hatte. Der „Ristedter Kreis" war eine lose Verbindung

Der Schnoor: Nach dem Krieg . . .

125 Jahre Bremer SPD

von Freunden aus der SPD, die sich an vielen Wochenenden um die Probleme des Wiederaufbaus der zerstörten Stadt bemühten. Durch die Beteiligung der Leiter vieler kommunaler Ämter blieb die Diskussion nicht im Theoretischen stecken, sondern war an die realen Möglichkeiten gebunden, die Vorstellungen auch tatsächlich umsetzen zu können.
Den größten Gewinn brachte mir die Beratung eines Entwurfs der Bremischen Landesverfassung. Den Auftrag dazu erhielt der Kreis von der SPD-Fraktion, die diesen Entwurf anschließend in die Verfassungsdeputation einbrachte, der auch ein Entwurf des Bürgermeisters Spitta vorlag. Die Landesverfassung wurde auf Wunsch der Amerikaner durch einen Volksentscheid angenommen – am 12. Oktober 1947.
Ich war 1946 bei der ersten Bürgerschaftswahl nach dem Krieg trotz großen inneren Widerstrebens als Kandidat aufgestellt worden, aber dann gegenüber dem Gemeindebürgermeister in Oberneuland durchgefallen. Bei der Neuwahl im darauffolgenden Jahr, die aufgrund der inzwischen erfolgten Konstituierung des Landes Bremen als 4. Land der US-Zone erforderlich geworden war und die anders als im Jahr zuvor nach den Grundsätzen des Verhältniswahlrechts durchgeführt wurde, stellte mich die SPD auf einem der vorderen Plätze ihrer Liste auf. So wurde ich 1947 mit 33 Jahren das jüngste Mitglied der Bremischen Bürgerschaft.
Meine Fraktion wählte mich in die Deputation für Schulen und Erziehung. Eins der hart umstrittenen Themen war damals das Ringen um die Durchsetzung der sechsjährigen

. . . und heute

Grundschule. Da ich mehrmals zu diesem Thema in der Bürgerschaft sprechen mußte, blieb es nicht aus, daß ich selbst eine umstrittene Persönlichkeit im öffentlichen Leben wurde. Die Verbindung mit dem Landesjugendring blieb durch die Einbindung in die Beratungen der Schuldeputation bestehen, da das Amt für Jugendförderung von der Schulbehörde mitverwaltet wurde. Kurz vor der Neuwahl im Herbst 1951 hatte das amerikanische Foreign Office junge Politiker aus der Bundesrepublik zu einer Studienreise in die USA eingeladen, für die meine Fraktion mich benannte. Da in Bremen Wahlen bevorstanden, konnte ich nicht mit der Gruppe fliegen, sondern folgte kurz nach der Wahl. Ich hatte mich verpflichtet, auf der letzten Wahlkundgebung zusammen mit Bürgermeister Wilhelm Kaisen zu reden. Er holte mich in seinem Wagen ab und bat mich auf dem Weg um Vorschläge für die Besetzung des Schulressorts. Senator Paulmann war ein halbes Jahr vorher aus dem Senat „ausgeschieden worden". Auf der Heimfahrt machte Kaisen den Vorschlag, daß ich das Schulressort übernehmen solle. Ich glaubte zwar nicht, daß dieser Vorschlag ernst gemeint war, denn Kaisen wußte, daß ich zwei kleine Kinder zu betreuen hatte und keine Verwaltungserfahrung besaß. Dennoch schränkte ich meine Ablehnung insoweit ein, als ich ihm sagte, ich würde seinen Vorschlag dann überdenken, wenn er etwa erwäge, dies für die SPD so wichtige Ressort bei einer Koalition einer anderen Partei anzubieten.

Da ich unmittelbar nach der Wahl in die USA abflog, habe ich die Koalitionsverhandlungen und die Beratungen über die personelle Zusammensetzung des Senats und die Ressortverteilung nicht miterlebt.

In Chicago, auf dem Weg nach Kalifornien, erreichte mich ein Anruf aus New York mit der Bitte, für Radio Bremen in der Rundfunkstation von Chicago ein Band zu besprechen über die Schwerpunkte meiner zukünftigen Arbeit im Senat. Ich sprach also trotz großer Bedenken über meine Pläne in der Schulpolitik, da ich keine anderen Informationen besaß als das Gespräch mit Wilhelm Kaisen. Das Band konnte von Radio Bremen nicht gesendet werden. Ich sollte nämlich gar nicht Schulsenator werden, sondern eine für den Bremer Senat völlig neue Aufgabe als Jugendsenator übernehmen. Hiervon unterrichteten mich allerdings nur Briefe meines Mannes und meines Vaters, von Kaisen hörte ich nichts. Bei meiner Rückkehr aus den USA mußte ich feststellen, daß für mich eigentlich gar kein Arbeitsbereich vorhanden war. Das hatte folgenden Hintergrund: Erstmals seit 1945 war die CDU in einer Großen Koalition an der Senatsbildung beteiligt. Das Schulressort hatte Willy Dehnkamp (SPD) übernommen, und das Gesundheits- und Sozialwesen einschließlich Jugendamt wurde dem Senator Degener (CDU) zugeschlagen. Was sollte ich als Jugendsenator ohne Jugendamt eigentlich machen, fragte ich mich.

Die Begleitumstände, die ich bei der Übernahme meiner Arbeit im Senat erlebte, waren beispiellos und werden hoffentlich auch in der Geschichte des Bremer Senats einzigartig bleiben:

Wenige Tage vor meiner Vereidigung durch den Präsidenten der Bremischen Bürgerschaft bat Bürgermeister Kaisen mich zu einem Gespräch, zu dem er gleichzeitig Senator Degener (CDU) hinzuzog. Zu meiner Verblüffung sollte ich nach Meinung Kaisens die Jugendnot gründlich durchleuchten und den Kollegen im Senat Vorschläge unterbreiten, was sie von ihren Arbeitsbereichen aus veranlassen könnten, um zur Lösung der Probleme beizutragen. Soweit es sich dabei um Aufgaben des Jugendamtes handeln würde, sollte ich das Einvernehmen mit dem Wohlfahrtssenator – heute Sozialsenator – herstellen. Die Gespräche mit Kaisen verliefen ohne Ergebnis in der Sache und sehr unglücklich im Ton, weil ich fassungslos wie vor einer Mauer des Mißverstehens stand. Ich war für meinen Arbeitsbereich nicht anspruchsvoll, aber es schien mir unabdingbar, als Ausgangspunkt aller Aktivitäten das Jugendamt mit seinen Erfahrungen und seinen eingearbeiteten Mitarbeitern zur Verfügung zu haben. Ich merkte deutlich, daß Kaisen nicht so sehr an einer erfolgversprechenden Arbeitsmöglichkeit für mich interessiert war, sondern ihm vielmehr daran lag, keine erneuten Schwierigkeiten mit dem neuen Koalitionspartner CDU heraufzubeschwören.

Am 16. Januar 1948 wurde ich vereidigt, ohne daß ein Ergebnis hatte gefunden werden können. Am 22. Januar schrieb ich an Bürgermeister Kaisen einen Brief, den ich hier in Auszügen wiedergebe.

„Das Problem unserer Jugend ist in allen Zonen in gleichem Umfang vorhanden. Viele fähige und weit erfahrenere Politiker, als ich es bin, haben bisher vergeblich versucht, es

125 Jahre Bremer SPD

Annemarie Mevissen, 2. Bürgermeister, während der „Straßenbahnunruhen" am 19. Januar 1968 auf dem Domshof.

zu lösen . . .
Jetzt haben wir uns entschlossen, der Not durch die Schaffung eines vollen Jugendressorts zu begegnen. Die Partei wird immer wieder verantworten müssen, daß sie der Erhöhung der Zahl der Senatoren zugestimmt hat. Sie kann dies nur, wenn in diesem Amt auch etwas geleistet wird . . . Was nützt es, gute Ideen zu haben und den Willen, diese Ideen zu verwirklichen, wenn mir die Mittel und Kräfte fehlen, um sie durchzuführen? . . . Ich frage mich wirklich, wofür habt Ihr mich eigentlich zum Senator gemacht? Nach dem Gesetz bin ich der Bürgerschaft und nur ihr verantwortlich, sonst hättet Ihr einen neuen Oberbeamten einstellen sollen, der sich im Wohlfahrtsamt vornehmlich mit den Jugendangelegenheiten beschäftigt und seine Weisungen von der vorgesetzten Dienststelle empfängt. Ich bin bitter, aber Du mutest mir auch reichlich viel zu, und das alles mit dem Argument: ‚Zeig doch zunächst einmal, was Du kannst, wenn uns das gefällt, wollen wir uns nach einer besseren Möglichkeit umsehen.' Ich möchte den **Genossen** sehen, der bei so geführten Verhandlungen kühl geblieben wäre . . . Bitte, Genosse Kaisen, ich nehme Dich beim Wort. Du wolltest mir als Frau die Möglichkeit geben, Pionierarbeit zu leisten für Frauen, die nach mir in den Senat einziehen wollen. Ich kann mir nicht vorstellen, daß Du den Frauen einen guten Dienst erweist, wenn Du die erste Frau für das Gelingen der großen Koalition opferst . . ."
Der Antwortbrief von Kaisen kam umgehend. Er ist in seiner Unsachlichkeit so vernichtend, daß ich ihn in vollem Wortlaut wiedergebe:

Nachkriegsjugend – die politischen Ziehkinder der Senatorin Annemarie Mevissen

Der Senat tagt

Nach dem Abschied aus der aktiven Politik. Zwei, die Bremen aus der Katastrophe führten.

„Ihr Brief bestätigt mir den Eindruck, den ich erst jetzt von Ihnen gewonnen habe. Ich war es, der Ihre Senatskandidatur betrieben hat, und heute muß ich schmerzlich erkennen, daß ich mich geirrt habe. Ich verlange vielleicht zuviel von Ihnen. Sie pochen auf ein **Amt**, und ich wollte für Sie erst dann ein Amt, wenn Sie das große Jugendproblem untersucht und durchleuchtet haben. Aber dafür haben Sie keinerlei Ohr. Sie wollen ein Amt und versichern mir immer wieder: es muß auch ein zumutbares sein. ‚Das kann man mir wohl nicht zumuten', kann wohl ein Beamter erklären, dem eine seiner Gruppe nicht würdige Beschäftigung übertragen wird, aber ein Senator ist der erste Diener des Staates, er hat sowohl Pionierarbeit als auch Verwaltungsarbeit zu leisten. Da das letztere der Gewohnheit entspricht und das erstere nur wenigen vorbehalten bleibt, so war es von mir aus gesehen etwas Außerordentliches, das ich von Ihnen verlangte, als ich Ihre Kandidatur vorschlug. Ich war in der Tat der Auffassung, daß Sie das Zeug dazu hätten, dieses dringende neue Jugendproblem im Lichte der bremischen Notwendigkeiten zu bearbeiten und entsprechende Vorschläge zu machen, von welchem Amt aus diese Arbeit aufzunehmen wäre. Nach meiner Auffassung ist es daher ganz einerlei, ob Sie von der Basis der Jugendförderung, der Schule oder des Jugendamtes diese Pionierarbeit in Angriff nehmen. Sie schreiben zum Schluß in Ihrem Brief, daß Sie mich beim Wort nehmen, Ihnen als Frau die Möglichkeit zur Pionierarbeit zu geben. Nun, ich habe es versucht, immer wieder. Sie aber wollen vor allem zunächst ein

Amt, dazu ein zumutbares. Hierin liegt das große Mißverständnis, woran ich wohl die größte Schuld trage, weil ich alles mit Ihnen vor Ihrer Senatskandidatur hätte besprechen müssen."

Die weiteren Verhandlungen wurden nicht mehr mit Kaisen, sondern mit Bürgermeister Dr. Spitta geführt. Es wurde ein Kompromiß gefunden: Das Jugendamt und das Amt für Jugendförderung wurden mir unterstellt. Um das Ressort Wohlfahrt nicht zu zerreißen, hatte ich mich auf Landesebene der Verwaltung des Senators für das Wohlfahrtswesen zu bedienen. Eine eigene Deputation wurde nicht geschaffen, sondern lediglich ein Ausschuß der Wohlfahrtsdeputation. Mein Verhältnis zu Bürgermeister Kaisen blieb seitdem reserviert. Ich erinnere mich nicht, in all den Jahren jemals mit einer Sachfrage zu ihm gegangen zu sein. Schlimm war für mich, daß er im Senat bewußt oder unbewußt meine Vorstellungen übersah und mir dadurch das Gefühl völliger Bedeutungslosigkeit gab.

Trotz aller Erschwernisse waren diese ersten Jahre voller neuer Aktivitäten, mit den Schwerpunkten politische Bildungsarbeit und internationale Jugendbewegung.

Das war offensichtlich auch Bürgermeister Kaisen nicht verborgen geblieben. Vier Jahre später, nach der Wahl 1955, als erneut die Entscheidung für den Senat anstand, war er es, der vor der Fraktion meine Kandidatur vertrat. Ich wurde einstimmig wieder in den Senat gewählt und erhielt auch eine eigene Deputation.

Trotz aller Vertrauensbeweise späterer Jahre: der Brief von Kaisen aus dem Jahre 1952 blieb für mich ein politisches Trauma. Ich habe mich später oft gefragt, warum ich damals mein Mandat nicht zurückgegeben habe. Es war vorauszuahnen, daß es große Schwierigkeiten geben würde. Der Grund war sicher der Kaisen-Brief, der mich so sehr getroffen hatte, daß ich danach nicht aufgeben konnte, sondern ihm beweisen mußte, daß er Unrecht hatte und ich sehr wohl fähig war, Aufgaben für die Allgemeinheit lösen zu können. Das Jahr 1955 brachte dann den Beginn einer eigenständigen Arbeit für mich. Auch wenn zu den Belastungen im Dienst noch die Unruhe kam, ob ich meinen Kindern gerecht werden könnte. Die Arbeit war sinnvoll und die Erfolge ermutigend, und die Kinder begannen langsam, an den immer wachsenden Aufgaben gedanklich teilzunehmen, denn sie berührten auch ihr Leben.

1958 übernahm ich die Sportförderung, 1959 übertrug mir der Senat das Sozialressort. Mit Jugend, Sport und Sozialhilfe stand ich mit allen Teilen der Bevölkerung auf irgendeine Weise in Verbindung, und ich erlebte, daß meine Arbeit ein wichtiger Teil für unsere Gesellschaft geworden war. Die Wahl zum 2. Bürgermeister 1967 erschien mir wie eine Bestätigung dieser Gedanken.

Eines aber blieb Gewißheit: die ständige Frage nach der eigenen Bewährung auch vor den anspruchsvollsten Kritikern bleibt die Voraussetzung für jede Frau, in ihrer Arbeit Erfolg zu haben.

125 Jahre Bremer SPD

Interviewerin:
Renate Meyer-Braun

Interview mit Richard Boljahn über den Wohnungsbau der 50er Jahre und andere Fragen

MB: Richard, hast Du Dich um den sozialen Wohnungsbau in Bremen verdient gemacht?
B: Ja, das will ich wohl meinen. Bremen war in den 50er und 60er Jahren d i e Stadt des sozialen Wohnungsbaus in der Bundesrepublik. Ich hatte damals, Anfang der 50er Jahre, ein ganz neues Konzept für den Wiederaufbau des total zerstörten Bremer Westens entwickelt. Nach dem Vorbild des zerbombten Warschau sollten alle Grundstücke in einen Pool eingebracht werden, damit wir neue großzügige Straßenzuschnitte planen konnten mit viel Platz für Licht und Sonne zwischen den Häusern. Dabei war das eigentlich Neue, daß jede Wohnung fließend Warm- und Kaltwasser bekommen sollte, Balkon oder Loggia, Bad oder Dusche, Verbot von Souterrainwohnungen, Verbot von Dachgeschoßwohnungen.

MB: Wieso war das so neu?
B: Tja, Arbeiterwohnungen kannten bis dahin solchen Komfort ja gar nicht. Wir sind ja alle noch mit der Zinkbadewanne am Samstagabend in der Küche großgeworden. Es gab denn auch erbitterte Kontroversen in der Frage des Wohnungsbaus. Kaisen, Theil (Bausenator 1945–1955,

Richard Boljahn in den 70ern

MB), Kleemann (Kreisvorsitzender der Bremer SPD 1949–1951, MB) und Hagedorn (Präsident der Bürgerschaft 1946–1960, MB) wollten den Wiederaufbau des Westens im alten Stil, d. h. Klein-Klein, enge Straßen, winzige Grundstücke – wie vor dem Krieg. Das waren eben die Älteren. Wir Jüngeren in der Fraktion wollten was Neues. Der Streit wurde dadurch beendet, daß eine einzige Straße im Bremer Westen, nämlich die Grenzstraße, nach den Vorstellungen Kaisens wiederaufgebaut wurde. Die Wohnungen waren so klein, daß man schon im Turnverein gewesen sein mußte, um im Schlafzimmer überhaupt ins zweite Bett zu kommen.

MB: Warum hatten denn Kaisen und Theil Bedenken gegenüber Deinem Konzept?
B: Denen war das finanziell zu riskant. Die hatten noch den Bankenkrach aus der Weimarer Zeit in Erinnerung. Die hatten Angst, soviel Geld aufzunehmen. Der Theil war ja überhaupt mehr ein Bauverhinderungssenator als ein Bausenator, deshalb hab' ich den ja auch gekippt.

MB: Und sah Alfred Balcke, der 1955 sein Nachfolger wurde, die Dinge anders?
B: Balcke verhielt sich loyal gegenüber der Fraktion. Übrigens, der bürgerliche Finanzsenator Nolting-Hauff war bereit, meine Finanzierungsvorstellungen mitzutragen.

MB: Am 9. Mai 1957 wurde der Grundstein für die Neue Vahr gelegt. Eine Schlafstadt aus Beton auf der grünen Wiese?
B: Das kannst Du nicht sagen. Die Neue Vahr ist heute noch ein städtebauliches Musterbeispiel für ganz Europa.

Grundsteinlegung für die Neue Vahr 1957

125 Jahre Bremer SPD

Wahrzeichen des Bremer Wiederaufbaus: das Aalto-Hochhaus

MB: Na, ist das denn nicht ein bißchen übertrieben?
B: Nee, wo gibt es denn das sonst, daß 10 000 Wohnungen mit einem einzigen Schornstein versorgt werden. Damals gab es weit und breit noch nicht die Grünen, aber wir haben schon an die Umwelt gedacht. Wir hatten auch die niedrigsten Mieten damals in der ganzen Bundesrepublik. Jeder sah, die reden nicht nur in Bremen, die handeln. Das ist der Unterschied zu heute, heute wird in Bremen nicht mehr gestaltet, sondern bloß verwaltet.
MB: Herrschte damals nicht eine andere Situation? Es war die Zeit des Wiederaufbaus, Aufbruchstimmung. Ihr konntet aus dem vollen schöpfen.
B: Von wegen – aus dem vollen schöpfen! In den achtzehn Jahren, in denen ich Fraktionsvorsitzender war, hatte ich ein Büro zur Verfügung, das aus einem Geschäftsführer und einer Schreibkraft bestand. Guck Dir mal an, was der Dittbrenner heute für einen Apparat hat; das ist ja eine ganze Verwaltungsakademie.
MB: Du sagtest einmal, Du habest damals dafür sorgen wollen, daß die modernsten Errungenschaften der Technik nicht nur den Besitzern von Fabriken zugute kommen sollten, sondern auch den kleinen Leuten, denen Du moderne Wohnungen verschaffen wolltest. Ging es aber nicht auch darum, dem Aufsichtsratsvorsitzenden der Gewoba, Richard Boljahn, noch ein bißchen mehr Macht und Einfluß zu verschaffen? Schließlich übernahm ja die Gewoba fast die gesamte Planung und Durchführung des Auf- und Wiederaufbaus im Bremer Westen und in der Vahr.

B: Macht kann man sich nicht selber geben. Ich bin ja nur durch das Vertrauen der Kollegen und Genossen in meine Ämter gekommen. Ich habe mich ja nie selbst gewählt, ich bin immer 'rausgegangen, wenn's ans Wählen ging. Die haben mich ja fast immer einstimmig gewählt, mit einer oder zwei Gegenstimmen.

MB: Nun hast Du offenbar eine Menge Leute in der Fraktion von Dir abhängig gemacht, indem Du ihnen z. B. Wohnungen besorgt hast, ein kostbares Gut damals, als noch Zehntausende in Baracken, Kellern und Bunkern hausten.

B: Was heißt hier abhängig gemacht? Ist es was Schlechtes, einem Genossen zu helfen, der unter unwürdigen Bedingungen leben mußte?

MB: Du warst nicht nur Fraktionsvorsitzender und Aufsichtsratsvorsitzender der Gewoba, sondern auch DGB-Kreisvorsitzender. War das denn nicht eine zu große Machtzusammenballung? Wäre eine Entkoppelung nicht richtiger gewesen?

B: Doch, ich war auch immer für Entkoppelung. Ich hatte z. B. den Grundsatz, als Fraktionsvorsitzender nie Landesvorsitzender der Partei zu werden. Ich wollte übrigens auch nie Senator werden. Denn ich war der Meinung, die Legislative bestimmt die Politik, nicht die Exekutive.

MB: 1958 gab es zum ersten Mal Krach mit der Partei. Anlaß war, daß Du privat einen Bauantrag für ein Acht-Familien-Haus in Huchting gestellt hattest. Der Landesausschuß faßte mehrheitlich den Beschluß, Dich aufzufordern, den Fraktionsvorsitz niederzulegen wegen der Gefahr der Verknüpfung des politischen Mandats mit privaten wirtschaftlichen Interessen. Eine Woche später wurde dieser Beschluß revidiert. Hatte Kaisen Dich noch mal „rausgehauen"?

B: Das war damals eine gesteuerte Attacke gegen mich, im Mittelpunkt stand Adolf Ehlers. Ich hatte nur in Anspruch genommen, was jedem Bürger freistand. Es war doch kein Verbrechen, Eigentum zu erwerben. Ich erfuhr übrigens damals von der Sache aus der Zeitung. Ich rief gleich Paulmann an, der war der Landesvorsitzende damals, mein alter Lehrer von der Reformschule Helgolander Straße, und sag': „Christian, was war denn da los? Wer war denn in der Sitzung?" Er erzählt mir das. Ich darauf: „Die Hälfte hättest Du gleich nach Hause schicken müssen, die durften gar nicht mitstimmen." Neue Sitzung; diesmal war ich dabei, Kaisen auch. Mein letzter Satz war: „Ihr habt mich nicht zum Fraktionsvorsitzenden gewählt, ihr könnt mich auch nicht absetzen." Und Kaisens letzter Satz war: „Wenn ihr den Boljahn abwählt, könnt ihr euch auch gleich einen neuen Bürgermeister suchen." Und zu mir: „Komm, min Jung, wir gehen 'ne Tasse Kaffee trinken." Damit war die Sache erledigt.

MB: Das war noch mal gutgegangen. Immerhin mußtest Du den Bauantrag zurückziehen. Zehn Jahre später, 1968, sah's dann anders aus.

B: Es sah nicht anders aus. Es ging darum, daß Koschnick, der gerade den Superpedanten Dehnkamp als Präsident des Senats abgelöst hatte, sich etablieren mußte. Dem war klar, daß er in meiner Person einen Gegenspieler haben würde, der es ihm schwermachen würde. Er hat dann all die Unzufriedenen in Fraktion und Senat zusammengetrommelt. Den einen paßte meine Krawatte nicht, den anderen war ich zu hemdsärmelig, die dritten packten Frauengeschichten auf den Tisch, Sachen, die heute keinen mehr stören würden. Es wurde dann eine Superinszenierung gegen mich veranstaltet – SPD, CDU und Weser-Kurier. Ich bin zurückgetreten am 29. 1. 1968, wohlbemerkt, i c h bin zurückgetreten, wegen des Kanalbaubeitrages, nicht wegen irgendwelcher anderer Sachen.

MB: Du sagst, der ganze Baulandskandal war ein Komplott gegen Dich?

B: Das war der größte Flop in der Geschichte der sozialdemokratischen Politik in Bremen. Die Sache ging aus wie das Hornberger Schießen. Der Untersuchungsausschuß hat weder Lohmann noch Blase noch Boljahn irgendwelche Verfehlungen nachweisen können, da war nichts mit Spekulationsgewinnen, nichts mit Korruption oder Unterschlagungen wie jetzt bei dem St.-Jürgen-Skandal. Warum glaubst Du, daß ich heute mit 76 Jahren noch so gut beieinander bin? Glaubst Du, das wäre so, wenn ich irgendwelche Schuldgefühle hätte? Nee, mich trifft keine Schuld. Die Verantwortung trug der Senat, die Banker – die saßen doch alle mit drin in der Grundstücksgesellschaft Weser. (1963 gegründet zur Effektivierung der Grundstücksankaufpolitik der Stadtgemeinde Bremen, MB) Die wußten doch alle Bescheid.

MB: Das klingt doch recht verbittert. Wie ist heute Dein Verhältnis zur Partei?

B: Kritisch, und zwar deshalb, weil ich immer wieder feststellen muß, daß die Grundlagen, die wir in den

125 Jahre Bremer SPD

10 000 neue Wohnungen werden in der Neuen Vahr zwischen 1957 und 1961 gebaut

50er und 60er Jahren gelegt haben, heute verspielt werden. Wie schon gesagt, es wird nur noch verwaltet. Ich habe damals auch nicht immer recht gehabt, es wurde gelegentlich heftig diskutiert, es war ja bei weitem nicht alles Friede, Freude, Eierkuchen damals, aber irgendwann kam der Punkt, wo Schluß sein mußte mit dem Blabla, dann mußte gehandelt werden. Und noch 'was: Ich habe 18 lange Jahre als Fraktionsvorsitzender keine müde Mark mehr verdient als der letzte Abgeordnete auf der letzten Bank. Und heute muß der Fraktionsvorsitzende soviel wie 'n Senator verdienen und 'nen Mercedes 230 fahren!

MB: Wie war Dein Verhältnis zu Kaisen? Kaisen wird ja heute in der Partei – und nicht nur da – verehrt, den Namen Boljahn möchte man am liebsten nicht mehr in den Mund nehmen.

B: Es hat sich in den letzten Jahren etwas gewandelt. Es war richtig, daß wir damals die Vaterfigur Kaisen stärker herausstellten als den hemdsärmeligen Boljahn. Ich war es ja, der zusammen mit dem Liepelt, der heute Infas leitet, damals mit dafür gesorgt hat, daß wir einen modernen Wahlkampfstil einführten, wo wir zum ersten Mal die riesigen Fotos in 3 × 4 m Größe mit Wilhelms Konterfei aufstellten. Zu meiner persönlichen Einstellung: Ich hatte zwar ein Vater-Sohn-Verhältnis zu Kaisen, das wird immer gesagt, aber ich weiß auch, wie autoritär der Willem sein konnte; ich habe erlebt, wie der die Senatoren abkanzeln konnte und auch mich, z. B. einmal, als es um den Bau der Stadthalle ging. Der konnte 'ne ganz schöne Lautstärke entwickeln. Aber das durfte und darf öffentlich nicht gesagt werden, Kaisen ist tabu. Klar ist aber auch, daß er seine Stärken hatte, der Willem. Er ist äußerlich schlicht geblieben, das hat ihm viel Sympathien eingebracht. Nee, ich leide nicht darunter, daß die Bremer ihn mehr lieben als mich.

MB: Vielen Dank, Richard.

(Das Interview wurde am 31. Januar 1989 geführt)

Der Bremer Westen entsteht Anfang der 50er Jahre neu

Christoph Butterwegge

Die Bremer SPD im Kampf gegen Wiederaufrüstung und Atombewaffnung

Ende der 40er, Anfang der 50er Jahre verdichteten sich die Gerüchte über Pläne der Bundesregierung zur Aufstellung einer neuen Wehrmacht. Zuerst dementierte Konrad Adenauer solche Absichten, weil er wußte, wie stark die Stimmen „Nie wieder Krieg!" in der Bevölkerung waren. Nur langsam sickerte durch, daß hinter den Kulissen fieberhaft an einer Streitkräfte-Konzeption gearbeitet und mit den Westmächten über die Beteiligung der Bundesrepublik an einer sog. Europa-Armee verhandelt wurde.

Die demokratische Öffentlichkeit reagierte empört: „Ohne mich!" bzw. „Ohne uns!" sagten sich vor allem viele Kriegsopfer und Jugendliche. Aus dieser Protesthaltung erwuchs eine spontane Bewegung gegen die Wiederaufrüstung. Die Opposition war jedoch zersplittert, die Arbeiterbewegung – wie zur Zeit der Weimarer Republik – in einander erbittert bekämpfende Lager gespalten. Kurz, es gab keine Kraft, die den Protest hätte bündeln und den Widerstand gegen Adenauers Rüstungspläne organisieren können.

Der SPD fiel im Ringen um die (Verhinderung der) Remilitarisierung zwar eine Schlüsselrolle zu, sie hatte aber keine glaubwürdige Alternative zur Konzeption der Bundesregierung, die Westintegration und Wiederbe-

1958. Kampf gegen die Atomrüstung der Bundeswehr

waffnung als Voraussetzungen für die staatliche Souveränität und die Lösung der Deutschlandfrage propagierte. Innerhalb der Partei gab es unterschiedliche Auffassungen: Die große Mehrheit der Bremer SPD war genauso wie die Bundespartei unter ihrem Vorsitzenden Kurt Schumacher, aber im Unterschied zu Bürgermeister Wilhelm Kaisen, gegen Adenauers politische und militärische Westintegration.

Die Haltung des SPD-Kreisvereins Bremen zum „Wehrbeitrag" der Bundesrepublik war widersprüchlich: Man bekämpfte Adenauers „Politik der Stärke" und lehnte seine Geheimverhandlungen mit den Westmächten ab, votierte jedoch nicht grundsätzlich gegen eine militärische Verteidigung. Zwar gab es innerhalb der Bremer SPD eine Gruppe pazifistischer Gegner jeglicher Rüstung, die überwiegend aus jüngeren Männern bestand und auf Parteitagen meistens mit Arbeiterveteranen stimmte, die im Geiste des sozialistischen Antimilitarismus erzogen worden waren. Die „roten Großväter" und ihre militärische Gewalt prinzipiell ablehnenden „Enkel" standen jedoch einer Vätergeneration gegenüber, die eher zu Kompromissen neigte.

Der Kampf gegen die Wiederbewaffnung lockerte die innerparteilichen Gegensätze auf, weil die Trennlinie zwischen Befürwortern und Gegnern eines Verteidigungsbeitrages der Bundesrepublik quer zu den traditionellen Lagern (Links/rechts-Schema) verlief. Viele Sozialdemokraten, darunter Innensenator Adolf Ehlers und der Bundestagsabgeordnete Siegfried Bärsch, suchten Arbeiterbewegung und Armee zu versöhnen, wollten das wichtigste Machtinstrument im Staat nicht Kräften überlassen, die Deutschland bereits zweimal ins Unglück gestürzt hatten. Eher pazifistisch ausgerichtet war der Kreis- bzw. Ortsverein Bremen-Nord, wo sich besonders Arnold Müller, Fred Kunde und Wilhelm Ahrens in dieser Auseinandersetzung engagierten. Der Bremerhavener Bundestagsabgeordnete Philipp Wehr kämpfte gleichfalls gegen die Wiederbewaffnung. Auf Landesebene taten sich Karl-Heinz Schweingruber, Hans Koschnick und andere Jungsozialisten hervor, vielfach unterstützt von Hermann Wolters und auch Richard Boljahn, der frühzeitig erkannte, daß der Rüstungsmoloch sein Lebenswerk, den sozialen Wohnungsbau, gefährden würde.

Haupthindernis für einen erfolgreichen Kampf gegen die Wiederaufrüstung war der Antikommunismus. Er wurde quasi zur Staatsdoktrin der jungen Bundesrepublik und machte eine rationale Auseinandersetzung mit der KPD, die allerdings durch ihre kritiklose Übernahme stalinistischer Praktiken genug Angriffsflächen bot, von vornherein unmöglich. Die KPD galt als bloße Erfüllungsgehilfin Moskauer Infiltrationsversuche. Als kirchliche und andere Kreise 1950/51 eine Volksbefragung zur Remilitarisierung verlangten, wurde die Aktion als „kommunistisches Täuschungsmanöver" bezeichnet und verboten. Tatsächlich waren zum Schluß fast nur noch Kommunisten daran beteiligt.

Auch in Bremen wirkte sich das Klima des kalten Krieges auf das ohnehin seit Jahren gespannte Verhältnis zwischen SPD und KPD aus. Trotz gegenseitiger Verleumdungen gab es in Sachen Wiederaufrüstung wenigstens auf parlamentarischer Ebene die Möglichkeit und den Zwang zur Kooperation. Gegen bzw. ohne die bürgerlichen Parteien, mit denen zusammen die SPD regiert, setzten Sozialdemokraten und Kommunisten in der Bürgerschaft Beschlüsse gegen den Generalvertrag, die Europäische Verteidigungsgemeinschaft (EVG) und die Pariser Verträge (NATO-Beitritt der Bundesrepublik) durch. Zur EVG, die 1954 am Widerstand der Französischen Nationalversammlung scheiterte, entwickelte die SPD ein bis heute hochaktuelles Alternativkonzept: Ein kollektives Sicherheitssystem sollte Staaten unterschiedlicher Gesellschaftsordnung umfassen, Kriegsverhinderung „miteinander statt gegeneinander" ermöglichen und Militärbündnisse (NATO, Warschauer Pakt) überflüssig machen.

Vernachlässigt wurde von den Sozialdemokraten der Kontakt zur Friedensbewegung, die sich unabhängig von der SPD, wenn nicht gar in bewußter Frontstellung zu ihr entwickelte. Gerade weil die SPD im Bundestag keine Mehrheit besaß, hätte man sich stärker außerparlamentarischer Kampfmittel bedienen müssen: Ohne Massenmobilisierung war die Remilitarisierung nicht zu verhindern, höchstens zu verzögern.

Erst als die Pariser Verträge unterzeichnet, aber noch nicht ratifiziert waren, entschloß sich die SPD zu einer Protestversammlung in der Frankfurter Paulskirche. Die Wiederaufrüstung, so wurde argumentiert, mache die deutsche Wiedervereinigung unmöglich. Die Bremer SPD begrüßte und unterstützte die Paulskirchenbewegung, der Bremer DGB

125 Jahre Bremer SPD

Bremer Bürgerzeitung

Auf Seite 2: Pariser Todesstoß für die NATO

70. Jahrgang / Nr. 20 Sonnabend, 17. Mai 1958 Einzelpreis 25 Pf

Großdemonstration auf dem Domshof am 14. Mai 1958

KAMPF DEM ATOMTOD

führte am 1. Februar 1955 in der Sporthalle die erste Großkundgebung auf der Grundlage des „Deutschen Manifests" durch.

Nach der gegen ihre Stimmen erfolgten Ratifizierung des Vertragswerkes ging die SPD-Bundestagsfraktion zu einer „konstruktiven Opposition" und zur Mitwirkung an der Wehrgesetzgebung über. Trotz des Risikos, für militaristische Fehlentwicklungen Verantwortung übernehmen zu müssen, billigte der Landesparteitag der Bremer SPD am 27. Mai 1956 nach kontroverser Diskussion den Versuch, die Ausgestaltung der Wehrverfassung im sozialdemokratischen Sinne zu beeinflussen. In den Basisgliederungen blieb die Beteiligung an der Wehrgesetzgebung jedoch umstritten, zumal die Position des Parteivorstandes (Schaffung einer Berufsarmee, Ablehnung der allgemeinen Wehrpflicht) der programmatischen Tradition (Milizsystem) widersprach.

Kaum war die Bundeswehr aufgestellt, wurden Pläne der Regierung bekannt, sie mit Atomwaffen auszurüsten. Im April 1957 nahmen bekannte Naturwissenschaftler („Göttinger 18") öffentlich dazu Stellung und lösten mit der Erklärung, sich weder an der Herstellung noch an der Erprobung dieser Waffensysteme beteiligen zu wollen, eine Protestwelle aus. SPD und DGB setzten sich, unterstützt von Bürgerausschüssen, in denen auch Christen, Liberale und Kommunisten, Pastoren, Professoren und Künstler mitarbeiteten, an die Spitze der Bewegung „Kampf dem Atomtod".

Der Bundestag stimmte am 25. März 1958 nach einer hitzigen Debatte für die Ausrüstung der Streitkräfte mit den „modernsten Waffen". Hamburg, Bremen und mehrere Städte Hessens wollten Volksbefragungen durchführen, die zeigen sollten, wie Bürgerinnen und Bürger wirklich über die Atombewaffnung dachten. Die Bremische Bürgerschaft verabschiedete am 7. Mai 1958 einen Gesetzentwurf, auf den sich SPD und FDP geeinigt hatten. Der Koalitionssenat hielt sich solange wie möglich bedeckt, verkündete aber schließlich das „Gesetz betr. die Volksbefragung über Atomwaffen" und erließ gegen die Stimmen der CDU-Senatoren eine Durchführungsverordnung.

Die Bremer SPD beschränkte sich nicht auf parlamentarische Initiativen, sondern trug durch Mobilisierung ihrer Mitglieder und Anhänger erheblich zur Veränderung des politischen Klimas bei. Im April/Mai 1958 wurde Bremen zum Schauplatz großer Demonstrationen und anderer Protestaktionen. Der Domshof war zu jener Zeit mehrfach überfüllt. In kurzer Zeit fanden drei eindrucksvolle Kundgebungen statt, die der DGB, die IG Metall und der „Arbeitsausschuß gegen Atomrüstung" mit Hilfe der Bremer SPD veranstalteten.

Die Arbeiterorganisationen hatten die Hegemonie (Führung) innerhalb der Friedensbewegung übernommen, gaben sie jedoch bald wieder ab. Als das von der Bundesregierung angerufene Bundesverfassungsgericht die Volksbefragung im Sommer 1958 zunächst aussetzte, zogen sich SPD und DGB sofort zurück. Zu einem Zeitpunkt, wo die Kampagne „Kampf dem Atomtod" ihren Höhepunkt erreicht und breite Gesellschaftsschichten erfaßt hatte, bedeutete der Verzicht auf weitere Massenmobilisierung die Vorwegnahme des endgültigen Verbotsurteils. Daß der Druck auf die Bundesregierung trotz guter Möglichkeiten nicht mehr erhöht wurde, mußte vielen Friedensbewegten als Verrat an der gemeinsamen Sache erscheinen.

Damals zeigte sich, daß die Friedensbewegung aufgrund ihrer Zielsetzung zwar – unabhängig von der sozialen Zusammensetzung – bewußtseinsverändernd wirken, aber nur gemeinsam mit SPD und Gewerkschaften, in denen zu der Zeit kleine Minderheiten über einen Sternmarsch auf Bonn, eine selbstorganisierte Volksbefragung und einen politischen Streik diskutierten, zu einem Machtfaktor werden kann.

Christoph Butterwegge: Friedenspolitik in Bremen nach dem Zweiten Weltkrieg, Bremen 1989
Renate Meyer-Braun: Die Bremer SPD 1949–1959. Eine lokal- und parteigeschichtliche Studie, Frankfurt am Main/New York 1982
Karl-Ludwig Sommer: Wiederbewaffnung im Widerstreit von Landespolitik und Parteilinie. Senat, SPD und die Diskussion um die Wiederbewaffnung in Bremen und im Bundesrat 1948/49 bis 1957/58, Bremen 1988

Henrik Marckhoff

Der Bauland-Skandal 1969/70

Sie waren beide von der Art „hemdsärmeliger Macher", Männer der Tat, die etwas bewegen wollten und denen bürokratische Hemmnisse und langwierige Verwaltungsinstanzen allenfalls als Herausforderung galten, diese – wenn es sein mußte – hart am Rande und bisweilen auch knapp außerhalb der Legalität auszuschalten. Verbindungen und Abhängigkeiten spielten eine Rolle, Männerfreundschaften und der unmittelbare Einfluß auf politische Entscheidungen. Was am Ende zählte, war nach ihrer Werteskala das Ergebnis und nicht die Details, die manchmal unkonventionellen Methoden, die das Ergebnis erst möglich gemacht hatten.

Richard Boljahn, Kopf und Motor des Duos, hatte so stets Politik gemacht. 17 Jahre lang war er – obwohl nie in einem Regierungsamt – eine der maßgeblichen Triebfedern des Bremer Wiederaufbaus gewesen. „König Richard" nannte man ihn aufgrund seiner nahezu unbeschränkten Machtfülle. Eine Machtfülle, die er aus einer Vielzahl von ihm gleichzeitig bekleideter Ämter und Funktionen bezog: als Chef der SPD-Fraktion im Parlament, als Boß der Arbeiter im DGB, als Repräsentant der Wohnungsbaugesellschaft „Neue Heimat". Im Neben- und Ehrenamt hörte schließlich ein gutes Dutzend Ausschüsse und Aufsichtsräte auf das, was Boljahn wollte, und vollzogen, was nach seiner Einschätzung für Bremen gut und richtig war.

„Wir stehen an des Thrones Stufen In Liebe und in Treue fest. Wir sind bereit, Hurra zu rufen, Wenn es sich irgend machen läßt"

DER BREMER REGIERUNGS-KOALITION GEWIDMET VON DER DEUTSCHEN PARTEI

„In Bremen gibt es einen Kaisen, das ist der Bürgermeister, und einen Kaiser, der heißt eigentlich Boljahn" witzelte man in den fünfziger Jahren. Die besondere Position, die Richard Boljahn einnahm, macht eine Karikatur deutlich, mit der die oppositionelle Deutsche Partei in ihrer Wahlzeitung im September 1959 Bremens große Koalition vorstellte: Boljahn auf dem Gewoba-Thron mit der DGB-Krone und dem SPD-Szepter. Rechts in devoter Haltung die Landesvorsitzenden der FDP und CDU, Dr. Georg Borttscheller und Dr. Jules Eberhard Noltenius.

„Wohnungen für Arbeiter" hatte Boljahn als sein vordringliches Politikziel formuliert und stampfte in Erfüllung seines Versprechens ganze Satellitenstädte, wie etwa die Neue Vahr, aus dem Boden. Der Bau der Stadthalle, des seinerzeit größten Veranstaltungszentrums der Republik, kam hinzu, als Boljahns Überzeugung reifte, daß Bremens Arbeiterschaft neben Plätzen zum Arbeiten und Wohnen auch Angebote zum Feiern und zur Unterhaltung benötige. Daß der Mammutbau statt der ursprünglichen neun schließlich mehr als 30 Millionen Mark kostete, schuf zwar Groll im eigenen politischen Lager. Schwächen aber konnten seine Kritiker Boljahn nicht. „Wackelheinis" titulierte er, wer sich als Bedenkenträger zu Wort meldete. Bauen wollte Boljahn, wollte Trabantenstädte und Projekte wachsen sehen, und bauen wollte auch – wenn auch weniger aus Gemeinnutz, sondern mehr zum Nutzen des eigenen Profits – der Makler Wilhelm Lohmann aus dem Bremen benachbarten Dörfchen Sottrum.

Wie Boljahn, der ganz ohne Protektion seinen Weg vom Arbeitersohn und einstigen Klempner bei den Borgward-Automobilwerken zum unumstrittenen Herrscher in der Bremer Nachkriegspolitik gemacht hatte, war auch Lohmann ein Selfmademan. Eigentümer eines kleinen Ladens war er gewesen, bevor er nach der Erbschaft eines Bauernhofes dessen Ländereien für Wochenendgrundstücke parzellierte und auf das einträglichere Geschäft des Maklers umsattelte.

Die Gleichartigkeit ihrer Charaktere verband beide, die – wie Boljahn es derb formulierte – „wie ein Arsch auf den Eimer paßte". Und dann war da noch eine kleine Gefälligkeit aus gemeinsamer Vergangenheit.

BEG stand als Kürzel für die Anfang der sechziger Jahre vor der Pleite stehende gewerkschaftsnahe „Bremer Einkaufsgesellschaft", für deren Verbindlichkeiten Richard Boljahn mit 40 000 Mark selbstschuldnerisch bürgte. Indem Lohmann die Warenbestände der BEG aufkaufte, meisterte das Unternehmen seine Krise, und Boljahn entging seinen drohenden Bürgschaftsverpflichtungen.

Es sei dieser Deal gewesen, befand später der Untersuchungsausschuß zur Aufklärung der Baulandaffäre, der eine bei ihren baupolitischen Transaktionen unzulässige Abhängigkeit der beiden voneinander begründet habe. Aus einer selbst empfundenen Dankesschuld habe der Politiker Boljahn den Makler Lohmann nach Kräften protegiert. Und obwohl entsprechende Schriftstücke nicht existieren, die Interpretation scheint zutreffend. Lohmann jedenfalls stieg zum bevorzugten Landbeschaffer in der vom Baupolitiker Richard Boljahn dominierten Senatsbauverwaltung auf. Wo immer öffentliche Bauvorhaben Flächenbedarf erforderten, makelte Willi Lohmann. Selbst dort, wo es nichts zu makeln gab.

So geschehen bei dem Projekt, das den Baulandskandal schließlich ins Rollen und an die Öffentlichkeit brachte. Für den Bau der Blocklandautobahn im Auftrag der Bundesregierung wurde landwirtschaftliches Gelände benötigt, für dessen Beschaffung das Liegenschaftsamt der Hansestadt zuständig gewesen wäre. Doch nicht die Behörde vollzog die Transaktion, sie ließ formell Willi Lohmann agieren, der – ob tatsächlich am Verkaufsgeschäft beteiligt oder nicht – mit vierprozentiger Makler-Courtage in nahezu alle Verträge aufgenommen wurde. Und das, obwohl er niemals und von niemandem zum offiziellen Makler bestellt worden war. Grundstückseigentümer, die sich am Makler-Passus störten („Wozu ein Makler, wenn sich Verkäufer und Erwerber einig sind?"), wurden mit dem Hinweis beruhigt, daß der Bund die Courtage übernehme.

Der aber dachte gar nicht daran und blockte zunächst über das Bundesfinanzministerium, später auch über den Bundesrechnungshof das Bremer Ansinnen auf Übernahme der Maklerkosten ab. Der Weser-Kurier berichtete und machte damit Bremens bis dahin größten politischen Nachkriegsskandal öffentlich.

In hektischer Betriebsamkeit machten sich Politiker und Parlament an die Aufhellung der Ereignisse. Mit Parteigerichtsverfahren und einem Untersuchungsausschuß wurde ans Licht befördert, was eigentlich als geheime Kommandosache unter Ausschluß der Öffentlichkeit hatte laufen sollen. Zum Beispiel die Transaktion Hollerland.

Bremen war gerade dabei, zur Universitätsstadt aufzusteigen, und Boljahn plante im Geiste eine mit der Universität verwobene Trabantenstadt. Gelände wurde benötigt, ziemlich viel Gelände, mit dessen Beschaffung man – nach der durchaus unfeinen Ausbootung anderer Makler – Wilhelm Lohmann beauftragte. Der kaufte en gros und en detail. En gros für die halbstaatliche Grundstücksgesellschaft „Weser" (Aufsichtsratsvorsitzender Richard Boljahn), für die Neue Heimat Bremen

125 Jahre Bremer SPD

Der Bauland-Untersuchungsausschuß mit seinen Vorsitzenden Grantz (SPD) und Klein (CDU), 3. und 2. von rechts

Bagger nur für den Naturschutz erlaubt. Das Hollerland blieb unbebaut

SOZIALDEMOKRATISCHE PARTEI DEUTSCHLANDS

SCHIEDSKOMMISSION

- Der Vorsitzende -

SPD

ORTSVEREIN BREMEN

28 Bremen, den 2. Januar 19..
Bartensteiner Str. 3.
Tel. 44 48 43

An den
Landesvorstand der SPD

An den
Unterbezirksvorstand der SPD
<u>28 Bremen</u>
Geeren 6-8

Herrn
Richard Boljahn
<u>28 Bremen-Huchting</u>
Ostender Str. 3

<u>Betr.:</u> <u>Parteiordnungsverfahren gegen Richard Boljahn</u>

Richard Boljahn wird das Recht zur Bekleidung
von Ehrenämtern bis einschließlich 2. Januar 1970
aberkannt.

<u>Begründung:</u>

Richard Boljahn hat gemäß § 36 Abs. 1 Organisationsstatut
sich eines groben Verstoßes gegen folgenden Grundsatz der Partei
schuldig gemacht: "Funktionäre der Partei dürfen nicht politische
Mandate und persönliche wirtschaftliche Interessen miteinander
verquicken und Abhängigkeitsverhältnisse zu kapitalkräftigen
Geldgebern herbeiführen und damit den Lobbyismus begünstigen".
Diesem Grundsatz hat Richard Boljahn als Mitglied des Landesausschusses in der Sitzung des Landesausschusses vom 27. 10. 68
zugestimmt.und ihn damit anerkannt.

Der Landesausschuß stellte damals fest, daß "das, was jedem
Bürger freisteht, dem Fraktionsvorsitzenden der SPD nicht ohne
weiteres gestattet ist, wenn er nicht sein politisches Gesicht
verlieren will" und "daß es in der SPD als Grundsatz gilt,
Politik und persönliche Interessen auseinanderzuhalten".

(Aufsichtsratsvorsitzender Richard Boljahn) und en detail – wie er es auch bei der Blocklandautobahn getan hatte – für sich selbst, um das gewinnträchtige Bauerwartungsland später meistbietend weiterveräußern zu können. Und um auch in Fällen eigenen Landbesitzes der lukrativen Makler-Courtage nicht verlustig zu gehen, ließ Lohmann ihm gehörendes Areal kurzerhand über die Firma seiner Schwester an den Mann bringen.

Millionen-Willi hieß Lohmann fortan, als das Ausmaß seiner erfolgreichen Geschäftigkeiten in der Öffentlichkeit bekannt wurde. Und für die politische Szene, die sowohl parteiintern wie auch parteiübergreifend in einem Untersuchungsausschuß das Gewirr von Verbindungen und Beziehungen aufzuhellen versuchte, schien allemal klar, daß politische Drahtzieher Lohmanns Aufstieg begünstigt, gefördert oder gar erst möglich gemacht hätten.

Von unzulässigen Spekulationstips war die Rede. Eine Version, die sich zur scheinbaren Wahrheit verdichtete, als Lohmanns Gastfreundschaft gegenüber politischer Prominenz bekannt wurde. Doch in dessen Privatclub „222" an der Schwachhauser Heerstraße hatten sich die dort Versammelten kaum mehr als deftiger Trinkgelage und derber Männerwitze hingegeben. Von Bestechlichkeiten keine Spur.

Köpfe rollten dennoch, und zwar reichlich. Auf der Strecke blieben höhere wie niedere Beamte der Liegenschaftsverwaltung, denen man Lohmanns zwar nicht vermakelte, aber von ihm berechnete Autobahngeschäfte als Dienstverletzung ankreidete. Auf der Strecke blieb der gerade vier Monate residierende Bausenator Willi Blase, der die politische Verantwortung für die Dienstpflichtverletzungen seiner Beamten übernahm. In den Rücktritt flüchtete sich schließlich auch der stellvertretende CDU-Landesvorsitzende, Unionsbürgerschaftsabgeordnete und Rechtsanwalt Hans-Ludwig Kulenkampff, der als Notar und Lohmanns Rechtsbeistand dessen Verträge gegen Gebühr besiegelt hatte. Richard Boljahn aber kämpfte. In Gerichtsverfahren zog er erfolgreich gegen den Vorwurf zu Felde, er sei der Tipgeber Lohmanns gewesen, und dieser wiederum machte für den sonderbaren Zufall, daß es stets Millionen-Willi war, der zur richtigen Zeit am richtigen Ort Grundstücksgeschäfte tätigte, allein seinen hervorragenden Geschäftssinn verantwortlich: „Als Makler muß man eben die Flöhe husten hören." Auch den Vorwurf der Ämterhäufung, aus denen die SPD ihrem Genossen Richard Boljahn einen Strick zu flechten versuchte, ließ dieser nicht auf sich sitzen. In einem Parteiordnungsverfahren reichte es nur zu einer symbolischen Abstrafung des einst mächtigsten Bremer Sozialdemokraten, nachdem dieser bewiesen hatte, daß er aus seinen beruflichen Bindungen an die Neue Heimat nie ein Hehl gemacht und in seine ehrenamtlichen Nebenfunktionen durch jene gewählt worden sei, die ihm diese Vielfach-Ämter nachträglich zum Vorwurf machten. Indigniert lenkte das Parteigericht ein. Lediglich für einen einzigen Tag sprach man dem Genossen Richard Boljahn das Recht zum Bekleiden von Ehrenämtern ab.

Doch noch während Boljahn vor den Schranken von Partei- und ordentlichen Gerichten und vor dem Untersuchungsausschuß um seine Rehabilitierung kämpfte, war der König von einst politisch bereits ein toter Mann. Der im Stil des zupackenden Machers agierende Haudegen hatte die gesellschaftspolitischen Veränderungen um sich herum übersehen oder einfach nicht wahrhaben wollen. Hatte übersehen oder einfach ignoriert, daß die Studentenproteste der Vorjahre ein neues politisches Klima geschaffen hatten, in dem sich auch die rechtfertigen und der Kritik stellen mußten, die bislang nach der politischen Prämisse gehandelt hatten: Was in meinen Augen gut und richtig ist, ist allemal auch gut und richtig fürs Allgemeinwohl. Mit seinen barocken Herrschaftsformen stand Boljahn plötzlich gleich einem Fossil inmitten einer Umwelt, die mehr Demokratie, mehr Durchsichtigkeit und eine neue Moral in der Politik haben wollte.

Richard Boljahn blieb auf der Strecke, wo immer er sich zur Wahl stellte. Doch längst entmachtet schon, veränderte er die Partei in einer Weise, die bis heute nachwirkt. Nicht zuletzt als Konsequenz aus dem Boljahnismus untersagt die Partei seither, daß ihre in öffentlichen Ämtern Mächtigen zugleich auch entscheidende Funktionen an der Parteispitze erklimmen.

Gegen öffentliche Rekrutenvereidigung

6. Mai ■ Demonstration u. Kundgebung

Treffpunkt 17.30
Theater am Goetheplatz

Adolf Clausen

Die Jusos werden aufmüpfig

Als ich 1969 zum ersten Mal Kontakt zu den Bremer Jusos aufnahm, hatte die Linkswendung der Jugendorganisation der altehrwürdigen Mutter SPD bereits stattgefunden. Mein Interesse erregte sie durch ein Plakat, ganz in Rot gehalten: Eine Gruppe mehr oder weniger nackter Menschen beiderlei Geschlechts und eine rote Fahne, geschwenkt von einem barbusigen Mädchen. Das Plakat lud ein zur Juso-Fete „Politlust" unter dem Motto „Politik ist eine Lust". Das klang schon mal recht gut, schließlich war die sexuelle Revolution in vollem Gange. Und: „Gerd Settje zeigt, wie man Molotow-Cocktails herstellt." Das war auch nützlich, denn mit der politischen Revolution war in absehbarer Zeit zu rechnen. Kulturell waren die Jusos allerdings nicht auf der Höhe der Zeit: Zu Zeiten von Rock-Revolution und Underground eine Dixieland-Kapelle zu präsentieren, erschien mir etwas altbacken, damit konnten allenfalls Greise um 30 angesprochen werden. Die Veranstaltung erwies sich dann auch nicht als so revolutionär wie angekündigt und erhofft, ich verlor die Jusos wieder aus den Augen.

Nach meinem Eintritt in die SPD Mitte 1970 kam ich gerade recht, um auf Einladung von Klaus Wedemeier einem entscheidenden organisationspolitischen Schritt der Bremer Jusos beiwohnen zu können: der Konstituierung des Juso-Rats. Die Jusos im UB Bremen fühlten sich zum

8. Mai 1980. Demonstranten kontra Staatsmacht

153

Entsetzen des Partei-Establishments den Prinzipien der Rätedemokratie verpflichtet. „Basisdemokratie statt Delegation von Entscheidungsbefugnis auf Vorstände" hieß die Devise. Der Juso-Rat setzte sich zusammen aus Delegierten der Ortsvereins-AG und von Fach-AGs. Die gewählten Sprecher hatten keine eigenen Kompetenzen, sie waren nur ausführendes Organ des Juso-Rats, der jeden Dienstag tagte.

Weitgehende Rotationsregelungen zur Verhinderung von Macht- und Kompetenzkonzentration hatten wir schon, als es die Grünen noch gar nicht gab: Die Sprecherposition im Juso-Rat wechselte halbjährig. Der Juso-Rat wurde bald zum politischen und organisatorischen Zentrum. Er debattierte aktuelle Fragen, organisierte die Übernahme rechter Ortsvereine durch Jusos und andere Linke und verstand sich als oberste Autorität aller Bremer Jusos. Als bei der Kandidatenaufstellung für die Bürgerschaftswahl 1971 das Signal zum Einzug von Jusos in die bürgerlichen Parlamente gesetzt wurde, durften die Jusos nur mit Zustimmung des Juso-Rats in ihren Ortsvereinen kandidieren, sie mußten ihre finanziellen Verhältnisse und Abhängigkeiten darlegen und sich verpflichten, den Beschlüssen des Juso-Rats Folge zu leisten. Nach dem Wahlerfolg zogen gleich mehrere Jusos in die Bürgerschaft ein, allen voran – schon damals in Nadelstreifen – Klaus Wedemeier.

Sogar eine „eigene" Kommune hatten die Bremer Jusos: Was für die Berliner die „K 1" war, war für uns die „Wall-Kommune". Großfamilie statt bürgerlicher Kleinfamilie hieß die Devise, die mit einer Broschüre

Die Jusos gehen auch in die Betriebe

125 Jahre Bremer SPD

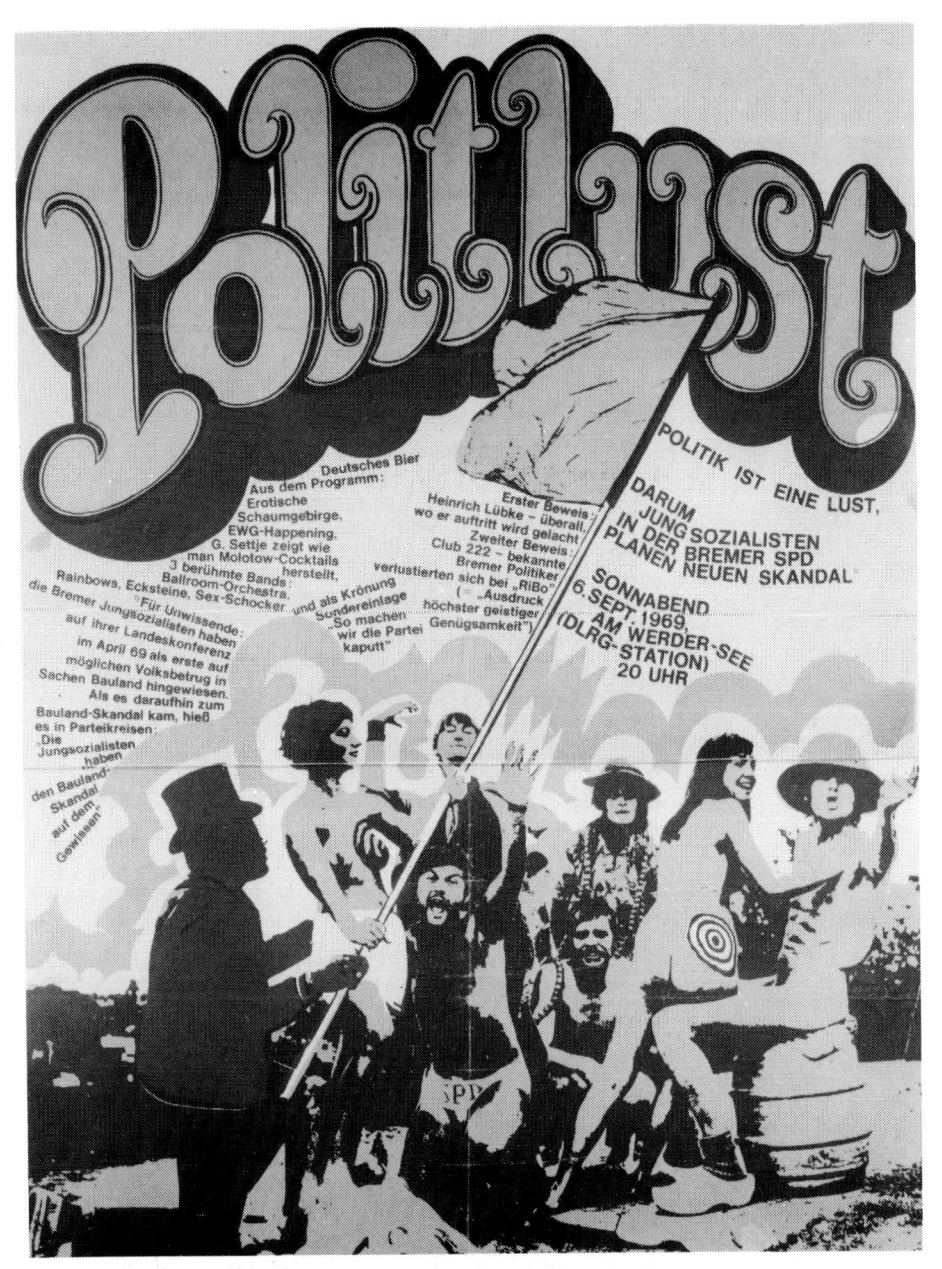

*Vom SPD-Chef Thape verboten – per Gericht freigegeben
Ein fürs Establishment anstößiges Juso-Plakat*

theoretisch untermauert wurde. Die meisten von uns zogen allerdings die traute Zweisamkeit dem Kommuneleben vor.

Zu Beginn der siebziger Jahre hatten die Jusos in Bremen nicht nur Einfluß in der SPD – der Juso-Rat war ein realer Machtfaktor –, sie waren auch attraktiv für viele politisch interessierte Jugendliche. Sehr schnell wurde aber die innere Fraktionierung zu einem erheblichen Problem. Das Stimmrecht im Juso-Rat war nur an die Delegierten-Karten gebunden, die frei übertragbar waren. Alle, die eine Karte hatten, konnten abstimmen. Zur Sicherung oder Veränderung von Mehrheitsverhältnissen wurden außerdem weitere Fach-AGs gegründet, die nur pro forma existierten, aber keine nennenswerten Aktivitäten entfalteten. Abgestimmt wurde streng nach Fraktionen, von Repräsentation der Basis konnte keine Rede sein. Unter diesem Zustand litten sowohl die politische Arbeit als auch die Attraktivität der Organisation.

Es gab drei relevante Gruppierungen: Die „Reformisten" orientierten sich an der Linie des Juso-Bundesvorstands, hatten keinen entwickelten eigenen theoretischen Standpunkt und waren überwiegend in Parteigremien und Parlamenten aktiv. Die „Altstädter" um den Ortsverein Altstadt, speziell Olav Dinné, favorisierten die Kommunalpolitik als entscheidenden Ansatzpunkt für gesellschaftliche Veränderung und entdeckten die gewerkschaftseigene „Neue Heimat" als Hauptgegner. Meine Fraktion, die „Stamokaps", war traditionell marxistisch orientiert, in Theoriefragen den eurokommunistischen Parteien verbunden

155

und setzte auf Arbeit in Betrieben, Kooperation mit Gewerkschaften, Aktionseinheit mit Kommunisten und Präsenz in außerparlamentarischen Bewegungen. Für den Rest der Sozialdemokratie galten wir als bolschewistische U-Boote, die kadermäßig organisiert, zentral gelenkt und diszipliniert an der Unterwanderung der Partei arbeiteten. Im Zweifel hielten die anderen Gruppen gegen uns zusammen, ein „Stami" als Sprecher des Juso-Rats oder im Landesvorstand war lange undenkbar. Allerdings gab es in vielen Fragen der aktuellen Politik einen gruppenübergreifenden Konsens: Gemeinsames Band der Juso-Arbeit war die „Doppelstrategie": außerparlamentarisch Druck erzeugen und ihn in Partei und Parlamente hineintragen, um fortschrittliche Reformen zu erzwingen. Ob und wie auf dieser Basis der qualitative Sprung zum Sozialismus erfolgen konnte, war dann wieder umstritten, diese Aufgabe stand nicht auf der Tagesordnung.

Nach der Teilung des Unterbezirks Bremen im Jahr 1976, gegen die insbesondere die „Altstädter" erbittert opponiert hatten, kehrten wir zu althergebrachten Organisationsformen zurück, die Juso-Unterbezirke Bremen-Ost und Bremen-West hatten wieder richtige Vorstände, statt Räte tagten Delegiertenkonferenzen. Im Juso-UB West dominierten zum Schrecken der Partei die „Stamokaps", der regelmäßig erscheinende „West-Express" der West-Jusos wurde bald zum innerparteilich gefürchteten Skandalblatt.

Gegenüber der Politik von Partei und Senat befanden wir uns in beständiger Opposition: Gegen die stadtplanerischen Alpträume von ei-

Kapuzenträger. Jusos vor einer ihnen verbotenen Demonstration

156

125 Jahre Bremer SPD

Gegen den Nato-Doppelbeschluß 1983

Der „rote Olaf" führt nun die Grünen an

Die Schlüsselfigur in Bremen ist Architekt und Besitzer der „Lila Eule"

Von Kurt Mehl

Den etablierten Parteien in Bremen sitzt noch immer der Schreck in den Gliedern: Auf Anhieb gelangten grüne Kandidaten ins Parlament. Ihr Spitzenmann Olaf Dinné ist außerhalb der Stadt wenig bekannt. Der Architekt und Buchschreiber stammt aus der „Szene". Auf dem Deckel seines Buches kann man ihn nackt besichtigen.

Sicherlich wird es auch auf bundespolitische Strategien erhebliche Auswirkungen haben: Die „Grünen" erreichten bei den Wahlen zur Bremer Bürgerschaft auf Anhieb 5,14 Prozent der Stimmen und ziehen mit vier Abgeordneten in das Parlament des kleinsten Bundeslandes ein.

Schlüsselfigur der Bewegung ist ein gebürtiger Berliner, der Architekt Olaf Dinné (44). Einst fing er in einem Ruinenkeller der Bremer Altstadt an und eröffnete dort das Jazz- und Jugendlokal „Lila Eule". Motto: „Die Lila Eule von Minerva beginnt erst in der Dämmerung ihren Flug. Treffpunkt derer, die auch im Dunkeln sehen." Das war von Ende 1959 bis Anfang 1961.

Dann verkaufte der durch den Bremer Baulandskandal bundesweit bekannt gewordene Makler Lohmann („Millionen-Willi") das Grundstück, und die „Eule" wurde vorübergehend heimatlos. Olaf Dinné siedelte sich im Bremer Künstlerviertel „Schnoor" an und trat am 1.2.1963 in die SPD ein.

Nach der ortsüblichen Spruchweisheit „Dreimal ist Bremer Recht" brachte Dinné als Linksaußen der Sozialdemokraten drei Parteiordnungs- und Ausschlußverfahren hinter sich. Jedesmal kämpfte er mit Zähnen und Klauen dagegen an — und durfte bleiben.

Am schärfsten schlug der Architekt mit seinem Buche zu. Es erschien 1974 unter dem Titel „Wohnen darf nicht länger Ware sein". Darin wühlte er genüßlich Affären auf, polemisierte gegen eigene Abgeordnete und erklagte sich im Endeffekt vor dem Bundesgerichtshof sein Recht gegen die parlamentarischen Volksvertreter.

Olaf Dinné gründete das, was er selbst die „Schnoor-Mafia" nannte, und eröffnete Anfang 1965 erneut die „Lila Eule", diesmal im Ostertorviertel, im Herzen der sogenannten Bremer [...] Überkommene in Dutschke und Fritbahnbrechend auf, der Räterepublik sprachstobne.

Und immer wenn hinten und betulich stadt demonstriv datiert wurde, Olaf, wie er g vordersten Reihe ging, gegen de Felde zu ziel Maifeiern einem wild. er mit.

Am 19.12. ,dann seiner geschenkt" zu sinnten Genos. Gleichzeitig beg sung eines weite „15 Jahre SPD Dieses Glanzs bruchte er ein. Woche vor der 28.9.1979, auf Die erste Aufl vergriffen. G text-Verlag siebziger Ja nüra Am kannt ge Pastors von den des en

Olaf Dinné, einst SPD-Linksaußen, gründet 1979 die Bremer Grüne Liste und wird Abgeordneter

ner autogerechten Stadt mit Wohnbetonsilos setzten wir auf Förderung des ÖPNV mit Nulltarif und menschenwürdiges Wohnen. Statt Millionensubventionen an Großkonzerne forderten wir beschäftigungspolitische Auflagen, den Ausbau des öffentlichen Sektors und sozial sowie ökologisch sinnvolle öffentliche Investitionen. Verteidigung der Hochschulreform und zügige Einführung der integrierten Gesamtschule als Regelschule statt Anpassung an CDU-geprägte Bundesstandards waren unsere bildungspolitischen Devisen. Außerparlamentarisch engagierten wir uns besonders im Kampf gegen Berufsverbote und Atomenergie sowie in der Friedensbewegung. Der „Ministerpräsidentenbeschluß" zur Beschäftigung „Radikaler" im öffentlichen Dienst wurde auch in Bremen praktiziert. Als besonders eifriger Berufsverbieter zeigte sich der Bildungs- und Wissenschaftssenator Moritz Thape, der noch nicht einmal davor zurückschreckte, den aktiven Juso André Schulz zur Anhörung über seine Verfassungstreue vorzuladen und mit Berufsverbot zu bedrohen.

Bundesweite Aufmerksamkeit erregten die Bremer Jusos bei zwei Gelegenheiten. Als zur Hoch-Zeit der Terroristenhysterie im Jahre 1974 im Bremer Hauptbahnhof eine Bombe explodierte, verabschiedete der Juso-Rat einstimmig eine Resolution, in der wir uns einerseits entschieden von der Gewaltstrategie der RAF distanzierten, andererseits jedoch deren objektiven Nutzen für die Rechtskräfte beschrieben und deutlich machten, daß die Hauptgefahr für die Demokratie von rechts drohte. Für Strauß und Konsorten wähl-

157

ten wir die Bezeichnung „geistige Terroristen", was sofort zu einem Entrüstungssturm in Bonn und in der Presse führte. Der „Weser-Kurier" machte den Skandal zum Aufmacher auf Seite 1: „Riesenkrach um Bremer Juso-Papier". Hauptprügelknabe wurde Klaus Wedemeier, sein Schlafzimmerfenster wurde sogar Opfer eines „Terroranschlages" in Form eines Steinwurfs. Ob dieser Anschlag von empörten RAF- oder CDU-Anhängern verübt wurde, ist leider nie ermittelt worden. Nachdem sich die Aufregung gelegt hatte, wurden wir jedoch von höchster Stelle rehabilitiert, indem Herbert Wehner persönlich nur wenige Monate später Strauß als „Terroristen im Geiste" bezeichnete. Der Juso-Bundeskongreß zeigte ebenfalls Solidarität, indem er unser Papier mit großer Mehrheit beschloß.

Nachdem eine Demonstration und Kundgebung gegen eine öffentliche Rekrutenvereidigung im Weser-Stadion am 6. Mai 1980 in wüste Krawalle ausgeartet war, wurden Jusos als Mitorganisatoren der Demo vor den Untersuchungsausschuß des Bundestages in Bonn zitiert.

Der 6. Mai 1980 wurde zu einem schweren Trauma der Bremer Partei, was dazu führte, daß den Jusos aus Angst vor weiteren Krawallen verboten wurde, an einer Friedensaktion im Weser-Stadion am Antikriegstag desselben Jahres teilzunehmen. Wir schlugen dem hasenfüßigen Landesvorstand unter Konrad Kunick dann ein Schnippchen, indem wir uns mit roten Kapuzen ausstaffierten, so verkleidet an der Demo teilnahmen und auf Transparenten deutlich machten, warum wir uns genötigt sahen, das Demonstrationsrecht in diesem Outfit wahrzunehmen.

Zu Zeiten eines Michail Gorbatschow ist kaum vorstellbar, welche Schwierigkeiten die Partei uns während der sozial-liberalen Koalition deshalb machte, weil wir an außerparlamentarischen Aktionen gemeinsam mit Kommunisten teilnahmen. In Bremen wurde zwar kein Juso wegen Kooperation mit Kommunisten ausgeschlossen, entsprechende Aktionen wurden aber mißtrauisch beäugt, und wir Stamokap-Jusos als Verfechter der Zusammenarbeit mit der DKP galten als extreme Außenseiter.

Natürlich mußten wir immer aufpassen, nicht übervorteilt zu werden, das gilt aber für jede Zusammenarbeit verschiedener politischer Gruppen. Insgesamt erwiesen sich die DKP und die ihr nahestehenden Organisationen als verantwortungsbewußte Partner.

Anfangs galten wir für viele aktive Gewerkschafter und Betriebsräte als theoretisierende linke Spinner, was wegen unserer Orientierung auf die Arbeiterklasse als revolutionäres Subjekt für uns besonders enttäuschend war. Je mehr sich jedoch – insbesondere im Zuge der Bremer Finanzmisere – die Widersprüche zwischen Gewerkschaften und Landesregierung zuspitzten, desto häufiger bildete sich ein programmatisches Bündnis zwischen DGB und Jusos. So waren wir die einzige Parteigliederung, die landesweit und geschlossen die Initiative von DGB und Arbeiterkammer für ein Landesberufsbildungsgesetz zur wirksamen Bekämpfung der Jugendarbeitslosigkeit unterstützte. Wir führten Aktionstage zur Unterstützung der 35-Stunden-Woche durch und erarbeiteten in Anlehnung an gewerkschaftliche Forderungen ein detailliertes Programm für eine alternative Wirtschaftspolitik. Als die Belegschaft der AG „Weser" gegen die Schließung der Werft kämpfte, Claus Grobecker wegen unflätiger Bemerkungen Hausverbot auf der besetzten Werft hatte und Konrad Kunick zynisch meinte, die Arbeiter der „Use Akschen" würden von der SPD genauso solidarisch unterstützt wie alle anderen Arbeitslosen, organisierten wir Unterstützungsaktionen und Veranstaltungen mit Hans Ziegenfuß und klebten Plakate für die Rettung der Werften.

Zieht man ein Fazit, so ist eigentlich erstaunlich, in wie vielen Politikfeldern früher heiß umstrittene Juso-Positionen inzwischen Allgemeingut der SPD geworden sind. Der Ausstieg aus der Atomenergie ist beschlossene Sache, die Berufsverbotepraxis der 70er Jahre ist Gegenstand selbstkritischer Reflexionen der Parteiprominenz, die zu Zeiten Helmut Schmidts verteufelte Friedensbewegung begehrter Bündnispartner. Mit Kommunisten gemeinsam Erklärungen abzugeben und zu demonstrieren, ist selbstverständlich, die Frauenquote allgemeinverbindlich. Das hat sicher weniger damit zu tun, daß frühere Juso-Vorsitzende jetzt Ministerpräsidenten sind. Es ist eher eine Bestätigung der guten alten Doppelstrategie: Überall dort, wo starke außerparlamentarische soziale Bewegungen Druck machten und machen, ist es gelungen, Politik und Programmatik der SPD positiv zu beeinflussen.

Hans Koschnick

„In die Arbeiterbewegung hineingeboren"

Für viele Freunde, aber auch für Gegner oder politisch nicht gleichstark Interessierte steht oft die Frage, warum engagiert sich die eine oder der andere so in der Politik, was ist das Motiv, was die Erfüllung?
Nun, Politik ist zwar einerseits ein rationaler Vorgang – oder sollte es doch zumindest sein –, zugleich aber auch ein emotional „bewegender", etwas, was nicht mit abstrakten Regeln beruflicher oder gesellschaftlicher Aufgabenstellung zu umschreiben ist. Zwar definiert die Wissenschaft Politik als „ein konsequentes und zielbewußtes Handeln im Sinne einer ordnenden Gestaltung des Gemeinwesens", doch tatsächlich ist die Leidenschaft zum politischen Handeln nicht in so nüchternen, sachbezogenen Begriffen zu erfassen. Politik ist vielmehr häufig das bewußte Engagement zur Veränderung der Gesellschaft, um erkennbare oder vermeintliche Fehlentwicklungen zu beheben. Sie kann aber auch der bewußten Verteidigung überkommener Zustände dienen, um eine Zerstörung von als wichtig und prägend empfundenen Werthaltungen zu verhindern. Politik ist also nicht ein klassischer Prozeß gestalteter Ordnungen in der Gesellschaft, sondern ein Ringen um den richtigen Weg.
Und was ist schon der richtige Weg? Wer bestimmt ihn, wer hat dafür den Kompaß? Viele meinen, diesen Weg in den eigenen Lebens- und Wertvorstellungen, andere ihn in der Vernunft der kollektiven Gemein-

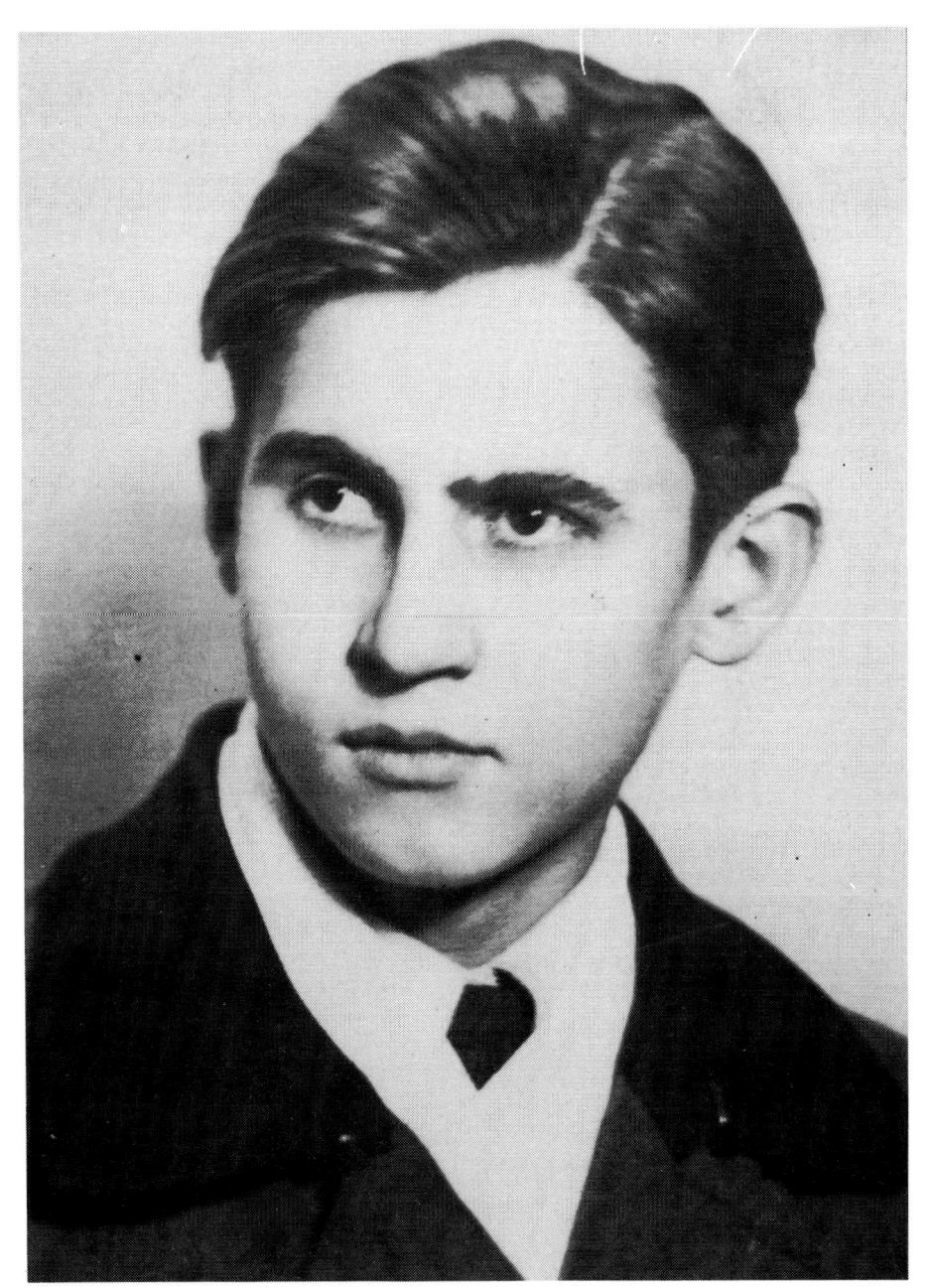

Hans Koschnick als Sechzehnjähriger 1945

schaft (so Rousseau) zu finden, manche bestimmen ihn durch ihre religiösen Prägungen, nicht wenige auch aufgrund ihrer materiellen Erwartungen.

Und bei diesen Vorbedingungen ist es verständlich, daß eine große Zahl von Engagierten (innerhalb und außerhalb der Parteien) ihren politischen Weg vorgeformt wissen durch ihre gesellschaftliche Herkunft, durch das Vorbild im Elternhaus, die Erfahrungen im weiteren Familien- und Freundeskreis und nicht zuletzt aus der beruflichen Erlebniswelt.

Bei mir war das jedenfalls so. Ich bin weder ein Seiteneinsteiger in die Politik noch ein mehr durch zufällige Betroffenheit politisch Interessierter, sondern seit frühester Kindheit von der Erlebniswelt meines Elternhauses geprägt. Geprägt von dem Bewußtsein, daß eine gleichberechtigte, lebenswerte Existenz auf dieser Erde es verbietet, weiter hinzunehmen: eine Ordnung, in der Obrigkeit und Untertan – reich und arm – oben und unten – schrankenlose Freiheit und totale Abhängigkeiten – den Alltag des Menschen bestimmen und der einzelne nicht mit aufrechtem Gang für seine gerechte Sache eintreten kann.

Ich bin sozusagen in die Arbeiterbewegung hineingeboren, die im vorgenannten Sinne für eine gerechtere Welt kämpfte.

Der Großvater mütterlicherseits gehörte zu den Wiederbegründern der Sozialdemokratischen Partei nach Aufhebung des Bismarckschen Sozialistengesetzes. Während seiner Gesellenzeit als Maurer war er nicht nur in Deutschland herumgekommen, sondern hatte sich auch der Arbeiterbewegung angeschlossen. Im Bauarbeiterverband fand er seine gewerkschaftliche Heimat. Hier war er nach Rückkehr aus dem Weltkrieg sofort wieder aktiv, genauso wie in der USP[1], der er sich in den Tagen des Novembers 1918 anschloß. In die gewerkschaftliche Auseinandersetzung um MSP[2]- oder USP-Führung verstrickt, ging er allerdings den weiteren Gang der Auflösung der USP nicht mit. So war für ihn weder der Weg des linken Flügels der USP hin zur KPD möglich wegen der totalitären Positionen der Kommunisten, noch die Rückkehr zu den Mehrheitssozialdemokraten wegen ihrer Bereitschaft, zuerst den Verfassungsstaat im Sinne der bürgerlichen Revolution von 1848 unter bewußtem Verzicht auf basisdemokratische Mitbestimmung – also zu Lasten der Arbeiter- und Soldatenräte – zu vollenden.

Diese USP sollte sich vom Absprung zu den Kommunisten und der Rückkehr zu den Mehrheitssozialdemokraten nie mehr richtig erholen. Doch Großvater Klusmeyer hielt durch. Das Bild seines Vorsitzenden und Vorbildes – Ledebour – hing auch während der ganzen Nazi-Zeit über dem Sofa. Die Bilder von Marx und Engels waren von der Gestapo beschlagnahmt, beim Bild von Ledebour glaubten sie meinem Großvater, der ihnen erklärte, es sei sein Großvater.

Und hier bei ihm wurde ich über sein Wandergesellen-Liederbuch mit den Arbeiterliedern vertraut gemacht. Dieses war als einziges nicht der Beschlagnahme verfallen, möglicherweise weil am Anfang des Buches die volksliedhaften Wanderlieder standen und die politischen erst im letzten Drittel.

Warum gerade bei ihm? Nun, mein Vater, der als RGO[3]-Sekretär gleich im Februar 1933 die Untergrundarbeit in Norddeutschland organisierte, war am 1. Mai 1933 bei der Durchführung einer illegalen Maikundgebung auf der Grenze zwischen Hamburg und Altona (Preußen), bei der er als Redner auftrat und bei deren Auflösung durch die Nazis er nicht mehr untertauchen konnte, verhaftet worden. Er trat nun den Gang all derer an, die damals der NS-Führung widerstanden. Über 5 Jahre sollte ich ihn nicht wiedersehen; Gefängnis, Zuchthaus, KZ – verbunden mit dem obligatorischen Zwang, nach Entlassung sich regelmäßig bei der Polizei zu melden – waren das Ergebnis seiner Bemühungen, der „braunen Flut" einen Damm des Widerstandes entgegenzusetzen.

Und da meine Mutter ebenfalls in den Jahren 1934/35 in Hamburg inhaftiert war – ihr wurden Kurierdienste zwischen den illegalen Untergrundgruppen in Hamburg und im preußischen Umland der Elbmetropole vorgeworfen –, habe ich lange Zeit bei den Großeltern in Bremen gelebt. Auch später noch, als meine Mutter mit mir wieder nach Bremen zurückzog – mein Vater war inzwischen von Fuhlsbüttel nach Oslebshausen verlegt –, lebte ich bei den Großeltern, denn meine Mutter bekam wegen ihrer politischen Einstellung und ihrer Weigerung, der Deutschen Arbeitsfront (DAF) beizutreten, in Bremen keine Arbeit; sie trat in die Dienste eines Lübecker Zuckerwarenverkäufers, der die Jahrmärkte beschickte und sich durch den stets zeitbeschränkten Aufenthalt auf den Märkten der Kontrolle der DAF entziehen konnte.

125 Jahre Bremer SPD

„HaKo" als Jugendlicher, junger Ehemann und junger Abgeordneter

So wurde ich geformt, geprüft von meinem Großvater und später mit zunehmendem Bewußtsein von Mutter und Vater. Wobei man nicht übersehen darf, daß wegen der Gefahren, die mit Berichten über die Erlebnisse in der Strafhaft und dem KZ für den Berichtenden verbunden waren, die Informationen spärlich waren. Erst im Jahre 1944, als mein Vater, der im Jahre 1943 als „bedingt wehrwürdig" eingezogen wurde, auf Fronturlaub aus Finnland kam, hat er offen mit mir über die Situation in der Weimarer Zeit, über seine Zeit in der kommunistischen Jugendarbeit und die Arbeit in der Parteileitung in Bremen, wie über die Untergrundarbeit nach 1933 – aber auch über die Not vieler Nichtpolitischer im KZ, insonderheit der jüdischen Häftlinge, gesprochen. Von seinem eigenen Schicksal hinter den Gefängnis- oder KZ-Mauern sprach er nicht.

Meine Mutter, natürlich engagiert und ihrem Manne zur Seite stehend, hielt durch. Bittere Zeiten waren es für sie – die Angst um den Mann, die Sorge, die NS-Behörden könnten ihr den Knaben wegholen, um ihn in „richtiger Gesinnung" erziehen zu lassen, ebenso die schwierige wirtschaftliche Lage, alles das wollte bewältigt sein. Und es ist verständlich, daß das kaum dazu angetan war, nach 1945 fröhlich einen Neuanfang zu wagen. Auch ihre Skepsis, sich wieder politisch zu engagieren, ist ein Ergebnis dieser Zeit.

Den Mann verloren, inzwischen mit zwei weiteren Kindern gesegnet, mußte meine Mutter die Familie weiter allein durchbringen. Minimale Waisenrenten zwangen zu einer weiteren Berufstätigkeit. Daß dann hin

Auch Hans Koschnick engagiert sich Anfang der 50er Jahre gegen die Wiederaufrüstung

und wieder die Frage aufkam, wozu das alles? Waren diese Opfer wirklich nötig? Ist nicht zuviel vom eigenen Leben vertan worden? Und wenn dann die Antwort ein „ja, trotz alledem" war, dann ahnt man, wie es in ihrem Kopf und ihrem Herzen aussah.
Sie gab mir die Kraft, ein Mensch zu werden, dem später der Spruch von Wilhelm Kaisen: „Jung, kiek in de Sünn, nich ins Musloch", sehr geholfen hat, auch schwierige Zeiten mit einer gehörigen Portion Humor zu bestehen. Dem Großvater, den Eltern verdanke ich, daß das, was mich mit der SPD, mit den Gewerkschaften, mit der Arbeiterbewegung verbindet, nie brüchig wurde. Sie und Freunde der Familie haben mich gelehrt, den Widrigkeiten der Zeit zu widerstehen und zugleich die Gemeinschaft der Menschen zu suchen, die in ihrer täglichen Arbeit und in ihrem Einsatz für eine gerechtere Welt dafür einstehen, daß die Nöte der Zeit sich nicht verfestigen. Dieses Miteinander und Füreinander ist das ganze Credo der Arbeiterbewegung. Für einen sozialen Rechtsstaat, für eine freiheitliche Demokratie und für Solidarität gegenüber allen, die auf Hilfe und Stütze angewiesen sind – dafür habe ich mich eingesetzt, dafür will ich auch künftig als Glied der Arbeiterbewegung in die Pflicht genommen werden.

[1] Unabhängige Sozialdemokratische Partei
[2] Mehrheits-Sozialdemokratische Partei
[3] Revolutionäre Gewerkschaftsopposition (KPD)

Bedrückende Leere, stummer Protest. Die AG „Weser" stirbt

Heiner Heseler

Der Kampf um die AG „Weser"

Kein anderes Thema beherrschte 1983 die politische Diskussion im Land Bremen stärker als die Werftenkrise und die Schließung der AG „Weser". Vier Wochen vor der Bürgerschaftswahl hatte Hans Koschnick am 29. August dem Betriebsrat der AG „Weser" mitgeteilt, daß die Bremer Werft geschlossen werden müsse. Der Regierungschef war der Bote, die Kapitalseite nicht einmal mehr zur Information, geschweige denn zu Verhandlungen mit der Interessenvertretung der Arbeitnehmer bereit. Der Eigentümer, der Krupp-Konzern, hatte die 140 Jahre alte Traditionswerft aufgegeben.

Wie war es zu dieser Entwicklung gekommen?

Ein Jahrzehnt zuvor wurden auf der AG „Weser" noch die größten Supertanker der Welt gefertigt. 6000 Arbeitskräfte arbeiteten in Bremens größtem Betrieb. Mit hohen Investitionen wurde die Werft auf den Serienbau von Tankern ausgerichtet. Die Aufgabe des Spezialschiffbaus zugunsten einer extremen Spezialisierung auf den technisch anspruchslosen Bau von Supertankern erbrachte dem Unternehmen kurzfristig hohe Profite, langfristig war dies der entscheidende Faktor des Niedergangs der AG „Weser".

Der Zusammenbruch des Tankermarkts traf die AG „Weser" nach 1976 weit stärker als die anderen Werften. Der Vorstand zog zudem die falschen Konsequenzen. Angesichts des bis Ende der siebziger Jahre

Die „Ubena" – letzter Stapellauf auf AG „Weser"

in der Unternehmenspolitik vorherrschenden Glaubens an einen neuen Tankerboom verzichtete man auf eine frühzeitige Modernisierung und zukunftsorientierte Umstrukturierung der Werft. Gewerkschaftliche Forderungen, die Produktionspalette stärker zu diversifizieren und alternative Produkte zu entwickeln, wurden ignoriert oder abgelehnt. Statt dessen wurden Arbeitsplätze abgebaut und die Forschungs- und Entwicklungsabteilung aufgelöst. Gemeinkosten konnten so zwar gesenkt werden, die Werft verbaute sich aber die Chance, flexibel und langfristig in neue Marktsegmente einzudringen.

Erst 1980 wurde auch dem Vorstand der AG „Weser" schlagartig klar, daß nicht jeder Schiffbaukrise auch ein Tankerboom folgen muß. 65 Millionen DM betrug der in der Bilanz ausgewiesene Verlust für das Jahr 1979. Er übertraf damit das Eigenkapital der Werft und auch die Gewinne früherer Jahre. Der Konkurs war näher als der nächste Tankerboom. Kaum anders erging es zur gleichen Zeit der zweiten Bremer Großwerft, dem Vulkan, der sich beim Fregattenbau verkalkuliert hatte und ohne staatliche Hilfe ebenfalls konkursreif gewesen wäre.

Versuche der Bremer Landesregierung, beide Werften zu fusionieren, scheiterten an gegensätzlichen Interessen der Unternehmen und ihrer Eigentümer. Statt dessen kündigte der Krupp-Konzern den Gewinn-und-Verlust-Übernahmevertrag mit der AG „Weser". Der private Kapitaleigner war nicht mehr bereit, weitere Verluste zu übernehmen. Mittel für die Umstrukturierung der AG „Weser", die der Krupp-Konzern und das Land Bremen noch einmal bereitge-

Sie mögen sich nicht abfinden, doch sie kämpfen . . .

125 Jahre Bremer SPD

... einen verlorenen Kampf. Das „Aus" für die AG „Weser" ist unwiderruflich

stellt hatten, blieben angesichts der verschlechterten Weltschiffbausituation ohne Wirkung. Ende 1982 kaufte die Landesregierung der AG „Weser" Grundstücke im Wert von 20 Millionen ab, um ihre Liquidität sicherzustellen, und beteiligte sich gleichzeitig an einer Kapitalerhöhung für den Bremer Vulkan mit 13 Mill. DM. Die Werften, so erschien es vielen, waren ein Subventionsfaß ohne Boden.

In dieser Situation verständigten sich die vier norddeutschen Landesregierungen im April 1983 auf ein Kapazitätsabbaukonzept, das die Schließung je einer Großwerft in Bremen und Hamburg vorsah. Dies war aber auch die einzige Gemeinsamkeit, zu der sich die Länder im Norden aufraffen konnten. Eine länderübergreifende oder gar nationale Schiffbaupolitik hat es zu keiner Zeit gegeben. Noch einmal kam es dann zu Fusionsverhandlungen zwischen dem Vulkan und der AG „Weser". Doch parallel dazu forderte der Vorstandsvorsitzende des Vulkan – einer der beiden Hauptaktionäre war der Bremer Senat – die Schließung der AG „Weser". Der private Großaktionär des Vulkan, der Baron Thyssen-Bornemisza, verweigerte Anfang August 1983 entgegen früheren Zusagen jede finanzielle Beteiligung an den Kosten der Fusion und bot zugleich seine Aktien zum symbolischen Preis von 1,- DM dem Senat an. Das Kapital verließ den Schiffbau, zumindest den Handelsschiffbau, von dem keine Profite mehr zu erwarten waren, und überließ die Verantwortung für die Arbeitsplätze und die regionalen Strukturprobleme dem Staat.

„Wer kämpft, kann verlieren, wer nicht kämpft, hat schon

167

verloren."

Der spektakuläre Schritt des Bürgermeisters, selbst den Arbeitnehmern die Notwendigkeit der Schließung mitzuteilen, symbolisierte die Verschiebung der Verantwortung. Entsprechend antworteten auch Betriebsrat und Belegschaft der AG „Weser". Sechs Tage vor der Bürgerschaftswahl 1983 beschloß die Belegschaft der AG „Weser", „ihren" Betrieb zu besetzen. Es war das letzte verzweifelte Kampfmittel, das den Arbeitern und Angestellten verblieben war. Die Mitbestimmung des Betriebsrats endet, wenn es um Investitionsentscheidungen und um von Vorständen und Kapitaleignern geplante Massenentlassungen und Betriebsschließungen geht. Bestenfalls um einen möglichst guten Sozialplan können dann die Interessenvertreter der Arbeitnehmer noch verhandeln. Arbeitsplätze auf der AG „Weser" in Bremen konnten im September 1983 auf dem Verhandlungsweg allein nicht mehr gesichert werden.

Die Besetzung war die legitime Notwehraktion einer hochqualifizierten Stammbelegschaft. Fast alle, die zuletzt noch auf der Werft arbeiteten, hatten über einen langen Abschnitt ihres Berufslebens den Aufstieg und Niedergang der Traditionswerft miterlebt. Sie hatten die größten Tanker der Welt gebaut und als es keine Nachfrage nach Tankern mehr gab, oft monatelang kurzgearbeitet. Neun Jahre zuvor hatten sie noch in einem wochenlangen Streik erfolgreich Lohnerhöhungen von 14 % und einen Kündigungsschutz für ältere Arbeitnehmer erkämpft. Nun standen sie vor dem beruflichen Aus, hatten lange Arbeitslosigkeit und sozialen Abstieg zu befürchten.

Die Kapitalseite freilich war mit der Betriebsbesetzung kaum noch unter Druck zu setzen, hatte sie doch ohnehin den Betrieb schon aufgegeben. Die Besetzung war eine politische Demonstration und ihr Adressat der sozialdemokratische Senat, die einzige politische Institution, in die die Werftarbeiter noch eine geringe Hoffnung setzten und auf die, wie viele glaubten, wenige Tage vor der Wahl am ehesten politischer Druck auszuüben war.

Trotz aller Solidaritätsbekundungen, die die Werftbelegschaft in den Tagen ihres Kampfes erreichten, blieb die Besetzung eine isolierte betriebliche Aktion. Aus rechtlichen und ökonomischen Gründen konnte die IG Metall die Forderung nach Übernahme von Betriebsbesetzungen als gewerkschaftliches Kampfmittel offiziell nicht erfüllen. Selbst einen einstündigen Solidaritätsstreik auf den Werften konnte sie nur mühsam organisieren; nicht einmal alle Betriebe beteiligten sich daran. Zu einer Zerreißprobe wurde die Betriebsbesetzung und geplante Schließung der AG „Weser" für die Bremerhavener IG Metall; denn die Mehrheit des Betriebsrats der Seebeckwerft war zu keiner Solidarisierung mit den Besetzern bereit und erhoffte, durch die Schließung der Bremer Werft zumindest ihre Arbeitsplätze erhalten zu können.

Viele Jahre der Schiffbaukrise und Massenarbeitslosigkeit hatten ihre Spuren hinterlassen, die traditionelle Kampfkraft der Werftarbeiter untergraben, die betriebliche Konkurrenz unter den Werftbelegschaften gefördert. Häufig identifizierten sich auch die externen gewerkschaftlichen Vertreter in den Aufsichtsräten eher mit „ihrer" Werft und waren nicht in der Lage, eine unternehmensübergreifende Gewerkschaftsstrategie durchzusetzen.

Den Höhepunkt erreichte die Besetzung der AG „Weser" nach fünf Tagen. Am Freitag vor der Wahl erklärte Hans Koschnick auf der Betriebsversammlung der besetzten Werft, daß der Senat den Betrieb nicht erhalten könne, wenn Kapitaleigner und Bundesregierung sich ihrer Verantwortung entledigten. Er weigerte sich, vor der Wahl Versprechungen abzugeben, die nach der Wahl nicht zu halten seien. Genau dies hatte wenige Monate zuvor die CDU-geführte Bundesregierung und Landesregierung Schleswig-Holsteins getan, als sie längst beschlossene Massenentlassungen bis einen Tag nach der Wahl geheimhielten.

Die Enttäuschung der Belegschaft über die Antwort des Senats war groß. Der Betriebsratsvorsitzende Hans Ziegenfuß erklärte demonstrativ seinen Austritt aus der SPD. Die Belegschaft verabschiedete einen Wahlaufruf, nur diejenigen Parteien zu wählen, die sich konsequent für den Erhalt der AG „Weser" verpflichteten. Aus der sozialdemokratischen Hochburg Gröpelingen war dies eine Absage an die SPD.

Doch die Wirkung war entgegengesetzt. Die SPD gewann die Wahlen deutlicher als erwartet. Die Werftkrise und die dramatischen Vorgänge um die AG „Weser" bewirkten eine Mobilisierung des Stammwählerpotentials der SPD, wie eine Wahlanalyse von Infas ermittelte. Der Wahlaufruf hatte eher Mitleidseffekte mit dem Regierungschef und Ängste vor politischen Alternativen ausgelöst. In einem „Betrieblich-Alternativen

125 Jahre Bremer SPD

169

Bündnis", das zur Wahl kandidierte, sahen auch die Werftarbeiter, die wohl selbst in ihrer Mehrheit wie immer die SPD gewählt hatten, keine politische Alternative.
Erheblichen Anteil am Wahlerfolg hatte der Infas-Analyse zufolge die beherrschende Rolle des Bürgermeisters Hans Koschnick: „Durch die Bekanntgabe von bitteren Wahrheiten, der frühzeitigen Veröffentlichung des Sanierungskonzepts, hatte Koschnick sein gesamtes Ansehen in die Waagschale geworfen und sein Schicksal mit dem Wahlerfolg unmittelbar verbunden. Dies ging nicht ohne kleinere Sympathieverluste ab, dagegen steht aber ein Stabilisierungsgewinn – kurzfristig für die SPD, langfristig möglicherweise für das politische System."
Die Belegschaft der AG „Weser" wertete hingegen den Wahlausgang als ihre Niederlage. Am Tag nach der Wahl brach sie die Besetzung ab. Innerhalb von nur drei Monaten wurde der einstmals größte Bremer Betrieb geschlossen und die Mehrheit in die Arbeitslosigkeit entlassen. Der Kampf um die Arbeitsplätze war verloren, doch hatte die Belegschaft zumindest noch einmal ein politisches Signal gesetzt. Eine andere Alternative gab es damals nicht mehr.
Drei Jahre nach der Schließung hatten zwar ca. 70 % der Belegschaft einen neuen Arbeitsplatz gefunden. Für ein Viertel der Entlassenen bedeutete die Betriebsschließung aber zugleich das endgültige Ausscheiden aus dem Berufsleben, Dauerarbeitslosigkeit und frühzeitige Verrentung.
Der Preis für die Schließung war hoch, zu hoch? Noch Jahre danach herrschen unter den früher fast zu 100 % gewerkschaftlich organisierten Werftarbeitern Enttäuschung, Resignation und Gefühle der Ohnmacht vor, die nicht ohne Konsequenzen für das politische Engagement blieben.
Erst nach der Schließung der AG „Weser" wurden auch von Unternehmern und Politikern neue Wege gesucht. Die Ausweitung alternativer Fertigung, bis dahin als Illusion abgetan, wurde nun zu einem Ziel der Unternehmenspolitik des Bremer Vulkan. Der neugegründete Bremer Werftenverbund wurde ansatzweise in die regionale Strukturpolitik integriert. Ohne Rüstungsproduktion und immense staatliche Subventionen ist er freilich bis heute nicht lebensfähig. Auf dem Weg zum Werftenverbund waren zudem viele Opfer zu erbringen. 1986 schloß Rickmers, die älteste Bremerhavener Werft, die Tore, wenig später wurde auch die Sieghold-Werft stillgelegt. Insgesamt verloren noch einmal ein Viertel der Belegschaften der verbliebenen Bremer Werften zwischen 1984 und 1988 ihren Arbeitsplatz. Die Arbeitslosigkeit im Land Bremen stieg Jahr für Jahr weiter an.
Die Werften, einst bedeutendster Wirtschaftsfaktor der Region und Zentrum der Bremer Arbeiterbewegung, haben rapide an Bedeutung verloren. Autoproduktion, Luft- und Raumfahrt, Elektronik prägen das Bild der Industrie des Stadtstaats, Zweidrittel der Arbeitnehmer arbeiten im Dienstleistungssektor. Der Kampf der AG-„Weser"-Belegschaft um ihren Betrieb war ein Markstein und in gewisser Hinsicht auch ein Wendepunkt in der ökonomischen und politischen Entwicklung. Die Wende auf dem Arbeitsmarkt steht freilich noch aus.

Henrik Marckhoff

Der Wechsel Koschnick/Wedemeier

Gewiß: Gerüchte hatte es bereits wochenlang gegeben, hartnäckige Spekulationen auch, denen niemand aus Partei, Rathaus oder Fraktion entschieden entgegengetreten war.
Doch als es am 15. Juni 1985 amtlich ist, trifft es die Mitglieder der SPD ebenso wie die gesamte Bremer Bevölkerung wie ein Keulenschlag: Nach 20 Dienstjahren als Bürgermeister gibt Hans Koschnick sein Amt als Regierungschef des kleinsten Bundeslandes auf. Er wolle, heißt es in seiner kurzen Rücktrittsankündigung, einem Jüngeren Platz machen und ihm – seinem Nachfolger – Zeit zum Einarbeiten lassen. Deshalb der Abschied mitten in der Legislaturperiode.
Die Regie, von einem kleinen Kreis Eingeweihter vorbereitet, sieht einen schnellen Machtwechsel innerhalb von zwei Monaten vor und präsentiert – von Koschnick selbst vorgeschlagen – sogleich den Nachfolger: Klaus Wedemeier, SPD-Fraktionschef in der Bürgerschaft, soll zum Präsidenten des Senats aufrücken. So lautet die Verabredung.
Einer aber zieht nicht mit: Henning Scherf, Jugend- und Sozialsenator im Koschnick-Senat, erklärt sich selbst zum Kandidaten und macht „wie Zieten aus dem Busch" (Scherf über Scherf) dem designierten Koschnick-Erben Wedemeier die Nachfolge streitig.
Einige Unterbezirksdelegiertenkonferenzen zur Favoriten-Kür aufgerufen, verteilen ihre Sympathien wechselseitig – hie Scherf, da Wedemeier. Überraschend eindeutig schließlich der Letztentscheid eines Landesparteitages: Klaus Wedemeier wird der Präsident des Senats, Henning Scherf sein Stellvertreter – anstelle des ebenfalls aus dem Senat ausscheidenden Moritz Thape.
Die Feuertaufe ist überstanden, das Prädikat, Wahlen gewinnen zu können, hat sich Klaus Wedemeier inzwischen verdient. Bei den Bürgerschaftswahlen 1987 führt er die SPD – wie vordem Hans Koschnick – zur absoluten Mehrheit. Mit neuer Handschrift unterstreicht und bekräftigt die SPD in Bremen ihre unbestrittene Führungskompetenz.

Koschnick gibt am 15. Juni 1985 seinen Rücktritt bekannt

Das Nachfolgerduell Wedemeier/Scherf – der Abschied –

125 Jahre Bremer SPD

– Der Sieger – Der Amtswechsel

Renate Meyer-Braun

Anna Stiegler (1881–1963) eine bedeutende Bremer Sozialdemokratin

Für viele der Forderungen, die auch heute noch Frauen in der SPD beschäftigen, hat Anna Stiegler schon während der Weimarer Zeit in der Bürgerschaft gestritten. Ihr Leben war gekennzeichnet durch persönliche Erfolge, politische Enttäuschungen, durch großen Mut und schweres Leid. Geboren 1881 in Mecklenburg, zog sie später nach Bremen und trat 1905 in die SPD ein – motiviert durch den Bremer Parteitag und die sozialdemokratische Frauenkonferenz von 1904. Nach Einführung des Frauenwahlrechts wurde sie in die Bremische Bürgerschaft gewählt und gehörte ihr bis 1933 an. Anschließend war sie eine der ersten in der Bremer SPD, die aktiven Widerstand gegen die Nazis leisteten. Dafür bestraften diese sie mit einer über zehnjährigen Haft in Zuchthaus und KZ. „Der Engel von Ravensbrück" wurde sie von Mithäftlingen genannt. 1945 kehrte sie zwar körperlich gezeichnet, aber voller Tatendrang zurück ins politische Leben. Von 1946 bis 1963 war sie Mitglied der Bremischen Bürgerschaft, gehörte 1946 zu den Gründerinnen des Bremer Frauenausschusses, leitete jahrzehntelang die SPD-Frauengruppe und vertrat diese im Bremer Parteivorstand. Als Sprecherin der Deputation für Wohlfahrt arbeitete sie eng mit der Senatorin Annemarie Mevissen zusammen. Sie machte sich einen Namen als engagierte Sozialpolitikerin, die sich von Anfang an für die Rechte der Frauen einsetzte. Unumstritten war sie nicht, unter anderem deshalb, weil sie sich im Alter nur schwer von ihren zahlreichen Ämtern trennen konnte. Wenn auch nicht frei von menschlichen Schwächen, war sie dennoch eine eindrucksvolle Persönlichkeit, die auch in schwerer Zeit ihrer sozialdemokratischen Überzeugung treu geblieben war. Sie starb 1963; der Senat ehrte sie mit einem feierlichen Staatsbegräbnis.

Anna Stiegler bei der Grundsteinlegung für das Jugendheim Walle in den 50er Jahren

Jutta Kellmann-Hoppensack

Einige Gedanken zu Geschichte und Selbstverständnis der Bremer Arbeitsgemeinschaft sozialdemokratischer Frauen

Die SPD-Frauen verhielten sich in Bremen während der 50er und frühen 60er Jahre – wie überall in dieser Zeit – ziemlich unauffällig. Ende der 60er Jahre begann es auf den Parteitagen zu „grummeln". Dorothee Colberg-Tjadens, die von Anfang an dabei war, erinnert sich an Aussprüche wie „Die AsF soll kein Kaffeekränzchen sein", „Wir lassen uns nicht abschieben" und „Wir wollen mitgestalten".
1970 wurde auf einer denkwürdigen Landesdelegiertenkonferenz der AsF im Rathaus der Antrag gestellt, die AsF aufzulösen. Ursel Kerstein – heute Leiterin der Gleichstellungsstelle – hatte diese Provokation gewagt. Trotz des Riesenbeifalls, den ihr Antrag erhielt, fand er nicht die erforderliche Mehrheit. Dennoch wurden – in einer Art Protestwahl – zwei Genossinnen an die Spitze gewählt, die diesen Vorstoß unterstützten: Dorothee Brüger und Dorothee Colberg-Tjadens. Sie sahen ihre Aufgabe darin, die Genossinnen selbstbewußter zu machen, Frauenthemen offensiv in die Partei hineinzutragen, zusammen mit den Männern frauenspezifische Fragen zu diskutieren – kurz, die Frauen in die Partei zu integrieren, um so die Sonderorganisation AsF überflüssig zu machen. Aber es zeigte sich seltsamerweise, daß die Genossen doch lieber weiterhin die Genossinnen hinter dem Schutzwall AsF agieren lassen wollten. Glaubten sie, da wären sie ungefährlicher?
Auch bei der Vorsitzenden der AsF stellte sich ein Sinneswandel ein, sie war jetzt gegen eine Auflösung der AsF. Als auf der Landesdelegiertenversammlung im Jahre 1972 Ursel Kerstein erneut ihren Antrag stellte, verfehlte er wiederum – wenn auch nur knapp – die Mehrheit. Dorothee Brüger wurde wiedergewählt.
Als ich, die derzeitige erste Sprecherin – statt eines Vorstandes gibt es jetzt Sprecherinnen –, 1976 nach Bremen kam, hatte unsere Arbeitsgemeinschaft diese Turbulenzen gerade überstanden. Inzwischen will keine unserer aktiven AsF-Frauen mehr die Auflösung. Wir halten die Organisationsform AsF trotz all ihrer Mängel für ein wichtiges Instrument zur Artikulierung und Durchsetzung von Fraueninteressen.

Quotendiskussion und Gleichstellungsstelle

Auch die Einstellung zur Frage der Quotierung änderte sich. Auf der Bundesfrauenkonferenz 1977 in Siegen wurde mit knapper Mehrheit die innerparteiliche Quotierung abgelehnt. Die Bremer AsF sprach sich ebenfalls gegen die Quote aus. Frau glaubte, keinen Schonraum nötig zu haben, sie wollte allein durch ihre politische Arbeit, ihre Kompetenz überzeugen und nicht aufgrund ihres Geschlechts in den Vorstand gewählt werden, sie wollte keine „Alibifrau" sein. Damals war Christel Hempe-Wankerl AsF-Vorsitzende. Heute ist sie, wie viele andere auch (Dorothree Colberg-Tjadens, Elly Aulfes, Anges Lange und Thea Schweingruber, um nur einige zu nennen), anderer Meinung, weil sie erkannt hat, daß es ohne Zwangsmaßnahmen, wie die satzungsgemäße Verankerung der Quote, nicht geht. Lange genug hatten wir es mit Appellen versucht, aber es war naiv zu glauben, daß Männer einsichtig sind, daß sie auch mal freiwillig zugunsten einer ebenso qualifizierten Frau ihren Posten räumen. Aber Qualifikation ist nicht gleich Qualifikation: Es ging und geht schlicht um Macht.
Ein erstes Resultat dieser Debatte von 1977 war aber, daß nun die Gleichstellungsstellediskussion voll entbrannte. War das die „Beruhigungspille" für die Kritikerinnen des Siegener Beschlusses? Die AsF Bremen forderte nun auch die Einrichtung einer Gleichstellungsstelle. Auf der zweiten Bremer Frauen-Info-Börse vor rund zehn Jahren wurde im Rathaus öffentlich darüber diskutiert. Eine Vorreiterin gab es ja schon: die Leitstelle zur Verwirklichung der Gleichberechtigung der Frau in Hamburg.
Die Durchsetzung dieser Einrichtung auf politischer und parlamentarischer Ebene ist u. a. Elly Aulfes zu verdanken. Die Bereitschaft, diese Stelle einzurichten, war zunächst bei den Genossen nicht sehr groß, aber die beharrliche Überzeugungsarbeit der AsF zeigte dann doch Wirkung. Nachdem Bürgermeister Hans Koschnick grünes Licht gegeben hatte, nahm der damalige Fraktionsvorsitzende Klaus Wedemeier die Sache in die Hand. Ein nichtständiger Fraktionsausschuß wurde gegründet,

um die gesetzliche Absicherung der neuen Stelle zu erarbeiten. Diese rechtliche Verankerung erschien uns notwendig, um die Stelle nicht von eventuell wechselnden Mehrheiten abhängig zu machen. Der Vorsitzende des Ausschusses, Wolfgang Klatt, hat sich voll mit dem AsF-Anliegen und seiner Aufgabe identifiziert und sie zum guten Ende gebracht.
Nach anfänglichen Schwierigkeiten können wir sagen, daß die Gleichstellungsstelle heute akzeptiert wird. Seit 1987 ist sie beim Präsidenten des Senats angesiedelt und hat damit eine Aufwertung erfahren. Zunächst war sie dem Justizressort zugeordnet. Die Leiterin hat beratende Stimme im Senat.
1988 wurde dank des steten Nachbohrens der Bremerhavener AsF-Genossinnen, insbesondere ihrer Unterbezirksvorsitzenden Margarete Reimelt, eine Gleichstellungsbeauftragte in Bremerhaven ernannt.
Zurück zur Quotendebatte: Mit Beschluß des Landesparteitages vom 7. Dezember 1985 wurde die Quotendebatte für die AsF Bremen und die Landesorganisation Bremen entschieden. Auf einem AsF-Seminar in Bad Zwischenahn im Jahr 1984 hatte es noch eine erregte Diskussion über das Für und Wider der Quote gegeben. Die AsF-Basis war dafür – der damalige AsF-Vorstand tendierte von unentschieden bis ablehnend. Auch unsere derzeitige Landesvorsitzende, Ilse Janz, mochte sich damals nicht für die Quote erwärmen.
Auf einer Landesdelegiertenkonferenz der AsF in Bremerhaven Anfang 1985 wurde auf Antrag der „Revoluzzerinnen" ein Stufenplan verabschiedet, der für 1987 eine 30-%-, für 1991 eine 40-%- und für 1995

AsF-Bundeskonferenz 1985: Die Bremer Delegation

Schon in den 20er Jahren kämpften Frauen aus der Arbeiterbewegung gegen den § 218

Auf dem Bremen-Fest 1985

Frauen-Börse '86 im Rathaus

eine 50-%-Quote vorsah. Auch sollte dieses im Statut festgeschrieben werden.
Der Landesvorstand der Partei unter Vorsitz von Konrad Kunick formulierte im Mai 1985 einen Antrag, der zwar alle unsere Forderungen aufnahm, aber an entscheidenden Punkten abgeschwächt war durch die beliebt-bekannte „Prüfformel", z. B. bei der Verankerung der o. a. Regelung im Statut. Er überwies dieses Papier den Untergliederungen zur Diskussion. Was folgte, waren turbulente Unterbezirkskonferenzen, insbesondere im Unterbezirk Ost. Es war letztendlich der Unterbezirk West, der den Entwurf des Landesvorstandes auf den Weg brachte, nachdem der Ortsverein Weidedamm einen entsprechenden Antrag gestellt hatte. Nicht beschlossen wurde allerdings der Absatz, der die statuarische Absicherung vorsah. Das war die entscheidende Schwäche des Beschlusses.
Der darauffolgende Landesparteitag am 7. Dezember 1985 war ebenfalls aus unserer Sicht eine denkwürdige Veranstaltung. Was wurden nicht für Argumente hervorgekramt – das reichte von „Das habt Ihr doch nicht nötig" bis zu „Dann gründen wir eine AsM!" Letzteres können wir nur bejahen, und das mit vollem Ernst. Denn nach unserer Meinung sind es die Männer – auch die eigenen Genossen, die sich emanzipieren müssen! Jedenfalls wurde die stufenweise Erhöhung der Quote beschlossen.
Der Bezirk Bremen war damit nach Hessen und Hamburg der dritte mit einem bezirksinternen Frauenförderplan.
Bei der Kandidatinnenaufstellung für die Bürgerschaftswahl 1987 wurden

auch 30 % erreicht, aber mit einer ziemlichen Häufung am Listenende. Diese Häufung kam dadurch zustande, daß die Unterbezirke West, Nord und Bremerhaven nicht auf jeden dritten Platz eine Frau placierten, wie das eigentlich hätte sein müssen. Daher legte die AsF nach der Bürgerschaftswahl im Oktober 1987 dem Landesparteitag einen Initiativantrag vor, der folgende Punkte umfaßte: Wahl einer Frau in den geschäftsführenden Fraktionsvorstand und einer Vizepräsidentin der Bremischen Bürgeschaft, Ausgleich bei den Deputiertenmandaten für den nicht erreichten 30-%-Anteil an weiblichen Abgeordneten, zwei Senatsdirektorinnen, verbindliche Frauenförderpläne nach dem hessischen Modell sowie Einrichtung eines interfraktionellen Gleichstellungsausschusses.

Was die Fraktion anbelangt, so hat der neue Fraktionsvorsitzende Claus Dittbrenner den Beschluß umgesetzt. Die Forderung nach Ernennung von Senatsdirektorinnen ist bisher unerfüllt.

Im August 1988 wurde dann ein wahrlich historischer Schritt getan: Der Bundesparteitag in Münster verabschiedete mit der erforderlichen Zweidrittelmehrheit die im Statut abgesicherte 40-%-Quote als Mindestanteil, nachdem auf der Bundesfrauenkonferenz 1985 in Hannover diese Forderung nach norwegischem Vorbild aufgestellt worden war.

Diskussion um ein Gleichstellungsgesetz

Seit Beginn der Diskussion um die Quote wird in der AsF auch die Verabschiedung eines Gleichstellungsgesetzes gefordert, um die beruflichen Chancen der Frauen zu verbessern, insbesondere in den Führungspositionen in Wirtschaft und Verwaltung. Aus allen Untersuchungen wird deutlich, daß die Frauen zwar seit Beginn der 70er Jahre erheblich aufgeholt haben, aber in Führungspositionen selten vertreten sind. Am schwärzesten sieht es bei den Medien und an den Universitäten aus.

Diese Forderung konnte jedoch bei der Formulierung der Wahlplattform, also unserem Bremen-Plan, für den Bürgerschaftswahlkampf 1987 nicht durchgesetzt werden. Aber es geschehen noch Zeichen und Wunder: Björn Engholm und sein „quotiertes" Schattenkabinett siegten in Schleswig-Holstein! Da in dieses Kabinett eine Frauenministerin einzog, kam die Sache mit dem Gleichstellungsgesetz in Schwung. Nun erarbeiten zur Zeit die Frauenbeauftragten aus Hamburg und Bremen (die sich auch für eine gesetzliche Regelung ausgesprochen hatten) sowie das Frauenministerium in Kiel eine Gesetzesvorlage für ihr jeweiliges Bundesland.

Was die bremische AsF sonst noch getan hat

1975, im „Internationalen Jahr der Frau", wurde aus diesem Anlaß das erste Schafferinnen-Mahl veranstaltet. Diese festliche Veranstaltung, die wir seither jedes Jahr im Herbst durchführen, ist das Gegenstück zu dem jährlich stattfindenden „alt-ehrwürdigen", aber leider rein „männlichen" Schaffermahl. Hede Lütjen, damalige AsF-Vorsitzende, hat dieses Mahl seinerzeit der SPD-Bürgerschaftsfraktion regelrecht abgetrotzt. Bei der politischen Durchsetzung des Neubaus einer zeitgemäßen Frauenklinik war die AsF – besonders in der Person von Ingrid Busbohm – aktiv beteiligt. Wir wollten keine kalte Kreißsaalatmosphäre mehr.

Unterstützt wurden ferner die Bemühungen der Autonomen Frauen, ein Frauenhaus und die Beratungsstelle „Pro familia" einzurichten. Ferner wurde auf Druck der AsF – besonders natürlich der Bremerhavener Genossinnen – die Beratungsstelle von „Pro familia" in Bremerhaven gegründet.

Für das neue Grundsatzprogramm haben die Bremer AsF-Frauen eine Reihe von Forderungen aufgestellt, die z. T. in den Beschluß der Landeskommission „Grundsatzentwurf" eingegangen sind.

Schlußbemerkung

Die Gesellschaft insgesamt und auch unsere Partei sind nach wie vor von männlichen Normen geprägt. Seit August Bebels Zeiten hat sich da nicht viel geändert. Oft genug ist es unseren Genossen lästig, wenn wieder einmal sogenannte Frauenfragen auf der Tagesordnung stehen. Dabei sehen sie nicht, daß „Frauenfragen" auch „Männerfragen" sind. Was wir brauchen, ist ein neues Verhältnis der Geschlechter zueinander. Es muß gelingen, innerhalb der SPD eine offene, freimütige Diskussion in Gang zu bringen, die solch ein verändertes Verhältnis zwischen Genossen und Genossinnen zum persönlichen Anliegen aller macht. Dabei muß die Diskussion so angelegt sein, daß weder Männer noch Frauen fürchten müssen, das Problem könne nur mit dem Verlust am Selbstwertgefühl gelöst werden. Dies ist die Voraussetzung für eine erfolgreiche sozialdemokratische Gesellschaftspolitik der Zukunft und ein Auftrag, den sich die Partei mit dem neuen Grundsatzprogramm geben muß.

Beate Hoecker

Frauen in der Bremer SPD: ihr Sozial-, Einstellungs- und Partizipationsprofil Anfang der 80er Jahre

Wie sieht sie aus, die – im statistischen Sinne – typische Bremer Sozialdemokratin der 80er Jahre? Welche Schulbildung hat sie und welchen Beruf übt sie aus? Warum ist sie in die Partei eingetreten und wie stark engagiert sie sich innerparteilich? Welche politischen Themen interessieren sie vorrangig, und wie beurteilt sie selbst die Rolle von Frauen in der SPD?
Antwort auf diese Fragen gibt eine 1982 von der Forschungsgruppe Parteiendemokratie durchgeführte repräsentative Befragung unter den Bremer Parteimitgliedern.* Neben 175 Sozialdemokraten gaben 122 Sozialdemokratinnen bereitwillig Auskunft. Die Auswertung der oft mehrstündigen Interviews brachte folgende Ergebnisse:
Hinsichtlich der Schulbildung fällt im Vergleich zur Bremer Wohnbevölkerung insbesondere das Vorherrschen gehobener Bildungsabschlüsse ins Auge. Während nahezu ein Fünftel der weiblichen SPD-Mitglieder auf ein abgeschlossenes Hochschul- bzw. Fachhochschulstudium als höchsten Bildungsabschluß verweisen kann, beträgt der entsprechende Anteil in der Wohnbevölkerung lediglich 3 %. Über einen Hauptschulabschluß verfügen nahezu ein Drittel der Sozialdemokratinnen, gut 16 % sind im Besitz der Mittleren Reife, und knapp 6 % haben das Abitur. Interessanterweise gab es bei diesen Angaben zum Bildungsstand nur geringfügige Differenzen zwischen Männern und Frauen; damit wird die verbreitete Auffassung, wonach die weiblichen Parteimitglieder aufgrund von Bildungsdefiziten für gehobene Positionen nicht geeignet seien, klar widerlegt.
Stärker noch als die Schulbildung spielt die berufliche Qualifikation für die Auswahl des politischen Führungspersonals eine wichtige Rolle. Die größte Gruppe unter den berufstätigen Sozialdemokratinnen stellen die Angestellten (56,8 %), gefolgt von den Beamtinnen (22,2 %), den Arbeiterinnen (13,8 %) und den Selbständigen (2 %). Im Vergleich zur erwerbstätigen weiblichen Bevölkerung sind damit Arbeiterinnen in der Bremer SPD extrem unter-, Beamtinnen dagegen deutlich überrepräsentiert. Ähnliches gilt auch für die männlichen Parteimitglieder und verdeutlicht insgesamt die Mittelschichtorientierung der Parteien.
Gleichwohl gibt es in der Frage der Berufstätigkeit einen wichtigen Unterschied zwischen Männern und Frauen: Während knapp drei Viertel der Sozialdemokraten erwerbstätig sind, beträgt dieser Anteil unter den Genossinnen lediglich rd. 52 %. Die geschlechtsspezifische Arbeitsteilung unserer Gesellschaft spiegelt sich somit auch in der SPD wider und verhindert letztendlich – durch die starke Betonung der beruflichen Qualifikation – eine gleichberechtigte politische Partizipation von Frauen.
In eine politische Partei einzutreten ist keineswegs eine alltägliche und selbstverständliche Sache, vielmehr gibt es besondere Beweggründe für den Parteibeitritt. Das Hauptmotiv der Bremer Sozialdemokratinnen ist das Streben nach Kontakt zu politisch Gleichgesinnten (54,4 %); danach folgen das Gefühl der Zugehörigkeit zur Partei (53,7 %); der Wunsch, politisch aktiv zu sein (53,6 %) sowie die Unterstützung des gegenwärtigen Parteikurses (52,6 %). Im Unterschied zu den Männern sind für die Frauen zudem die Gründe Familientradition und Unterstützung von Freunden und Verwandten in der SPD deutlich wichtiger. Berufliche Vorteile bzw. ein politisches Amt hat sich dagegen nur eine verschwindende Minderheit der Frauen von ihrem Parteibeitritt erhofft.
In welcher Weise nun nehmen die Bremer Sozialdemokratinnen am Parteileben teil? Die Auswertung zeigt, daß exakt zwei Drittel der Frauen kaum (14,6 %) oder gar nicht aktiv (51,5 %) ist. Als sehr aktiv bzw. aktiv bezeichnete sich dagegen ein Viertel der weiblichen und ein Fünftel der männlichen Parteimitglieder. Dieses letzte Ergebnis widerlegt zumindest in der Selbsteinschätzung das weitverbreitete Vorurteil, Frauen seien weniger aktiv als Männer. Der dennoch vorhandene Unterschied in den Aktivitäten zwischen den Geschlechtern zeigt sich nur dann, wenn man danach fragt, für welche Mitarbeitsformen sie sich zeitlich engagieren. Nahezu durchgängig nehmen die Sozialdemokratinnen die vielfältigen Formen der Mitarbeit weniger intensiv wahr als die Männer. Lediglich beim Besuch geselliger Parteiversammlungen und Mitgliederversammlungen führen die Frau-

en. Die männlichen Mitglieder dagegen haben einen beträchtlichen Vorsprung, wenn es darum geht, eine öfentliche Ansprache zu halten, Plakate zu kleben, sich an der Programmarbeit zu beteiligen oder in einem Wahlkampfausschuß mitzuarbeiten. Auch bei der Stimmen- und Mitgliederwerbung sind die Männer deutlich aktiver als die Frauen: drei Viertel von ihnen hat bereits bei Freunden um Stimmen für die SPD geworben gegenüber nur rund 52 % der Frauen. Und rund 30 % der Sozialdemokratinnen, aber fast die Hälfte der männlichen Mitglieder haben ein neues Mitglied geworben. Ebenso wie bei den Aktivitäten gibt es auch beim besonderen Interesse für politische Sachthemen erkennbare Unterschiede zwischen Frauen und Männern in der Bremer SPD. Eindeutiger Schwerpunkt der weiblichen Mitglieder ist die Sozialpolitik mit 42,9 %; an zweiter Stelle folgt die Umweltpolitik (35,5 %) und an dritter Stelle das Politikfeld Frieden und Abrüstung (33,5 %). Während die Sozialpolitik auch bei den männlichen Mitgliedern in der Hierarchie der präferierten Politikbereiche mit 45,6 % ganz oben steht, folgen dann allerdings die Wirtschafts-, Außen- und Bildungspolitik mit 34,1 bzw. je 22,4 % (vgl. Tabelle). Gänzlich irrelevant für Sozialdemokraten ist anscheinend die Frauen- und Familienpolitik. Allerdings ist das Interesse der weiblichen Parteimitglieder – entgegen der generellen Zuweisung – mit rund 17 % bzw. 2 % auch nicht besonders ausgeprägt. Festzuhalten bleibt, daß – trotz einiger Übereinstimmungen – Frauen somit inhaltlich ein anderes Politikverständnis haben als Männer. Eine stärkere Beteiligung von Frauen wird daher sowohl die Inhalte von Politik als auch die gegenwärtigen Grundlagen von Entscheidungen verändern.

Vor dem Hintergrund der aktuellen Diskussion um die innerparteiliche Gleichstellung der Frauen verwundert es keineswegs, daß auch schon 1982 die Mehrheit der SPD-Frauen in Bremen (rund 57 %) ihre nicht ausreichende Beteiligung kritisierte. Die Forderung nach Parität in den Parlamenten fand sogar bei vier Fünftel der Frauen uneingeschränkte Zustimmung. Letztendlich ist die Beseitigung der Ungleichheit der Frauen nicht nur eine gesellschaftliche Aufgabe, sondern zugleich eine wichtige Herausforderung an die Parteiorganisation selbst, die trotz entsprechender Beschlüsse erst noch bewältigt werden muß.

Sachpolitische Präferenzen
Frage: „Können Sie mir bitte sagen, welche Bereiche in der Politik Sie besonders interessieren?"

	Frauen	Männer
Sozialpolitik	42,9 %	45,6 %
Umweltpolitik	35,5 %	20,4 %
Frieden und Abrüstung	33,5 %	21,7 %
Außenpolitik	12,9 %	22,4 %
Bildungspolitik	13,1 %	22,4 %
Wirtschaftspolitik	9,7 %	34,1 %
Frauenpolitik	16,7 %	–
Familienpolitik	2,1 %	–
Sicherheits- u. Verteidigungspolitik	3,8 %	7,2 %

* Die Forschungsgruppe Parteiendemokratie unter der Leitung von Heino Kaack (Koblenz/Bonn) und Reinhold Roth (Bremen) hat im Rahmen des von der DFG geförderten Projekts „Parteiensystem und Legitimation des politischen Systems" 1982 in der Stadt Bremen eine Parteimitgliederumfrage durchgeführt. Befragt wurden 560 Mitglieder der SPD, CDU und FDP. Zur methodischen Anlage der Erhebung siehe ausführlich: Beate Hoecker, Frauen in der Politik. Eine soziologische Studie, Opladen 1987, S. 231 ff.

Henrik Marckhoff

Fraktion: Kontrolle des Senats

Die Hürden zur Erlangung parlamentarischer Beteiligung waren für die Bremer SPD schier unüberwindlich hoch aufgebaut. Die Sozialistengesetze waren längst gefallen, doch eisern beharrte das bürgerliche Bremen zur Ausschaltung jedweder Arbeiter-Mitbestimmung auf einem 8-Klassen-Wahlrecht.
1900 schlug dennoch die Geburtsstunde einer sozialdemokratischen Fraktion in der Bürgerschaft. Angeführt von Friedrich Ebert, Hermann Rhein, später Wilhelm Pieck und anderen, muß sie sich – von Mitwirkungsrechten ausgeschlossen – aufs Opponieren beschränken. Und das heißt in den Gründerjahren: Agitation und Kampf für ein freies und gleiches Wahlrecht, unabhängig von Stand und Einkommen, sowie für eine Verbesserung der sozialen und politischen Lage der Arbeiterschaft. Aufsehenerregend: Erstmals legt Ebert im Parlament eine von ihm selbst erarbeitete Studie über das „Ergebnis einer statistischen Erhebung der Lebensverhältnisse der bremischen Arbeiter" vor. Pieck ergänzt mit Vorträgen über „Das Elend der Heimarbeiter".
Von Beginn an verstand sich die SPD-Fraktion in ihrer politischen Arbeit als Kontrollorgan des Senats – ein Selbstverständnis, das ihr bis heute zu eigen ist. So legt Richard Boljahn die SPD-Fraktion in den Jahren des Wiederaufbaus mehrfach auf Zusammenarbeit mit der KPD fest, als das Bremer Wohnungsbau-

Friedrich Ebert  *Hermann Rhein*  *Emil Theil*

August Hagedorn  *Carl Stockhinger*  *Richard Boljahn*

Gustav Böhrnsen  *Dr. Walter Franke*  *Egon Kähler*

Klaus Wedemeier  *Konrad Kunick*  *Claus Dittbrenner*

programm am Einfluß der Bürgerlichen im Koalitionssenat zu scheitern droht.

In kritischer Solidarität sieht auch der derzeitige SPD-Fraktionschef Claus Dittbrenner das Verhältnis der von ihm geführten Fraktion zum Senat. Dittbrenner über die Fraktionsprämissen: „Politik ist für uns Denken für und in Veränderungen. Es geht darum, wie durch politische Entscheidungen die Situation Bremens verbessert werden kann, in wirtschaftlicher, in finanzpolitischer, in sozialer und insbesondere in ökonomischer Hinsicht..."

„Der Beitrag der SPD-Bürgerschaftsfraktion ist die politische Perspektive, aufgebaut auf dem jeweiligen Wahlprogramm und basierend auf dem, was bisher geleistet wurde, dies begründet unseren Anspruch an den Senat..."

„... dabei sage ich deutlich: Wir erwarten nicht nur schöne Pläne und Programme, wir erwarten vor allen Dingen finanzierbare und umsetzbare Konzepte, ein Auftrag auch an uns selbst."

> * Die sozialdemokratische Fraktion der bremischen Bürgerschaft hat sich am Dienstag Abend in einer Zusammenkunft der bisherigen und der neugewählten sozialdemokratischen Vertreter zur Bürgerschaft konstituirt. Als Fraktionsausschuß wurden Ebert und Blome als Vorsitzende, Rhein als Schriftführer bestimmt. Die Fraktion wird dem Bürgeramte von ihrer Konstituirung Mittheilung machen.

Links: Konstituierung der SPD-Fraktion am 10. Januar 1900
Oben: Das Präsidium in der Bürgerschaft

125 Jahre Bremer SPD

Parlamentarier

Die Bürgerschaft tagte bis 1966 im Rathaus

Feierstunde zum Fraktions-Jubiläum 1980

Volker Tegeler

Zur Binnenstruktur der Bremer SPD

(Auszug)*

Die Forschungs- und Bildungsstätte zur Geschichte der Arbeiterbewegung im Lande Bremen arbeitet an einer Studie über die Mitgliederstruktur der Landesorganisation Bremen. Es werden im wesentlichen drei Bereiche erfaßt: 1. eine Untersuchung an der Basis der Partei, d. h. ein repräsentativer Mitgliederquerschnitt soll nach Ausbildung und Arbeitsplatz, Parteiengagement und politischer Einschätzung befragt werden; 2. die Erstellung eines Profils der Funktionsträger/innen der Partei vor Ort, also die Befragung aller gewählten Ortsvereinsvorstandsmitglieder, Unterbezirksfunktionäre und Vorstandsmitglieder von Arbeitsgemeinschaften; 3. ein Sozialprofil der Spitzenfunktionäre der Landesorganisation Bremens, also der einprozentigen Führungsschicht, die die Partei nach innen und nach außen vertritt.

Die Erstellung des Sozialprofils der „Spitzenfunktionäre" der Partei liegt bereits vor. Angaben von 126 Mitgliedern der Bremer Partei sind ausgewertet worden. „Spitzenfunktionäre" im Sinne dieser Studie sind: Kandidaten zur Bürgerschaftswahl, Mitglieder der Unterbezirksvorstände, die Vorsitzenden der Landesarbeitsgemeinschaften und Kommissionen und die Mitglieder des Landesvorstandes.

Diese Studie ist Ende 1987 im Landesvorstand der Bremer SPD vorge-

Veränderungen in der Mitgliederstruktur – von der Jahrhundertwende . . .

. . . bis in die 70er Jahre

stellt worden, und zwar unter der von Johannes Rau formulierten Problemstellung: „Wir Sozialdemokraten müssen immer wieder fragen, ob wir mit unseren Aussagen, ob wir mit unserem Handeln die Menschen wirklich erreichen, ob wir offen sind für alle, die zu uns kommen wollen, die mitbestimmen, mitwirken und helfen wollen. Wir müssen uns die Frage stellen und uns die Anfrage gefallen lassen: Wählt die Partei aus ihren Reihen die Besten aus, um die Interessen der Menschen glaubwürdig und wirksam zu vertreten? Fördert sie den Nachwuchs? Ist und bleibt sie in ständigem Dialog mit den Bürgerinnen und Bürgern? Wie lernt die Partei hinzu, wie regt sie ihre Mitglieder an, wie stärkt sie ihre Gesprächsfähigkeit?"

Aus den bisherigen Auswertungen, die auf den Fragebögen der Spitzenfunktionäre und von einem Teil der Mandatsträger auf Ortsvereinsebene basieren, lassen sich folgende Rückschlüsse ableiten:

1. Die SPD in Bremen leidet insbesondere an einem Defizit an weiblichen Mitgliedern und Funktionsträgern.

Es stellt sich somit die Frage, ob ausschließlich mit der Quotierung bei Wahlämtern dieses Defizit aufgehoben werden kann. Zumindest jedoch ist festzustellen, daß parteiintern über die Frage der Organisierung von Frauen zu wenig diskutiert wird.

2. Die Auseinanderentwicklung von Partei und Gewerkschaften – die bei der Lafontaine-Diskussion aufgeworfene Problematik der „zunehmenden Schere" – hat reale Hintergründe. Der Anteil der gewerblichen Arbeitnehmer unter den Bremer Spitzenfunktionären ist verschwindend ge-

ring. Nach unseren Berechnungen sind das kaum noch 10 %. Gestützt wird diese Auswertung auch durch eine Erhebung des Statistischen Landesamtes über die Abgeordneten der Bremischen Bürgerschaft, die feststellt, daß 60 % aller Abgeordneten der SPD aus dem öffentlichen Dienst kommen. Nun wird immer wieder angeführt, daß der Arbeiteranteil in der Gesellschaft ständig rückläufig ist, so daß andere gesellschaftliche Bereiche an Bedeutung gewinnen. Gleichwohl betrug der Arbeiteranteil in der Gesamtwirtschaft 1985 47 %, und weit über 50 % aller Arbeitnehmer sind im industriellen Sektor beschäftigt...

3. Der Vertretungsanteil von Jugendlichen und jungen Erwachsenen bei den Spitzenfunktionären und örtlichen Mandatsträgern ist viel zu gering.

Es stellt sich die Frage, welche Schlüsse daraus gezogen werden, daß es bei den Erstwählern für die SPD einen Rückgang um 1,9 % gab, bei gleichzeitiger CDU-Zunahme um 1,1 % in dieser Wählergruppe sowie der Tatsache, daß es bei den Wahlberechtigten zwischen 18 und 35 einen Rückgang bei der Wahlbeteiligung von 26,1 % gibt. Diese Tendenzen finden in der parteilichen Vertretungsrepräsentanz ihre Entsprechung...

Ein Verzicht beträchtlicher Teile der heranwachsenden Generation auf gesellschafts- und parteipolitisches Engagement muß beträchtliche Folgen für die Stabilisierung der parlamentarischen Demokratie und die Lösung von Zukunftsaufgaben haben...

Eine lebendige Partei braucht beides: eine aktive, streitlustige politische Basis und eine qualifizierte Führung.

Die Parteiführung wird nicht daran gemessen, ob ihr qualifizierte, selbstverständlich linke Beiträge zum Grundsatzprogramm oder kreative Presseerklärungen gelingen. Sie wird danach beurteilt, ob sie zur Reform der Organisations- und Parteiarbeit in der Lage ist, die den Aufgaben der Mitgliederpartei gerecht wird und den Anspruch der SPD auf Meinungsführerschaft erfüllt.

Es ist an der Zeit, daß die Partei sich (endlich) folgenden Problemen zuwendet:
– dem Rückgang der Mitglieder;
– dem fehlenden Neuzugang insbesondere von jungen Mitgliedern;
– der mangelnden Verankerung der Partei bei der technischen Intelligenz;
– der Überrepräsentanz des öffentlichen Dienstes in der Partei. Nur noch 5,79 % aller Spitzenfunktionäre unter 45 Jahren haben ihre Berufsausbildung und damit auch ihre politische Sozialisation „an der Werkbank" erworben, jedoch 59 % an der Universität oder Fachhochschule. Keine 10 % unserer Ortsvereinsfunktionäre sind noch Arbeiter, dagegen sind nahezu 50 % der Ortsvereinsvorsitzenden, die in unserer Untersuchung berücksichtigt werden, im Bereich des öffentlichen Dienstes tätig. Das kann nicht gutgehen;
– dem Zustand und der Verankerung des Parteiapparates sowie
– der Förderung der Querköpfigkeit, Kreativität und Zornigkeit der Funktionärinnen und Funktionäre in der Bildungsarbeit, den Arbeitsgemeinschaften, den Betriebsgruppen (!) und der Arbeit vor Ort.

Die Bremer Partei ist heute bis in Spitzenfunktionen hinein durch die 68er Generation mittelständisch-akademisch geprägt. Diese Veränderung in der soziologischen Struktur hat sicherlich zu neuen und interessanten Entwicklungen geführt, sie hat aber auch Schwierigkeiten mit sich gebracht. Diese Schwierigkeiten gilt es unerschrocken und konsequent zu beseitigen.

---

* Aus: V. Tegeler, Ratlosigkeit statt zukunftsorientierter Orientierungssuche? Zur Binnenstruktur der SPD Bremen, in: bremer hefte zur Geschichte und Bildung, Nr. 2, 1988, hrsg. von der Forschungs- und Bildungsstelle zur Geschichte der Arbeiterbewegung im Lande Bremen e. V.

Manfred Jabs

SPD-Betriebsgruppen – gestern und heute

„Die Gründung der neuen Einheitsgewerkschaften in Deutschland hat für die Beziehungen zwischen Sozialdemokratischer Partei und Gewerkschaften eine neue Situation geschaffen" (Jahrbuch der SPD, 1964). Einerseits unterstützten die Sozialdemokraten vorbehaltlos die „parteipolitisch neutrale, einheitliche Gewerkschaftsbewegung" und akzeptierten die unterschiedlichen Aufgaben der beiden Organisationen, andererseits bildeten die gemeinsamen Vorstellungen von Partei und Gewerkschaften in vielen Fragen der Wirtschafts- und Sozialpolitik die Grundlagen einer engen Zusammenarbeit. Die Bildung der Einheitsgewerkschaften erforderte auch eine neue Organisation der Betriebsarbeit der SPD: „Die Tätigkeit unserer Betriebsgruppen ist gerade deshalb von besonderer Bedeutung, weil uns mit den Einheitsgewerkschaften die Möglichkeit entzogen wurde, in diesen unseren Einfluß direkt zur Geltung zu bringen. Wenn wir also an die Menschen unsere Ideen und Vorstellungen herantragen wollen, so müssen wir versuchen, sie in den Betrieben anzusprechen." (Beschluß der Organisationskonferenz in Herne, November 1949)
1964, als Willy Brandt nach seiner Wahl zum Parteivorsitzenden als erstes von drei wichtigen Vorhaben die Einrichtung eines einheitlichen Referates für Arbeitnehmerfragen beim Parteivorstand ankündigte, empfanden es diejenigen, die die Entwick-

Praktische Solidarität. Suppe und heiße Getränke für streikende Arbeitnehmer

lung der SPD kritisch verfolgten, als „seltsam", daß die große, historisch als Partei der Arbeiterklasse gewachsene Sozialdemokratie ein besonderes Referat für Arbeitnehmerfragen einrichten mußte.
Die Einrichtung eines solchen Referates war für sie Ausdruck eines verschlechterten Verhältnisses zwischen Partei und Gewerkschaften. Selbst die Parteiführung hielt Mitte/Ende der 60er Jahre die Gründung einer besonderen Arbeitsgemeinschaft für unvereinbar mit dem Anspruch, die Partei der breiten Arbeitnehmerschaft zu sein – trotz ihrer Selbstdarstellung als Volkspartei. Spezifische Organisationsformen der Arbeitnehmer in der Partei seien nicht notwendig.
So formulierte Willy Brandt auf dem Nürnberger Parteitag 1968: „Ein Arbeitnehmerflügel in der SPD ist undenkbar. Arbeitnehmer sind der Körper dieser Partei und kein Flügel. Arbeitnehmer sind bei uns die Masse und keine Randerscheinung."
Lange vor der Gründung der Arbeitsgemeinschaft für Arbeitnehmerfragen (AfA) im Jahr 1972 waren in Bremen Betriebsgruppen aktiv, vornehmlich in den „klassischen" Bremer Industriebranchen Werften, Stahl, Häfen. Lange Zeit beeinflußten die Betriebsgruppen wie selbstverständlich maßgeblich die Politik in Gewerkschaften und Partei hier im Lande. In wichtigen Bereichen gab es Zusammenschlüsse, SAG (sozialdemokratische Arbeitsgemeinschaften): Metall, öffentlicher Dienst, Bundesbahn, Häfen und Verkehr, Gesamthochschule, wo vor wichtigen Gewerkschaftsversammlungen die Positionen der Sozialdemokraten abgesprochen wurden.

AfA-Info-Kampagne zur Unterstützung für die Gewerkschaftsforderung nach Einführung der 35-Stun…

Aber auch wichtige Personalentscheidungen wurden beraten. Es gibt alte Parteigenossen/innen, die sagen: „Ohne Zustimmung der SAG Metall oder öD wurde so leicht keiner Gewerkschaftssekretär in Bremen." Betriebsfunktionäre waren präsent in den Parteigremien und im Parlament. Unterstützt wurden diese Arbeiter/innen durch einen hauptamtlichen Betriebsgruppensekretär.
Im Zuge der Veränderungen der Strukturen der Partei ging der Einfluß der „betriebstätigen" Arbeitnehmer in der SPD spürbar zurück. Machtfülle von Einzelpersonen, die auch das Verhältnis zu den Gewerkschaften störte, Genossen/innen, die es versäumten, die Arbeit vor Ort auf mehrere Schultern zu verteilen – all das wirkte sich negativ aus. Mit dem Argument „Wir sind in der Partei doch alle Arbeitnehmer!" wurde die Betriebsarbeit vernachlässigt. Die Wohnortorganisationen, die Ortsvereine, nahmen die führende Rolle vor den Betriebsorganisationen ein. Während es in anderen Landesverbänden zu einer erheblichen Stärkung der Betriebsarbeit kam, erlahmte das Interesse in der Bremer SPD in dieser Hinsicht ständig. Entsprechende Themen und auch organisatorische Hilfestellungen gingen erheblich zurück. Einher damit ging die Abschaffung des Betriebsgruppensekretärs. Zuletzt standen den Betriebsgruppen lediglich noch 30 % des hauptamtlichen Funktionärskörpers für das Land zur Verfügung.
Seit Beginn der 80er Jahre wird dieser Zustand offen von seiten der Betriebsgruppen kritisiert. Es war festzustellen, daß der Einfluß der SPD in den Betrieben spürbar und rapide zurückging. Nicht nur, daß es weniger

Betriebsgruppen gab, nein, auch die Anzahl von der SPD nahestehenden Betriebsräten nahm und nimmt ständig ab.
Der Einfluß der gegnerischen Parteien CDU (Christliche Arbeitnehmer) und DKP innerhalb der Betriebe nimmt ständig zu. Ein Gegengewicht konnte bisher gegen diesen Trend nur unzureichend aufgebaut werden.
Die AfA Bremen erhob – angesichts dieser Tatsache – die Forderung nach einem eigenständigen Sekretär und mehr Mitsprache in den politischen Gremien.
Obgleich das Anliegen der Betriebsgruppen, „der SPD die Kerntruppen des Industrialismus" zu sichern (Peter Glotz 1982), allgemein akzeptiert wurde, blockierten innerparteiliche Widerstände eine Veränderungsstruktur. Ausschlaggebend war die Furcht, die Veränderung der Mandatsverhältnisse trage „Unruhe" in die Partei, verändere die innerpolitischen Machtstrukturen.
Die „Stärkung der Betriebsarbeit" ist mit den Parteibeschlüssen über München (1984), Nürnberg (1986) und Münster (1988) nun in eine neue Phase getreten.
Es ist wichtig zu vermitteln, daß es hier nicht lediglich um die Stärkung einer Arbeitsgemeinschaft geht, sondern um „Überlebensfragen" der SPD. Die Diskussion um den „klassischen Arbeitnehmer" – also die Frage „Wieviel Prozent der abhängig Beschäftigten sind ‚Arbeiter der Faust' und wieviel sind ‚Weißkittel' (Angestellte etc.)" – bringt hier nichts. Wir haben in Bremen Betriebe wie Krupp-Atlas-Elektronik oder Erno, wo wir mit sozialdemokratischen Betriebsgruppen überhaupt nicht vertreten sind. Dabei ist es äußerst wichtig, daß wir auch hier, wo die klassischen Industriearbeiter im „Blaumann" gegenüber den Vertretern der technischen Intelligenz eindeutig in der Minderheit sind, politisch Flagge zeigen.
Es gilt also, Wege und Möglichkeiten zu finden, sozialdemokratische Vertrauensleutestrukturen aufzubauen, über die wir wieder die Chance haben, mit den Menschen vor Ort am Arbeitsplatz über ihre Probleme zu reden und diese in die Parteiarbeit verstärkt einfließen zu lassen.

Detlev Albers

Vor dem Finale der Programmdiskussion

„Erfurter Programm, Propyläen des Marxismus, früh, allzu früh habt ihr den Geist zur Harmonie erzogen – doch habt ihr mir . . ., wenn das Denken noch nach Einheit und Harmonie dürstet, wenn sich das Rückgrat der Epoche geradereckt, wenn das Herz nötiger als alles andere das rote Blut der Aorta braucht, ein Gefühl für das Leben gegeben." Ossip Mandelstam, einer der größten unter den Dichtern Rußlands, dessen Werk in seiner Heimat erst jetzt dem Totschweigen der Stalin-Zeit entrissen wird, hat zurückblickend mit diesen Worten beschrieben, welchen Eindruck das damalige Grundsatzprogramm der SPD (1891) auf ihn gemacht hat.

„Bremer Programm (1989), Wegweiser zum Sozialismus, zu einer anderen, radikal neuen Gesellschaftsordnung". Ist es denkbar, daß wir uns mit dem jetzigen Text einen ähnlichen Rang verdienten? Man wende nicht ein, bewegende, gar mitreißende Bilder für Programme zu finden, das sei nur Sache der Lyriker. Dem nüchternen Zeitgeist von heute sei schon begegnet, wer leidlich schlüssige Perspektiven aufzuzeigen wisse. Mitnichten! Spricht ein Programm tatsächlich reale Zusammenhänge aus, deckt es die Potentiale zu ihrer Veränderung auf, trifft es den Mut, sich an dieser Veränderung zu beteiligen, wird niemand Anstoß an bescheidener sprachlicher Ausdruckskraft nehmen. Und umgekehrt: krankt das Programm an Glaubwür-

Das neue Grundsatzprogramm der Sozialdemokratischen Partei Deutschlands.

Entwurf März 1989

SPD

digkeit, was an der Aussage selbst wie am Verhalten derer, für die es spricht, liegen kann, ist das durch keinen sprachlichen Pomp zu überdecken.

Der zweite Entwurf des neuen Grundsatzprogramms fußt wie sein Vorgänger auf dem Ansatz, die Grundwerte Freiheit, Gerechtigkeit und Solidarität zum Ausgangs- wie zum Zielpunkt, zur utopie- wie zur praxishaltigen Richtschnur sozialdemokratischer Politik zu machen. Licht und Schatten liegen hier dicht beieinander. Zu seinen Stärken zählt, daß er es erlaubt, ganz verschiedene geistige Richtungen, Traditionen, Weltanschauungen zu gemeinsamem Handeln zu bringen, ohne ihre jeweilige Identität anzutasten. Aber nicht nur das. Der Grundwerteansatz kann in zugespitzten Umbruchperioden, wie wir sie heute erleben, als eine Art komprimierter Gegenerfahrung, als gebündeltes Erinnerungs- und Zukunftsdenken alternativer gesellschaftlicher Verhältnisse wirken. Er schützt dann gleichermaßen gegen blindes Modernisieren wie fortschrittsfeindliche Ausstiegsmentalität.

Die Kehrseite liegt darin, daß die Grundwerte bei einem solchen Ansatz leicht als Analyseersatz herhalten müssen und damit unvermeidlich überdehnt werden. „Über Analysen kann man nicht abstimmen", lautet der weitverbreitete Einwand. „Deshalb laßt uns die Mühsal einer gründlichen Wirklichkeitsbeschreibung und all den Streit, der sich darüber ergibt, vermeiden. Die Grundwerte enthalten doch bereits genügend Zielperspektive. Formuliert sie konsequent aus, und Ihr habt das Programm". – Natürlich gibt sich

SPD - LANDESORGANISATION BREMEN

Landesprogrammkommission

Bremer Beiträge zum neuen Grundsatzprogramm der SPD

Mai 1988

niemand die Blöße, das so simpel auszudrücken. Aber Tatsache ist, daß der Abschnitt zur Zeit-Analyse „Die Welt, in der wir leben" zu den offenkundigen Stiefkindern des Programmentwurfs zählt. Kaum Positiveres ist über die einleitenden Passagen zur Parteigeschichte zu vermelden.

So wird bereits am Anfang wichtiges Terrain für die Haltbarkeit eines Programms verspielt. Denn: erst Grundwerte plus Zeit-Analyse, die den Namen verdient, die unbestechlich, ungeschminkt und ohne Dramatisierung sagt, was ist, plus selbstbewußtes und selbstkritisches Vermessen der eigenen Herkunft, das erst könnte für maximale Handlungsbereitschaft sorgen.

Auf dem Weg von Godesberg nach Bremen steht Irsee für den ersten Anlauf, alte und neue soziale Bewegungen als einheitlichen Zusammenhang von Gesellschaftsreform zu erfassen. Sicherheitspartnerschaft und strukturelle Nichtangriffsfähigkeit, ökologischer Umbau der Industriegesellschaft und „Wer die menschliche Gesellschaft will, muß die männliche Gesellschaft überwinden", so lauteten die wichtigsten Kurzformeln für das angestrebte neue Programmdenken. Allerdings, die Synthese mit der „alten sozialen Bewegung", ihrem historischen Auftrag, die klassenlose Gesellschaft zu erkämpfen, blieb gänzlich uneingelöst.

Das war schon deshalb unvermeidlich, weil ungeachtet aller sozialistischen Fernziele, die auch im Irseer Text auffindbar sind, der Markt als oberstes Leitprinzip erhalten bleiben sollte. Und zwar in seiner heute mehr denn je beherrschenden und mehr denn je die Zukunft untergrabenden Form: als Weltmarktzusammenhang. Wer jedoch daran nicht rührt, der landet, ob weltweit, europäisch oder national, beim „Sozialismus in einer Klasse", bei der Umverteilung des Restes unter der übergroßen Bevölkerungsmehrheit.

Wie aber geht der zweite Programmentwurf an die Lösung der gleichen Aufgabe heran? Daß es ihm selbst eben darauf ankommt, wird im Schlußkapitel ausdrücklich formuliert: „Unser Zukunftsentwurf ist ein Angebot für ein Reformbündnis der alten und neuen sozialen Begegnungen", hier wie nirgends sonst muß sich sein Format erweisen.

Verglichen mit Irsee geht dieser Entwurf ein ganzes Stück weiter, was das Lernen von den neuen sozialen Bewegungen und das Verarbeiten der Fragen, für die sie stehen, anbetrifft. In Irsee hat etwa das Kapitel über die Gleichberechtigung von Mann und Frau für sich genommen eine klare Absage an patriarchalisches Denken formuliert. Doch fand sich davon im übrigen Text nur wenig wieder. Der zweite Entwurf umreißt die Aufgabenfelder für die Emanzipation von beiden Geschlechtern mit größerer Schärfe; vor allem aber liefert er im Kapitel „Zukunft der Arbeit" eine vorher fehlende Verknüpfung mit der daraus folgenden Umgestaltung sämtlicher Formen von Arbeit. Umverteilung aller Arten von Nicht-Erwerbsarbeit, Verkürzung der Erwerbsarbeit in Richtung 30-Stunden-Woche, Humanisierung und Mitbestimmung in der Erwerbsarbeit werden jetzt durchgängig als Austragungsort verwirklichter Gleichberechtigung zwischen den Geschlechtern begriffen. Darin steckt ein erheblicher Fortschritt, auch wenn ansonsten in die Abschnitte „Familien- und Lebensgemeinschaften" und „Jugendliche" ein gerüttelt Maß an „Kompromißlerei" eingegangen ist, bis hin zu untragbaren Formulierungen wie in Sachen § 218.

Konzeption und Aussagen des „Friedenskapitels" bauen ebenso auf dem in Irsee erreichten Stand auf und spannen den Bogen zugleich weiter. Das Prinzip des „Friedens in gemeinsamer Sicherheit", entstanden aus den Grunderfahrungen gerade auch der bundesdeutschen Friedensbewegung, wird zur Maxime der Bewältigung nicht nur des Ost-West- und des deutsch-deutschen Systemgegensatzes, sondern auch des Nord-Süd-Konflikts und zum Aufbau „gewaltfreier Weltinnenpolitik" weiterentwickelt. So ist es nur konsequent, wenn sich der Entwurf in diesem Abschnitt das Konzept der „dauerhaften Entwicklung" zu eigen macht, das auf die „UN-Kommission für Umwelt und Entwicklung", die sogenannte Brundtland-Kommission, zurückgeht. Um den globalen ökologischen Herausforderungen zu begegnen, verlangt es von Nord und Süd, d. h. strategisch gesprochen: zuallererst in den kapitalistischen Metropolen des Nordwestens, zu den Grundsätzen weltweit abgestimmter Investitionslenkung und -kontrolle überzugehen.

Die Schwächen des „Friedenskapitels" zeigen sich eher in seiner begrenzten Konkretisierung, in der mancherorts durchscheinenden Eingrenzung der „Süd-Länder" auf eine bloße „Grundbedürfnis-Strategie" und spiegelbildlich dazu in der nur verschlüsselt angesprochenen Bereitschaft, die Größe der vor uns liegenden Rückverteilungsaufgaben von

Nord nach Süd ins Auge zu fassen. Eine Schranke anderer Art kennzeichnen die Europa-Aussagen. Zwar wird durchgängig zwischen den Perspektiven der EG, unter Einschluß ihrer Demokratisierung, und jenen des „gemeinsamen Hauses (ganz) Europas" unterschieden; erstmals werden für die letzteren auch eigene gesamteuropäische Institutionen gefordert. Aber die Verknüpfung beider Prozesse wird noch als „weißer Fleck" in der Zukunft behandelt. Nicht viel besser steht es, wenn man nach den Konsequenzen von Glasnost und Perestroika für die eigene Standortbestimmung fragt.

Anders als in Sachen Gleichberechtigung und im „Friedenskapitel" ruht sich der zweite Entwurf in Fragen des ökologischen Umbaus lediglich auf den Lorbeeren von Irsee aus. Das ist gerade auch im internationalen Vergleich der Linken nicht gering zu schätzen. Die Brennpunkte der hier und heute einzuleitenden Umbauprozesse werden unmißverständlich benannt, von der Energieumwandlung über das Verkehrswesen zur Chemieindustrie und zur Landwirtschaft, von der Technikgestaltung bis zu den Grenzen gesellschaftlich hinnehmbarer Forschung. Dort allerdings, wo sich das ökologische Bewußtsein in den letzten zwei, drei Jahren weiter geschärft hat, wie etwa bei Fragen der Veränderung von Klima und Erdatmosphäre oder bei solchen neuer gesundheitlicher Gefährdungen, hat dies im jetzigen Entwurf keine Spuren hinterlassen. Geblieben ist schließlich in beiden Entwürfen das zentrale Umsetzungsproblem, wie nämlich das ökologisch für notwendig Erkannte hinlänglich schnell und dauerhaft gegen widerstreitende ökonomische Interessen durchsetzbar zu machen ist. Aber damit stecken wir bereits mitten in der Frage nach der Verknüpfung, dem wechselseitigen „Reformangebot", von alten und neuen sozialen Bewegungen.

Über Irsee und erst recht über Godesberg hinaus weisen die bereits erwähnten Passagen zur Weltgesellschaft, zur dauerhaften Entwicklung und zum Aufbau einer „neuen und gerechten Weltwirtschaftsordnung". Die allgemeinen Aussagen im nationalen Wirtschaftskapitel betonen ebenfalls klarer als im ersten Entwurf, daß gesellschaftliche Entscheidungen den Mechanismen von Markt und Wirtschaftsmacht überzuordnen sind. Aber wieder einmal sind in den Text, um den Satz für Satz gestritten wurde, gegensätzliche, letztlich unvereinbare Lesarten eingegangen. Von der öffentlichen Rahmenplanung zum Gemeineigentum, von der Beteiligung am Produktivvermögen zur betrieblichen und überbetrieblichen Mitbestimmung sind durchgängig Formulierungen zum Zuge gekommen, die struktur- und machtverändernde Eingriffe zulassen, wenn es denn unbedingt sein soll, sie aber ebensogut auf die lange Bank schieben oder ganz überflüssig machen, wenn es nach den bisherigen wirtschaftspolitischen Wortführern der Partei ginge.

Zweifellos wird so eine große Chance vertan, dem Programm über den Zeitraum der nächsten Jahrzehnte innere Schlüssigkeit zu verleihen. Denn hier und nur hier ist ja der Beweis zu erbringen, daß die Sozialdemokratie allen Schwierigkeiten zum Trotz daran festhält, die „alte soziale Frage" durch das Erstreiten demokratisch bestimmter Produktionsverhältnisse zu klären.

Was aber soll unter solchen Umständen aus dem angestrebten „Reformbündnis" der alten und neuen sozialen Bewegungen werden? Auch ihm fehlt ein entscheidendes Verbindungsstück, solange die Wege zur Wirtschaftsdemokratie nicht wirklich überzeugend vorgezeichnet werden. Es bleibt eine Illusion, das Reformbündnis der Zukunft ohne Klarheit auf beiden Seiten, ohne den Mut der alten wie der neuen sozialen Bewegungen aufbauen zu wollen, ihre gemeinsamen Transformationsstrategien rückhaltlos und ohne Hintertüren offenzulegen.

„Bremer Programm, Wegweiser zum Sozialismus?" – Ich fürchte, wir, die wir konsequenter nicht formulieren konnten und durften, werden eher mit dem großen B. B. um die „Nachsicht der Nachgeborenen" einkommen müssen.

[1] Ossip Mandelstam, Die ägyptische Briefmarke, Frankfurt/Main 1965, S. 106

Nachspann: Wegen der deutschlandpolitischen Ereignisse beschloß der Parteivorstand am 20. November 1989 in Bonn, den Programmparteitag nicht in Bremen, sondern in Berlin (West) stattfinden zu lassen.

Renate Meyer-Braun

Eindrücke aus dem Wahlkampfalltag

Alle paar Jahre wieder ist Wahlkampfzeit. Da dürfen keine innerparteilichen Konflikte an die Öffentlichkeit, da dürfen keine Straßenbahntarife erhöht werden, da muß Wählern und Wählerinnen das Bild einer geschlossenen und kraftvollen Partei geboten werden. Wahlkampfzeiten sind Streßzeiten für Geschäftsführung und Mitarbeiterstab im Parteibüro; zahllose Überstunden werden geschoben; in den Fluren stapeln sich Stöße von Flugblättern und Wahlplakaten; es gibt Ärger mit den Ortsvereinen; immer wieder müssen sie ermahnt werden, ihr Material pünktlich abzuholen.

Die Genossen und Genossinnen an der Basis klappen sonnabends (wieder) die durch häufige Benutzung wacklig gewordenen Tapetentische auf, prüfen, ob es der rote SPD-Schirm wohl noch einmal tut, packen die Hochglanzbroschüren mit den Konterfeis ihrer mehr oder weniger attraktiven Spitzenkandidaten/-kandidatinnen aus – und los geht's mit dem Wahlkampf! Luftballons und Windrädchen gibt's für die Kleinen, Kugelschreiber und Eiskratzer für die Großen, möglichst in rot und natürlich mit „SPD" drauf. Nein, was hat sich die Wahlkampfzentrale doch wieder Nettes einfallen lassen! Und dann gilt es, Tausende blaßroter Rosen oder, besser, Röschen zu verteilen. Die Organisation rotiert: an wildfremder Leute Haus- oder Wohnungstür wird geklingelt. „Guten Tag, wir sind von der SPD. Wir wollten Sie nur daran erinnern, daß nächsten Sonntag Bürgerschaftswahl (Bundestagswahl) ist." Manche freuen sich, andere ärgern sich. Hausbesuche nennen wir das. Überzeugen wir so die Menschen, daß es sich lohnt, SPD zu wählen? Wieviel von diesem ritualisierten Aktionismus ist wirklich Wahlkampf im eigentlichen Sinn – in dem Sinn nämlich, daß Wähler und Wählerinnen mit inhaltlichen Argumenten, die besser und glaubwürdiger sind als die anderer Parteien, gewonnen werden? Nun ja, ab und zu kommt es am Stand ja zu politischen Diskussionen, besonders wenn ein „Promi" dabei ist. Wie dem auch sei – wir müssen „Flagge zeigen"! Und bei den nächsten Parteiwahlen wird bestimmt gefragt: „Genossin, wie oft hast du Wahlkampf gemacht?"

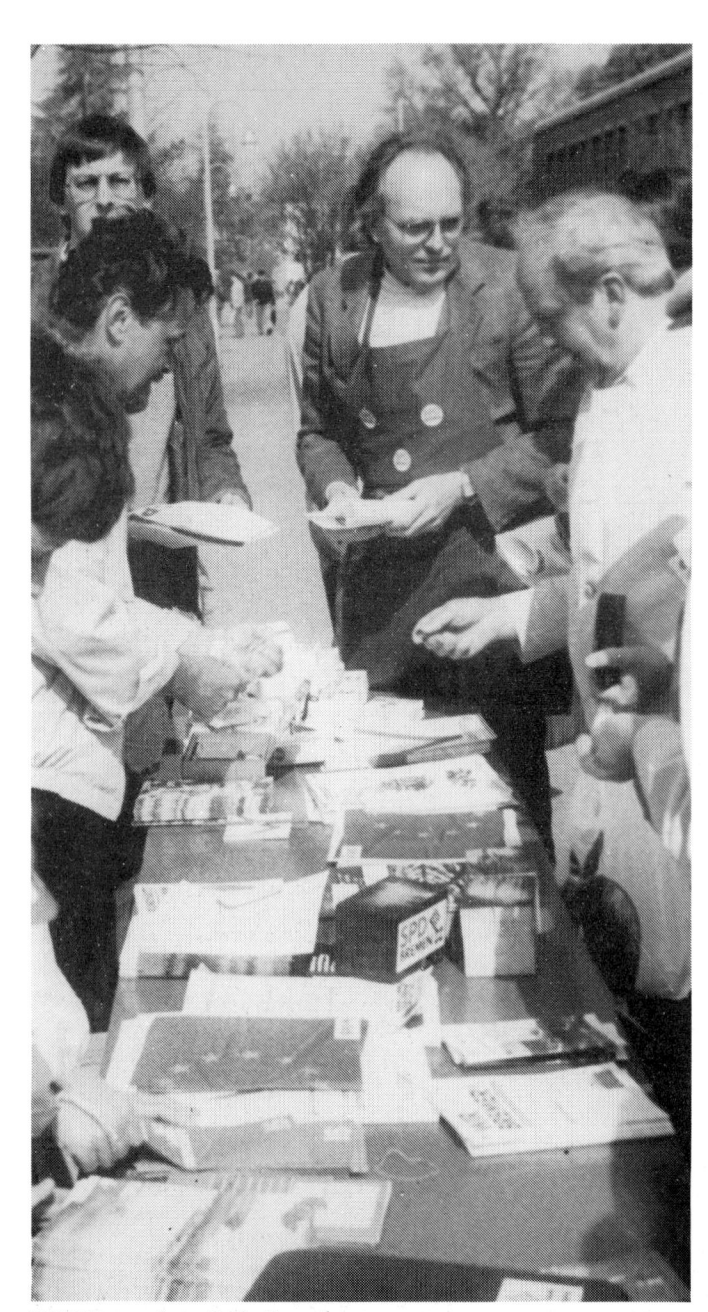

Wahlkampf am Info-Stand

Hans-Dieter Müller startet die Rosenaktion

Promis und Basis feiern den Wahlsieg 1983

125 Jahre Bremer SPD

Wahlkampf 1987: Mit neuem Spitzenkandidaten und gegen Rechtsparteien

197

Daten, Fakten und Personen

Kleine Chronik der Bremer Sozialdemokratie
– zusammengestellt von Volker Tegeler –

1. Die Anfänge der sozialistischen Arbeiterbewegung in Bremen

Im Jahre 1863 arbeiten in Bremen etwa 19 000 Menschen in Industrie und Gewerbe. Außer in der Tabakverarbeitung existiert kein nennenswerter Industriebetriebsbereich, vorherrschend sind handwerkliche Tätigkeiten.

3. August — Der junge Tischlergeselle Gustav Deckwitz kommt von Hamburg nach Bremen und ruft zum

6. November — die erste sozialdemokratische Versammlung in der Stadt ein, zu der 23 Besucher erscheinen.

Am Neujahrstag 1864 findet die Gründung der Sektion Bremen des Allgemeinen Deutschen Arbeitervereins statt.

22. Mai — Lassalle erwähnt die Gründung in Bremen in einer Rede. Deckwitz wird zum Beauftragten ernannt. Der Verein hat bereits 239 Mitglieder, davon 78 Schuhmacher, 72 Schneider, 16 Tischler, neun Fabrikarbeiter sowie (nur) zwei Zigarrenarbeiter.

1874 — Aufgrund zunehmender Verfolgungen verlegt Wilhelm Hasenclever den Sitz des Allgemeinen Deutschen Arbeitervereins von Berlin nach Bremen.

1875
27. Mai — Unter der Leitung des Bremer Delegierten W. Hasenclever gelingt auf dem Gothaer Parteitag die Verschmelzung der Lassalleschen und Eisenacher Richtung der Arbeiterparteien.

1876 — Gründung der Genossenschaftsdruckerei und ein erstmaliges Erscheinen der Tageszeitung „Bremer Freie Zeitung".

1877 — Verdoppelung der Stimmen bei der Reichstagswahl. Der Kandidat Wilhelm Frick kann 6760 Stimmen erlangen.

21. Oktober — Bismarck verkündet das „Gesetz gegen die gemeingefährlichen Bestrebungen der Sozialdemokratie" (Sozialistengesetz). Auch in Bremen löst sich die Partei auf.

1880 — Der Schriftsteller Wilhelm Blos wird aus Hamburg ausgewiesen und zieht nach Bremen; wirkt hier literarisch und politisch, 1918 wird er 1. Ministerpräsident des Freistaates Würthemberg. Aufgrund der liberalen Handhabung der Sozialistengesetze finden im Reichsgebiet ausgewiesene Sozialdemokraten in Bremen insbesondere in der Tabakverarbeitung Arbeit und Brot, unter ihnen auch Julius Bruhns.

1881 — Da das passive und aktive Wahlrecht nicht aufgehoben ist, beteiligen sich die Arbeiter an den Wahlen, um diese für Agitation und Propaganda auszunutzen. Vorher war eine Beteiligung an der Bürgerschaftswahl immer aufgrund des herrschenden Achtklassenwahlrechtes abgelehnt worden. Der Bäcker J. Meyer bekennt sich während der Legislaturperiode zur Sozialdemokratie und wird damit deren erster Vertreter in der Bürgerschaft.

1882 — Pfingsten findet eine illegale Konferenz Bremer und Wilhelmshavener Genossen in Hasbruch statt. Die Herausgabe des „Norddeutschen Wochenblattes" wird beschlossen und am

2. August realisiert. (Verbot 1887)

1884	Wilhelm Liebknecht Bremer Kandidat zu den Reichstagswahlen. Die Partei erringt fünf Sitze bei den Wahlen zur Bremer Bürgerschaft. In der Periode erheben die Abgeordneten unter anderem die Forderungen nach Schulgeldfreiheit für alle Schulen und nach Verbesserungen des Arbeitsschutzes.	hältnisse, der immer erbitterter geführte Kampf um Lohnerhaltung, Lohnerhöhung und verkürzte Arbeitszeit zwingen zur Straffung der gewerkschaftlichen Arbeit und führen zur Schaffung der Zentralstelle „Kontrollkommission" (ab 1894 Gewerkschaftskartell). Allein in diesem Jahr steht $1/3$ der Bremer Arbeiterinnen in erbitterten Lohnkämpfen.	1900	Errichtung des Arbeitersekretariats der Bremer Gewerkschaften (kostenlose Rechtsberatung, Auskunft in sozialpolitischen Angelegenheiten) Ebert wird 1. Arbeitersekretär.
1890 20. Februar	Reichstagswahlen. Der Kandidat Bruns erhält 14843 Stimmen und wird durch Stichwahl als erster sozialdemokratischer Abgeordneter in den Reichstag gewählt.		1901	Studie des Arbeitersekretariats zur sozialen Lage der Bremer Arbeiterinnen: Der Wochenlohn liegt zwischen 28,50 (Steinbildhauer) und 13,55 Mark (Weber). Der von Frauen zwischen 10,45 (Kistenbekleberinnen) und 8,80 Mark (Tabakarbeiterinnen). 86% arbeiten zwischen 46 und 60 Stunden, weitere 10% bis zu 90 Stunden; keine Krankenversicherung, keine Arbeitslosenversicherung; ca. $1/6$ Lohnausfall aufgrund von Erwerbslosigkeit pro Jahr. Kinderarbeit ist üblich. Im Vergleich mit anderen Industriestädten ist die Wohnsituation besser – es kommen 7,66 Bewohner auf ein bewohntes Haus (Hamburg 23,32; Berlin 50,07). Das Einfamilienhaus ist stark verbreitet; immerhin $1/5$ der verheirateten
1. Mai	erscheint erstmals die Bremer Bürger-Zeitung. Redakteure sind Bruhns und Gottlieb, beide ehemalige Zigarrenarbeiter. Ab 1902 ergänzt Friedrich Ebert die Redaktion.	Mai 1893	Friedrich Ebert zieht nach Bremen. Das 1890 gewonnene Reichstagsmandat geht wieder verloren, da das Bürgertum einen linksbürgerlichen Kandidaten aufstellt. Auch die Zahl der Bürgerschaftsmandate geht von 9 auf 2 zurück.	
		1896	Wilhelm Pieck zieht in die Stadt (1900 Vorsitzender der Zahlstelle des Dt. Holzarbeiterverbandes, 1904 Vorstand des Gewerkschaftskartells, 1905 Vorsitzender des Bildungsausschusses und Mitglied der Bürgerschaft).	

2. Vom Sozialistengesetz bis zum 1. Weltkrieg

1891
1. Januar — Der „Sozialdemokratische Verein Bremens" konstituiert sich
7. Januar — Die Zuspitzung der wirtschaftlichen Ver-

1899 — Neun Mitglieder in der Bürgerschaft; F. Ebert wird Abgeordneter der Bürgerschaft.

1902	Arbeiter verfügen über ein eigenes Haus. 19 Mitglieder in der Bürgerschaftsfraktion. Heinrich Schulz, ein in Bremen gebürtiger Volksschullehrer, der Parteiarbeit in Erfurt und Magdeburg gemacht hatte, wird als Redakteur an die BBZ gerufen.		Der Goethebund-Streit stellt einen wichtigen Einschnitt in der Geschichte des SDVB dar. Sein Ergebnis ist die Konstituierung eines gemeinsamen Bildungsausschusses von Gewerkschaftskartell und Partei.	1907 Januar	Parteisekretär der Stadt. August Bebel spricht auf einer Wahlversammlung. Die Partei hat 8907 Mitglieder, davon 213 Frauen. Die Zusammensetzung ist nahezu rein proletarisch, ca. 45% der Mitglieder sind zwischen 18 und 30 Jahre alt. 115 Mitglieder in Schwachhausen, 1510 in Westend.
1903	Die Partei hat 3217 Mitglieder, davon 123 Frauen. Der Beitrag beläuft sich auf 10 Pf wöchentlich. Dagegen gilt Bremen als Stätte mit dem höchsten gewerkschaftlichen Organisationsgrad (15 945 Gewerkschaftsmitglieder).		Über den Konflikt bildet sich auch die linke Richtung im SDVB heraus, ihre Zusammensetzung und Ausrichtung zwischen 1904 und 1910 entspricht in etwa des später so genannten marxistischen Zentrums (Zentrismus). Ihre aktivsten Vertreter in dieser Zeit waren Schulz, Henke, Wilhelm Pieck und Adam Frasumkiewicz. Bei der Bürgerschaftswahl verliert die Partei einen der neun Sitze. Mit Pieck, Henke und Rauch ziehen erstmals 3 Vertreter der Radikalen in die Fraktion ein. Heinrich Schulz verläßt die Stadt und wird Sekretär des Zentralbildungsausschusses in Berlin. Im Reich genießt die Bremer Partei den Ruf einer „Akademie der Arbeiterbewegung". Wilhelm Pieck wird 1. hauptamtlicher		
1904 18.–24. September	Parteitag in Bremen. Auf dem Parteitag erhobene Forderungen sind u. a. – die Errichtung von Arbeitsämtern – die Unentgeltlichkeit der Nutzung der Institutionen des Volksgesundheitswesens und des Volksschulwesens – die Besteuerung unverdienten Wertzuwachses von Land und Boden.			1909	Pieck verläßt die Stadt. Anton Pannekoek, radikaler holländischer Sozialist, wird von den Gewerkschaften als erster hauptamtlicher Bildungssekretär eingestellt.
				1912	Das Reichstagsmandat wird wiedergewonnen. Alfred Henke wird Abgeordneter. 16 Abgeordnete in der Bürgerschaft. Der polnische Sozialist Karl Radek kommt in die Stadt. Sein Parteiausschlußverfahren bewegt die nächsten Jahre die Sektion.
1905	F. Ebert wird in den Parteivorstand gewählt und verläßt die Stadt.	1906 1. Juli		1913	Bericht der Gewerbe-Inspektion: „. . . bei den derzeitig hohen Lebensmittelpreisen zwingt die niedrige Entlohnung der Frauenarbeit, mit

Nahrungsmitteln von geringem Nährwert vorliebzunehmen, und unter diesen Verhältnissen treten Anzeichen und Begleiterscheinungen der dauernden Unterernährung auf. Auch litten sehr viele Arbeiterinnen an Blutarmut, Magenerkrankungen usw., besonders dann, wenn jede Gelegenheit fehlt, eine warme Mittagsmahlzeit einzunehmen. Angeblich wird häufig die Hauptmahlzeit abends eingenommen, jedoch lassen verschiedene Bemerkungen den Schluß zu, daß höchstens am Sonntag eine ausreichende Mahlzeit zu sich genommen wird . . ."

Der Stundenlohn eines Bauarbeiters liegt bei 61 Pf (1904 = 44 Pf).

Die Jutespinnerei und Weberei wies trotz erheblicher Abschreibungen einen Reingewinn von 832 305 Mark aus; die vier Mitglieder des Aufsichtsrates erhalten zusammen 89 608 Mark als Aufwandsentschädigung.

Der Norddeutsche Lloyd zahlt 8 %, der Bremer Vulkan 11 % und die Norddeutsche Wollkämmerei 20 % Dividende.

3. Vom Beginn des 1. Weltkrieges bis zum Ende der Weimarer Republik

1916
Januar — Die Rechten im SDVB geben eine eigene Zeitung heraus, die „Bremische Correspondenz". Zunehmende Auseinandersetzungen zwischen Zentristen und Linksradikalen.

Juni — Die Linksradikalen beginnen mit der Herausgabe der Zeitung „Arbeiterpolitik".

Dezember — Die Generalversammlung beschließt die Beitragssperre der Bremer gegenüber dem Parteivorstand.
Der Parteivorstand erklärt den SDVB als nicht mehr der Partei zugehörig.
Die Rechten gründen eine Sonderorganisation, die vom PV anerkannt wird.

1917
Januar — Der PV übergibt die „Bremer Bürgerzeitung" den Rechten.

April — Henke gründet die USPD.

1918 — Streiks, vor allen Dingen in Großbetrieben.

6. November — Meuternde Kieler Matrosen erreichen Bremen.
Konstituierung des Soldatenrates.

6.–14. November — „Doppelherrschaft" zwischen Arbeiter- und Soldatenrat und bürgerlichem Senat. Am 14. November werden Senat und Bürgerschaft als politische Institutionen abgesetzt.

21. Dezember — Die MSPD-Vertreter scheiden aus dem Aktionsausschuß des A.-und-S.-Rates aus.

1919
6. Januar — Wahlen zum Arbeiterrat.
Die MSPD erhält 48,3 % der Stimmen. Eine Zusammenarbeit zwischen den Arbeiterparteien ist nicht mehr möglich.

10. Januar — Ausrufung der Bremer Räterepublik.

4. Februar — Reichsgruppen greifen auf Noskes Befehl hin Bremen an; rund 1000 bewaffnete Arbeiter verteidigen die Stadt bis in die Abendstunden. Der Kampf kostet auf beiden Seiten 70 Menschen das Leben.

5. Februar — Fünf prominente Mehrheitssozialdemokraten werden von Ebert als „provisorische Regierung" eingesetzt.

6. März	Quer durch alle Arbeiterparteien wird der „21er-Ausschuß" gebildet, der am durch Generalstreik die Freilassung der meisten Arbeiter und Soldaten, die an der Räterepublik beteiligt waren, erreicht.
9. März	Wahlen zur Bremer Nationalversammlung: MSPD 67, USPD 38, KPD 15, bürgerliche Gruppierungen 80 Sitze.
4. April	Konstituierung der Bremer Nationalversammlung. Die MSPD bildet einen Koalitionssenat mit der DDP unter Führung von Karl Deichmann. Die Belegschaften von „Atlas" und AG „Weser" kämpfen vergeblich gegen die Wiedereinführung der Akkordarbeit und den Verlust des 8-Stunden-Tages.
1920 März	Die Arbeiterparteien bilden einen Aktionsausschuß, um ein mögliches Übergreifen des Rechts-Putsches (Kapp-Putsch) geschlossen zu verhindern.
6. Juni	Bürgerschaftswahl. Der deutliche Wahlsieg der USPD belegt die Unzufriedenheit der Arbeiter mit der politischen und wirtschaftlichen Entwicklung. USPD 37, MSPD 22, KPD 5, DDP 17 Sitze. Die bürgerliche Minderheit bildet mit Duldung der MSPD einen Geschäftssenat. Dieser weigert sich, die Stadtwehr aufzulösen und muß daher am
7. Dezember	zurücktreten.
20. Februar	Neuwahlen: USPD 23, MSPD 28, KPD 6 Mandate. Die Bürgerschaftsmehrheit der Arbeiterparteien ist nunmehr verloren und wird nicht wiedererlangt.
1922	Aufhebung des 1. Mai als gesetzlicher Feiertag.
September	Wiedervereinigung von USPD und MSPD.
1923	
18. November	Bürgerschaftswahlen: SPD 36, KPD 18 Sitze.
1924	
7. Dezember	Bürgerschaftswahlen: SPD 46 Sitze, KPD 9 Sitze. Die Partei hat 7126 Mitglieder, davon 1439 Frauen.
1927	
13. November	Bürgerschaftswahlen: SPD 50 Sitze, KPD 10 Sitze. Die Partei hat 9132 Mitglieder, davon 1860 Frauen. Die SPD stellt Anspruch auf Regierungsbeteiligung.
1928	Nach langwierigen Verhandlungen ziehen im
April	5 Sozialdemokraten in den Senat ein. Es sind die Genossen Diekmann, Kleemann, Rhein, Sommer sowie Kaisen als Senator für das Wohlfahrtswesen.
November	Reichstagswahlen: SPD 42,25 %, NSDAP 1,04 %.
1929	Beginn der Weltwirtschaftskrise. Infolge dieser sinkt die Beschäftigtenzahl der AG „Weser" von 9000/1929 auf 1500 im Jahre 1931. Der Bremer Senat kürzt die Gehälter seiner Angestellten um 20 % bei gleichbleibender Arbeitszeit.
1930	Die KPD spaltet die Gewerkschaftsbewegung durch die RGO-Politik. Reichstagswahlen: SPD 33,73 %, KPD 11,84 %, NSDAP 11,97 %. Bürgerschaftswahlen: SPD 40, KPD 12, NSDAP 32 Sitze.
1931	Höhepunkt der Wirtschaftskrise. 38 000 Arbeitslose, Zusammenbruch der „Nordwolle".

24. April	Die SPD hat 10 074 Mitglieder, davon 2517 Frauen. Johann Osterloh wird nach Bernhard-Rücktritt erster sozialdemokratischer Bürgerschaftspräsident.	1933 4. Februar	Demonstration der „Eisernen Front" mit über 10 000 Teilnehmern gegen die Machtübernahme der Nazis im Reich.		Bremer NSDAP Stück für Stück nach, bis sie endgültig entmachtet sind.
September	Gründung der SAP in Bremen, ca. 500 Mitglieder unter Leitung von Karl Stockhinger. Die Mehrzahl der Mitglieder kommt aus der SAJ, aus der Partei treten ca. 30 Mitglieder über. SPD, ADGB, AWO, ASB gründen zusammen mit Kammern und anderen die „Bremer Weiterhilfe" zur Linderung der Not der Arbeitslosen (10 000 Essen täglich, Ausgabe von 30 000 Kleidungsstücken, Kulturarbeit).	25. Februar 1. März 3. März 4. März 5. März	Die „Arbeiter-Zeitung" der KPD wird verboten. SA-Leute schießen nach einer SPD-Veranstaltung 3 Teilnehmer nieder. Der Reichsbannermann Johannes Lücke stirbt am folgenden Tag. Die sozialdemokratische „Bremer Volkszeitung" wird verboten. Die ersten 40 Bremer KPD-Funktionäre werden verhaftet. Reichstagswahlen (Bremen ist das einzige Land, in dem noch Sozialdemokraten in der Regierung sitzen): SPD 30,37 % (Reichsebene 18,3 %), KPD 13,18 %, NSDAP 32,63 % (Reichsebene 43,9 %).	10. März 25. März 1. April 1. Mai 2. Mai	Die SPD glaubt noch immer, eine Entscheidung mit Hilfe von Stimmzetteln herbeiführen zu können und stimmt den Anträgen auf Auflösung der Bürgerschaft und Durchführung von „Neuwahlen" zu. Als erster Sozialdemokrat wird der ehemalige Senator Wilhelm Kleemann verhaftet. Mehr als 100 Kommunisten und Sozialdemokraten werden in das KZ „Mißler" eingeliefert. Aus Furcht vor Gleichschaltung ruft der ADGB zur Teilnahme am Nazi-Spektakel „Tag der nationalen Arbeit" auf. Bereits am 18. April hatten die Nazis das Gewerkschaftshaus überfallen, über dem Volkshaus flattert die Hakenkreuzfahne. Besetzung des Gewerkschaftshauses durch die Nazis.
1932 Juli	Mehr als 40 000 Erwerbslose. KPD unterstützt Mißtrauensantrag von Nazis und anderen gegen Senat. Reichstagswahlen: Juli: SPD 34,34 %, KPD 13,28 %, NSDAP 30,39 %; November: SPD 31,19 %, KPD 16,81 %, NSDAP 20,84 %. Alfred Faust löst Henke als Reichstagsabgeordneten ab.	6. März	Endgültige Machtübernahme durch die Nazis. Die drei Senatoren der SPD werden zum Rücktritt provoziert; die bürgerlichen Senatoren geben den Forderungen der Reichsbehörden und der	10. Mai	Beschlagnahme des Parteivermögens. Faust, Rhein, Sommer, der Reichskammer-Vorsitzende Oskar Drees, die Gewerkschaftsfunktionäre Götze, Otten, Go-

	kert, Schulze werden mit anderen in „Schutzhaft" genommen. Verbot der Kinderfreunde, der Arbeiter-Photo-Gilde, der Arbeiter-Sportorganisationen und des ASB.
22. Juni	Verbot der SPD. Errichtung der KZ Ochtumsand und Langlütjen II.

4. Faschismus und Befreiung

1934 Juni	Erster Massenschauprozeß gegen 88 Kommunisten wegen der Verbreitung ihrer illegalen Parteizeitung.
1935 August	Anklage gegen 88 Mitglieder des Reichsbanners wegen illegaler Tätigkeit (Dehnkamp und Genossen).
November	Weitere 47 Sozialdemokraten – u. a. J. Osterloh, J. Blank, J. Kühn, H. Lankenau, H. Hackmack, R. Boljahn, A. Stiegler, H. Berthold, W. Bleese – werden angeklagt. Nicht alle sehen jemals die Freiheit wieder – Johann Kühn und Karl Stiegler werden später in KZ ermordet.

	Bis 1939 werden über 400 Mitglieder der Arbeiterparteien vor dem Hanseatischen Oberlandesgericht und dem Volksgerichtshof wegen illegaler politischer Tätigkeit angeklagt und – von wenigen Ausnahmen abgesehen – verurteilt. Die Ankläger und Richter werden niemals zur Rechenschaft gezogen.
1942	Der 17jährige polnische Zwangsarbeiter Walerin Wroben steckt aus Heimweh eine Scheune an, wird zum Tode verurteilt und am 25. August in Hamburg hingerichtet.
1944 18./19. August	Der Bremer Westen sinkt in einer einzigen Bombennacht in Schutt und Asche, über 1000 Menschen sterben in dieser Nacht. Zum Jahresende finden ehemalige Mitglieder der Arbeiterparteien und bürgerliche Antifaschisten zusammen und gründen die „Kampfgemeinschaft gegen den Faschismus".
1945 27. April	Kanadische und britische Truppen besetzen

	nach zweitägigen Straßenkämpfen die Stadt. Bremen wird amerikanische Enklave in der britischen Besatzungszone. Der letzte Polizeichef Bremens, SS-Brigadeführer Schroers, wird kommissarisch in das Amt des Regierenden Bürgermeisters eingesetzt, jedoch nach Protesten der KGF festgenommen.
2. Mai	Einsetzung von Vagts (Deutschnational vor 1933, danach hohe Positionen im NS-Apparat) als regierender Bürgermeister.
6. Mai	Der KGF (Kampfgemeinschaft gegen den Faschismus) tritt an die Öffentlichkeit.
Juni	Die Militärbehörde ernennt den ersten Bremer Nachkriegssenat. Neben drei bürgerlichen Senatoren werden auch die Sozialdemokraten Kaisen, Theil und Paulmann sowie der Kommunist Wolters berufen.
1. August	Kaisen löst Vagts ab und nimmt wieder die alte Amtsbezeichnung Präsident des Senats an.
20. Oktober	Wiedergründung von SPD und KPD.
16. Dezember	Auflösung der KGF.

5. Wiederaufbau, Bundesrepublik und Wohlstandsgesellschaft

1946	Der Wohnraum in der Stadt ist zu über 60 % zerstört. Alleine 1945 sind 22000 Flüchtlinge in die Stadt geströmt. 65 % aller Schulkinder gelten als unterernährt.
15. Mai	Die Senatoren Hermann Wolters und Adolf Ehlers treten aus der KPD aus und schließen sich der SPD an. Die KPD-Senatorin für Gesundheit Käthe Popall ist erste Frau im Senat.
13. Oktober	1. Bürgerschaftswahl: 48 % für die SPD, die eine Koalition mit den Liberalen und Kommunisten eingeht.
30. Oktober	August Hagedorn wird zum Präsidenten der Bremischen Bürgerschaft gewählt.
1947 1. Januar	Bremen wird zusammen mit Bremerhaven viertes Land der amerikanischen Besatzungszone.
12. Oktober	2. Bürgerschaftswahl und Referendum zur Landesverfassung. SPD und KPD haben zusammen die absolute Mehrheit, die SPD setzt aber die Koalition mit der FDP fort. In Erwartung der Währungsreform und damit der Aufwertung des Sach- und Grundbesitzes scheitert die Übernahme der AG „Weser" durch das Land.
1948 22. Januar	Neuwahl des Senats. Die Kommunisten scheiden aus der Koalition aus. Das von KPD und SPD in der Bürgerschaft durchgesetzte Ausführungsgesetz zu Art. 47 der Landesverfassung (betriebliche Mitbestimmung) – Ausweitung der Mitspracherechte über Personal- und Sozialfragen hinaus auch auf die wirtschaftlichen Belange der Unternehmen – wird von der Militärverwaltung suspendiert.
1949	Die Entnazifizierung ist gescheitert. In den wichtigen Ressorts arbeiten unter den höheren Beamten noch nahezu 60 % alte Nazis. Durchsetzung der Schulreform mit Hilfe der KPD-Fraktion. Wilhelm Kleemann Vorsitzender des Kreisvereins Bremen der SPD (bis 1951).
1950 Mai/Juni	6wöchiger, vielbeachteter Kaisen-Besuch in den USA. Kaisen wird auf Veranlassung Schumachers aufgrund seiner abweichenden außenpolitischen Auffassung aus dem Parteivorstand abgewählt.
1951	6. Oktober Bürgerschaftswahlen: 39,1 % SPD-Stimmen. Die CDU steigt in die Koalition ein. Richard Boljahn übernimmt die Fraktionsführung von Karl Stockhinger († 4. April 51). Christian Paulmann wird Landesvorsitzender.
1953	4. Februar: Bürgerschaftsbeschluß zum Wiederaufbau der Arbeiterviertel im Bremer Westen.
1954	Bremen steht im Wohnungsbau an der Spitze aller vergleichbaren Städte (20. Dezember Grundsteinlegung der Gartenstadt Vahr). Ein dreimonatiger Arbeitskampf um den 8-Stunden-Tag endet mit einer Niederlage.
1955	Februar: Durchsetzung einer Bürgerschaftsresolution zur Unterstützung des „Deutschen Manifestes"

	(Warnung vor NATO-Beitritt). Oktober – Bürgerschaftswahlen: 47,8 % der Stimmen, aber 52 Sitze. Die Große Koalition wird fortgesetzt. Die SPD nimmt den zentralen Punkt ihrer Schulreform, die Verhinderung der frühzeitigen Auslese bereits nach dem 4. Schuljahr, auf Druck der Koalitionspartner zurück.
1956	22. Februar: Gesetz zur Behebung der Wohnungsnot im Lande Bremen: Projekt Neue Vahr. Trotz KPD-Verbots sitzen noch bis 1959 4 Kommunisten in der Stadtbürgerschaft.
1957 Mai	Grundsteinlegung für die Neue Vahr.
1958	Beschluß des Landesausschusses, den Fraktionsvorsitzenden Boljahn aufgrund einer Affäre um einen privaten Hauskauf abzusetzen. Boljahn und Kaisen verhindern dies.
1959	Oktober: Bürgerschaftswahlen. Größter Erfolg der Partei in ihrer bisherigen Geschichte: 61 Mandate von 100. Dennoch bietet Kaisen den bürgerlichen Parteien die Koalition an. Trotz Protesten der Parteibasis wird eine kleine Koalition mit der FDP gebildet. Borgward-Pleite. Kaisen wird zum Vorsitzenden des Parteirates gewählt.
1960	Wahl Kaisens in den Parteivorstand.
1961	Beschluß zur Durchführung eines weiteren Bauprogramms mit 32 500 Wohnungen. Festwochen in der Neuen Vahr – die als größte Wohnungsbauleistung Europas gefeiert wird.
1962	Christian Paulmann geht in den Ruhestand. Moritz Thape wird sein Nachfolger als Landesvorsitzender, Adolf Ehlers wird in den Parteivorstand gewählt. Er wird auf dem Landesparteitag im Herbst auch zum Nachfolger von Kaisen bestimmt, erkrankt danach jedoch schwer. Die veränderte Wahlkampfstrategie stellt wiederum Kaisen als Spitzenkandidaten und Willy Dehnkamp als seinen Nachfolger vor.
1963	Verlust von vier Mandaten bei der Bürgerschaftswahl. Hans Koschnick ist als Innensenator jüngster Minister der Republik.
1965 17. Juli	Rücktritt von Wilhelm Kaisen. Dehnkamp wird Präsident des Senats, Koschnick Bürgermeister.
1966	September: Einweihung des Hauses der Bürgerschaft. November: Abschied des Parlamentspräsidenten August Hagedorn im Alter von 78 Jahren. Sein Nachfolger wird Hermann Engel.
1967	Gründung der Universität. Verabschiedung des Hochschulgesetzes. Proteste und Demonstrationen gegen die Große Koalition in Bonn, die Notstandsgesetzgebung und den Vietnam-Krieg.
1. Oktober	Größter Wahlverlust seit dem 2. Weltkrieg bei den Bürgerschaftswahlen. Die SPD stellt nur noch 50 statt bisher 57 Abgeordnete. Einzug der NPD in die Bürgerschaft.
4. Oktober	Hans Koschnick wird mit 38 Jahren Präsident des Senats. In der Fraktion gibt es Kritik an der Machtfülle von Richard Bol-

1968
Januar

jahn. Er bekommt zwei gleichberechtigte stellv. Vorsitzende zur Seite gestellt.

Rücktritt des Fraktionsvorsitzenden (und DGB-Kreisvorsitzenden) Boljahn nach 17jähriger Tätigkeit an der Spitze der Fraktion; Wahl von Gustav Böhrnsen als Nachfolger.
Straßenbahnunruhen – Jugendliche besetzen aus Protest gegen 26 % Erhöhung der Fahrpreise die Schienen. Am 17. Januar kommt es zu über 100 Festnahmen; insgesamt gibt es 181 Gerichtsverfahren. Die Stadt ist in Aufruhr – die Ruhe der Wohlstandsgesellschaft endgültig dahin.
Nachdem sich Gewerkschafter und Betriebsräte solidarisieren, kommt es am 24. Januar zur Rücknahme der Beschlüsse durch den Senat.
Die Partei wird reformiert: die Distrikte werden zu Ortsvereinen, der Ortsverein Bremen wird (stärkster) Unterbezirk in der Landesorganisation. Die Partei wird lebendig, es entstehen Diskussionszirkel mit dem Ziel der Auflösung der verkrusteten Parteistrukturen und der dort herrschenden Machtaufteilung. Der Einfluß der Jungsozialisten wächst infolge seiner Bemühungen um Integration der aufbegehrenden jungen Generation.

Oktober

Der IG-Metall-Bevollmächtigte Karl-Heinz Jantzen wird für den verstorbenen Karl Wessling Nachfolger als Gesundheitssenator.

1969

Erstmals absolute Mehrheit für die SPD in Bremen bei den Bundestagswahlen. Baulandskandal.

1970

Großdemonstration gegen Wahlkampfveranstaltung der NPD mit schweren Übergriffen der Polizei. Richard Boljahn erhält aufgrund des Baulandskandals keine Nominierung als Bürgerschaftskandidat.
Senat beschließt Universitätsordnung, die weitgehend den Vorstellungen der fortschrittlichen Reformbewegung folgt.

1971

Nach Rücktritt von Hermann Engel wird Dieter Klink Bürgerschaftspräsident.
Starke soziale Veränderung auf der SPD-Kandidatenliste zur Bürgerschaftswahl R. Boljahn wird infolge des Baulandskandals nicht wieder nominiert.

Juni

Die FDP verläßt aufgrund der Universitätspolitik den Senat. Die Universität steht im Mittelpunkt des Wahlkampfes. Die Partei gewinnt bei der Bürgerschaftswahl 9,3 % dazu und stellt 59 Abgeordnete. Etwa die Hälfte sind Parlamentsneulinge, 15 von ihnen sind unter 35 Jahre alt.
Erstmals Alleinregierung der SPD in Bremen.

1972
März

Grundsatzbeschluß des Unterbezirks Bremen, der die strikte Trennung vom Senatsamt und Parteivorsitz beinhaltet.
Konrad Kunick wird neuer Unterbezirksvorsitzender, Henning Scherf Landesvorsitzender.

November

Bei der Bundestagswahl erringt die SPD in Bremen mit 58,1 % das beste Ergebnis in der BRD.

1974

Die Parteigruppierungen formieren sich neu, an Bedeutung gewinnt insbesondere die im „Bürgerhofkreis" zusammenge-

schlossene linke Mitte unter Leitung von Hans-Dieter Müller und Klaus Wedemeier.
Die in aller Öffentlichkeit ausgetragenen Kontroversen der Partei-Kreise, insbesondere um die Aufstellung der Bürgerschaftsliste, führen die Partei in eine Krise. Bürgermeisterin Mevissen tritt zurück. Ihr Nachfolger wird Walter Franke. Sein Amt als Fraktionsvorsitzender übernimmt Egon Kähler.

1975 Mit nur 52 Mandaten Niederlage bei den Bürgerschaftswahlen. Die Alleinregierung wird aber fortgesetzt. Der Wahlkampfschlager der CDU, die SPD, insbesondere Wissenschaftssenator H. W. Franke und W. Klischies, in die Nähe von Terroristen zu stellen, bricht in sich zusammen. Herbert Brückner wird Senator für Gesundheit und Umweltschutz. Bausenator Hans Stefan Seifriz erhält erst im zweiten Wahlgang die erforderliche Bestätigung durch den Unterbezirk.

1976 Die mächtigste Gliederung in der Landesorganisation, der Unterbezirk Bremen, wird in die UB's West (Vorsitzender K. Kunick) und Ost (Vorsitzender Klaus Wedemeier) geteilt.
Untersuchungsausschuß wegen der Müllbeseitigungsanlage in Bremerhaven – „zu groß und zu teuer".
54 % Wählerstimmen bei der Bundestagswahl im Oktober.
Aktive Beteiligung Bremer Bürgerinnen und Bürger an den Demonstrationen gegen das Atomprogramm der Bundesregierung (Esenshamm, Brokdorf).

1977 Weitere Demonstrationen gegen die Atompolitik, vor allen Dingen gegen die geplante Wiederaufbereitungsanlage in Gorleben.
Einführung der Orientierungsstufe.

1978 Tod von Adolf Ehlers.
Rücktritt von Stefan Seifriz und Karl-Heinz Jantzen.
H. Scherf wird Finanzsenator, K. Kunick Landesvorsitzender.
27 Austritte aus der Landesorganisation, insbesondere des OV Altstadt. Einige Repräsentanten dieser Gruppe gründen die „Bremer Grüne Liste" und treten zur Bürgerschaftswahl an.
Heftige Auseinandersetzungen um die Ansiedlung des Daimler-Benz-Werkes in Hemelingen.

1979 Die BGL erringt vier Sitze in der Bürgerschaftswahl. Klaus Wedemeier führt die 52köpfige SPD-Fraktion an.
Ende von VFW-Fokker, im Verlauf der Neuordnung der Flugzeugindustrie wird Bremen Mitgesellschafter bei MBB.
Dezember: Wilhelm Kaiser stirbt im 92. Lebensjahr.

1980 Die Bremer Partei wendet sich engagiert und geschlossen gegen die Rüstungspolitik der sozial-liberalen Bundesregierung unter Helmut Schmidt (NATO-Doppelbeschluß).
6. Mai: Wegen einer „öffentlichen Rekrutenvereidigung" im Weserstadion schwere Zusammenstöße zwischen Demonstranten und Polizei. Angriffe auf Bremer Sozialdemokraten, unter anderem auch in einem Bundestagsuntersuchungsausschuß.

1983	Krise wegen der Schließung der Traditionswerft AG „Weser". Überraschend hoher Wahlsieg der SPD bei den Bürgerschaftswahlen.		Nachfolge als Fraktionsvorsitzender an. H. Scherf wird Stellvertreter Wedemeiers und Bürgermeister.		ter zieht ins Parlament ein. Claus Dittbrenner wird Fraktionsvorsitzender.
1985	Trotz seines Erfolges bei den Bürgerschaftswahlen erklärt Hans Koschnick seinen Rücktritt als Präsident des Senats und schlägt Klaus Wedemeier als seinen Nachfolger vor. Henning Scherf kandidiert ebenfalls. Der Landesparteitag wählt Wedemeier. K. Kunick tritt seine	1986	Tod des Landesvorsitzenden Hans-Dieter Müller. Nachfolger wird Herbert Brückner. Haushaltskonsolidierung und Aufgabenkritik.	1988	Untersuchungsausschuß zum Skandal um die St.-Jürgen-Klinik. Rücktritt von Herbert Brückner als Landesvorsitzender. Seine Nachfolgerin wird Ilse Janz.
		1987	Bundestagswahl. Hans Koschnick wird Abgeordneter für den Bremer Westen. Die Bürgerschaftswahl bestätigt die absolute Mehrheit. Ein rechtsradikaler Abgeordne-	1989	Innensenator Bernd Meyer übernimmt die Verantwortung für polizeiliche Fehler bei einem Geiseldrama, bei dem es Tote gab, und tritt zurück.

Inhalt

Ilse Janz:
5 Vorwort

Ullrich Böttcher (Auszug):
7 Die Gründung des „Allgemeinen Deutschen Arbeitervereins" und die Entwicklung der Arbeiterbewegung

Dagmar Burgdorf:
10 Blauer Dunst und rote Fahnen
Zigarrenarbeiter organisieren sich

Inge Marßolek:
14 Die bremische Sozialdemokratie in den Kinderschuhen

Julius Bruhns (Auszug):
14 Es klingt im Sturm ein altes Lied
Gefährliche politische Tätigkeit

Inge Marßolek:
20 Die SPD um die Jahrhundertwende

Arne Andersen:
21 Das Jahr 1888 und die Folgen für die Formierung der bremischen Arbeiterklasse

Hartmut Roder:
24 Gelb oder rot?
„Blutapfelsinen" auf dem Bremer Vulkan

Karl Lüneburg:
26 „Ausländer"-Wahlrecht oder die „Fremdländischen"

Jens Joost-Krüger:
28 Der 1. Mai 1890 in Bremen

Michael Scherer:
32 Auf den Spuren Friedrich Eberts in Bremen

Heinz-Gerd Hofschen:
36 Der Bremer Parteitag von 1904

Adolf Brock/Frank Neumann:
40 Von Bremen nach Berlin – von Berlin nach Bremen
Anstöße zur Bildungsfrage

Clara Zetkin (Auszug):
43 Die Schulfrage
Rede auf der Bremer Frauenkonferenz 1904

Hartwig Gebhardt:
45 „Eine Zeitung ist mehr wert als zehn Agitatoren"
Zur Geschichte der sozialdemokratischen Presse

51 Die Bremer Räterepublik – Vom Scheitern einer Utopie
Texte von Peter Weiss, montiert von Peter Kuckuk

Inge Marßolek:
54 Die SPD in Treue zur Republik von Weimar

Arne Andersen:
54 „Ich wünsche den Tag herbei, wo die Revolution in Deutschland siegt"
USPD in Bremen

Hartmut Müller:
60 Sozialdemokratische Arbeiterkulturbewegung

Irmgard Wierichs:
68 Warum Franz Netzmann am 1. Mai 1925 ins Schwitzen gerät

Behnhard Oldigs:

72 Republik, das ist nicht viel – Sozialismus heißt das Ziel!
Bremer SPD und SAJ im Widerspruch

Arne Andersen:

76 „Wenn die Arbeiter aus Prinzip am 8-Stunden-Tag festhalten, müssen sie auch aus Prinzip hungern"
Streiks in der Weimarer Republik

Arne Andersen:

82 SPD in der Endphase der Weimarer Republik

Inge Marßolek:

89 Aus dem Leben von Martha, verheiratet, 3 Kinder
Sozialdemokratin in Bremen 1933–1939

Heinz Aulfes:

99 Zur Geschichte der Arbeiterbewegung in Bremen-Nord
Eigenständiges und Verbindendes

Werner Hemker:

107 Aus der Geschichte der Sozialdemokratie an der Unterweser

Renate Meyer-Braun:

119 Neubeginn 1945
Die SPD als führende politische Kraft

(Auszug)

125 Erinnerungen an Wilhelm Kaisen

Annemarie Mevissen:

129 Als erste Sozialdemokratin im Senat der Freien Hansestadt Bremen

Renate Meyer-Braun:
137 Richard Boljahn über den Wohnungsbau und andere Fragen
Ein Interview

Christoph Butterwegge:
143 Die Bremer SPD im Kampf gegen Wiederaufrüstung und Atombewaffnung

Henrik Marckhoff:
147 Der Bauland-Skandal 1969/70

Adolf Clausen:
153 Die Jusos werden aufmüpfig

Hans Koschnick:
159 „In die Arbeiterbewegung hineingeboren"

Heiner Heseler:
165 Der Kampf um die AG „Weser"

Henrik Marckhoff:
171 Der Wechsel
Hans Koschnick geht – Klaus Wedemeier kommt

Renate Meyer-Braun:
174 Anna Stiegler
Vorkämpferin der Frauen-Emanzipation

Jutta Kellmann-Hoppensack:
175 Einige Gedanken zu Geschichte und Selbstverständnis der AsF

Beate Hoecker:
179 Frauen in der Bremer SPD
Ihr Sozial-, Einstellungs- und Partizipationsprofil Anfang der 80er Jahre

Henrik Marckhoff:
181 „... und konstituiert sich eine Fraktion"

Volker Tegeler (Auszug):
184 Zur Binnenstruktur der Bremer SPD

Manfred Jabs:
187 SPD-Betriebsgruppen gestern und heute

Detlev Albers:
191 Vor dem Finale der Programmdiskussion

Renate Meyer-Braun:
195 Wahlkämpfe

Volker Tegeler:
198 Daten, Fakten und Personen
Chronik der Bremer SPD

Die Editoren:

Renate Meyer-Braun,
Prof. Dr. phil., Hochschullehrerin an der Hochschule Bremen. Historikerin mit dem Schwerpunkt Zeitgeschichte nach 1945. Beisitzerin im Landesvorstand der SPD Bremen.

Inge Marßolek,
Dr. phil., Historikerin. Stellvertretende Leiterin der Forschungs- und Bildungsstätte zur Geschichte der Arbeiterbewegung im Lande Bremen.

Henrik Marckhoff, Journalist, Redakteur an überregionalen/regionalen Tageszeitungen, zeitweise Pressesprecher, Landesgeschäftsführer der SPD-Landesorganisation Bremen.